重庆文化研究 庚子秋

Chongqing Cultural Research | 蔡武 题

■ 重庆市文化和旅游研究院　编

西南师范大学出版社
国家一级出版社　全国百佳图书出版单位

重庆

图书在版编目(CIP)数据

重庆文化研究.庚子秋 / 重庆市文化和旅游研究院编. — 重庆 : 西南师范大学出版社, 2020.10

ISBN 978-7-5697-0487-7

Ⅰ.①重… Ⅱ.①重… Ⅲ.①地方文化－研究－重庆－2020 Ⅳ.①K297.19

中国版本图书馆CIP数据核字(2020)第201380号

重庆文化研究·庚子秋

CHONGQING WENHUA YANJIU GENG-ZI QIU

重庆市文化和旅游研究院 编

责任编辑:王传佳
责任校对:杜珍辉
书籍设计:杨 涵
排 版:陈智慧
出版发行:西南师范大学出版社
地址:重庆市北碚区天生路2号
邮编:400715
市场营销部电话:023-68868624
经 销:新华书店
印 刷:重庆紫石东南印务有限公司
幅面尺寸:210 mm×285 mm
印 张:9.25
插 页:11
字 数:320千字
版 次:2020年10月 第1版
印 次:2020年10月 第1次印刷
书 号:ISBN 978-7-5697-0487-7
定 价:35.00元

当文化遇上产业

文化的起源，是为了娱乐，是一种精神需求。

文化的发展，伴随着一定的经济行为，甚至成为一种产业，即文化产业。

文化的发达，把文化产业推向了一个高度，使其成为经济发展的重要组成部分。

近年来，重庆的文化产业十分发达，产业经济指标年年都在快速增长，一些集聚性的产业园区、知名企业、著名品牌、特色文化产业、文化与多业态的跨界融合等，成为重庆文化产业发展的重要支撑，为人民提供了丰富的文化产品。

文化体制改革持续深入，特别是文化和旅游行政管理部门合并，对文化、旅游及其产业，文化和旅游的关系、文化产业与旅游产业的关系以及融合发展提出了一系列新的要求，也带来了一些新的问题，值得人们注意。

党的十九大报告指出："文化是一个国家、一个民族的灵魂。""要深化文化体制改革，完善文化管理体制，加快构建把社会效益放在首位、社会效益和经济效益相统一的体制机制。"这充分强调了文化的地位和作用，同时也明确了体现经济效益的文化产业功能定位。2020年9月22日，习近平总书记在教育文化卫生体育领域专家代表座谈会上指出："发展文化事业是满足人民精神文化需求、保障人民文化权益的基本途径。""衡量文化产业发展质量和水平，最重要的不是看经济效益，而是看能不能提供更多既能满足人民文化需求、又能增强人民精神力量的文化产品。要坚持把社会效益放在首位、社会效益和经济效益相统一。""文化产业和旅游产业密不可分，要坚持以文塑旅、以旅彰文，推动文化和旅游融合发展，让人们在领略自然之美中感悟文化之美、陶冶心灵之美。"习总书记的讲话为我们在新时代认识和理解文化与文化产业、文化与旅游、文化产业与旅游产业的关系指明了方向。

因此，工作中一定要认真落实习总书记的讲话精神，切实按照文化发展规律、文化产业发展规律、旅游业发展规律办事，科学推进文化、文化产业、旅游业发展。

本书收录了两篇关于文化产业发展的文章。这两篇文章着眼的是文化产业发展中的微观问题和具体问题，因为在庞大的文化产业发展体系以及众多的文化产业发展方向中，我们也只能一个问题一个问题去研究，一个方向一个方向去引导。这两篇文章都是由专业从事文化产业管理的人员所撰写。作为文化产业从业者，他们熟悉重庆文化产业发展的政策、规划、企业、产品，对文化产业发展的状况十分清楚，所以提出的意见建议更有针对性、操作性。

此外，本书还收了两篇关于山城步道旅游开发的研究文章。打造山城步道，其目的就是将重庆特有的地理环境所孕育的步道文化通过旅游的形式展现出来，让广大游客直接体验重庆的历史文化、民俗文化、地理景观，把重庆特有的文化资源转化为产业形式，既传播重庆文化，又产生经济效益。研究山城步道旅游开发，助力山城步道文旅提升，这是文章作者的初衷，也是编者将这两篇文章收入本书的意图。

当然，关于重庆文化产业研究和山城步道旅游研究，都是作者的见解，也不一定全面和准确，敬请读者批评指正。

编者

2020年10月11日

目　录

政策研究

学术争鸣

文化前沿

基础科研

巴渝文化

人物风采

文化记忆

艺文空间

重庆市山城步道文旅提升研究

袁浩　熊智鹏　余炤　陶宇
（重庆市旅游规划研究院有限公司　重庆市文化和旅游研究院）

一、研究背景

近年来，重庆“山水之城·美丽之地”旅游形象深入人心，城市吸引力不断增强，主城旅游市场规模迅速壮大。伴随网红效应持续火热，大量游客涌入不断挑战重庆的旅游接待极限，但同时，重庆的旅游消费却非常低迷。在重庆都市旅游火爆现象之下，应当冷静地思考，客观认识到重庆文、商、旅、城融合发展程度还不高，文旅资源深度挖掘利用不足，看清重庆文旅的“虚胖”。重庆都市旅游游程短、体验浅、消费弱等问题也逐一浮现，说明重庆离“国内一流、国际知名”的目标尚有距离，仍需苦练内功，探寻突破。重庆市委、市政府主动作为，为全力提升城市品质，于2018年11月出台《重庆市城市提升行动计划》，提出把历史文化元素融入城市街区、植入景区景点，促进产城景有机融合，提升城市人文内涵，明确打造山城步道特色品牌的目标。2019年，重庆市规划和自然资源局与市住房和城乡建设委员会完成了《重庆市主城区“山城步道”专项规划》，梳理确定了特色步道系统线路、景观文化要素、城市配套功能，形成了系统性成果。同时，市政府办公厅印发《重庆市主城区“山城步道”建设实施方案》，并提出“一年有变化、两年出样板、三年响品牌”的工作步骤与要求。重庆市委领导高度重视，针对山城步道建设，从文旅视角出发，提出了更高要求，要挖掘巴渝文化、三峡文化、抗战文化、统战文化和红岩精神内涵，延续城市文脉，讲好重庆故事，让优秀历史文化活在当下、服务当代。结合山城步道走线与文化资源点位，大量步道已把隐于市的各种历史文化遗存串联桥接，对于挖掘、保护及弘扬重庆文化发挥出其特有作用。山城步道未来将与磁器口古镇、歌乐山烈士陵园、十八梯、湖广会馆、金刚碑等著名人文景观一道，成为外界了解重庆文化最重要的空间载体。山城步道，无疑将打开认识这座城市的另一扇窗。故而亟待进一步深入挖掘其文化内涵，精准对其赋能，全力提升其文旅价值，早日使其成为重庆文旅核心品牌。

二、步道现实本底

山城步道对于重庆这样一座山水之城，并不为新鲜事物，从古至今就一直存在，是勤劳勇敢的重庆人民与大自然斗争的结果。它起源于重庆的山水，表达的是自然与人、生产与生活的关系。作为城市肌理的重要组成部分，山城步道传递出重庆鲜活的市井文化和生活气息。

在过去相当长的时间里，山城步道未能统一规划、建设，其内涵和意义尚未得到充分挖掘，功能也比较单一。目前山城步道还存在诸多不足，首先是网络系统不健全，安全性、舒适性不够。如石板坡栈道现状为断头路，牛角沱轨道站往国投大厦方向步道被道路阻隔，临华路步道市政设施老化，等等。其次，部分步道沿线体验感差，功能单一，缺少有活力的交往空间。如文化宫与儿童医院之间步道围墙高筑，无法停留；前驱路步道旁闲置厂房未利用，国泰区域闲置防空洞未活化利用；等等。再次，存在自然山水资源衔接不紧密，既难望山也难看水，通过性强，驻足性差的高价值路段，比如：洪崖洞至朝天门步道连通性差，景观性差；大量滨江路缺乏休憩功能设施；等等。最后就是历史文化资源挖掘不充分，文化资源被阻隔、被遮挡，部分文化资源闲置破损，文化植入活化不够，未能体现山城步道文气，不能有效激发山城步道的文旅价值。这是本研究最关注的问题，比如：菩提金刚塔被围墙包围，无法靠近；郭沫若故居被各种杂物遮挡；唐式遵旧居被闲置；环城墙步道文化氛围缺失，文化线索杂乱、断裂等。

现山城步道已得到市委、市政府高度重视，优化建设正逐步开展，据相关材料，2019年实际开工12条，基本建成约90千米，2020开工与竣工任务均在抓紧推进。目前较为成型且具备一定文旅推广价值的有山城巷步道、西南大区步道、南滨路步道等，已形成了初步的品牌宣传效应，但主城整体提升，尚有大量缺失，仍需努力推进。

三、指导思想和总体定位

以习近平新时代中国特色社会主义思想为指导，紧紧围绕习近平总书记对重庆提出的“两点”定位、“两地”“两高”目标，践行以人民为中心的发展思想和创新、协调、绿色、开放、共享的发展理念，立足“行千里·致广大”的价值定位，形成山城步道特色文旅品牌。

本研究立足于重庆山城步道文旅价值再提升、越来越迫切的文旅发展需求以及增强文化自信，在尊重步道专项规划成果的基础上，深度挖掘山城步道的文化内涵，以文旅融合发展的思维全新定义步道价值，助推城市品质提升，创新重庆大文旅产品体系、大文化展示体系、本地居民与外地游客和谐共享空间体系，塑造都市文旅核心产品，打造推向世界的“重庆必游”品牌。

四、步道文旅价值评估

从文旅价值出发，研判步道文旅属性。对《重庆市主城区“山城步道”专项规划》所选定步道进行摸底，从区位、环境、氛围、文化吸引力等要素研判其属性以及各自主要应承载的城市功能。

1.初评估方法

按照实际现场勘察结果，结合问卷调查结果，对历史遗存数量及质量、资源活化利用情况、文化吸引力、旅游知名度、步道舒适度、与城市交通接驳通达情况等因子进行权重打分，得出步道文旅价值初步评估结论（见下表），按照文旅价值高低进行两类划分，明确文旅开发重点步道、生活服务重点步道。不同属性的步道，其在后续研究与提升中侧重不同，在实际打造中也应有不同的力度与策略。

山城步道文旅价值评估表

步道名称	历史遗存数量	历史遗存质量	活化利用情况	文化丰富程度(文化吸引力)	资源接驳、引导利用情况	步道周边文旅开发潜力	现状文旅知名度	步道舒适度	环境景观	接驳交通便捷程度	总分
环城墙步道	20	20	3.5	13.5	4.5	10	4.5	4	6	5	91
西南大区步道	14	20	4	13.5	3.5	5	4	3.5	7	4.5	79
黄桷坪步道	8	14	4	13.5	4	7	4	3.5	6	3.5	67.5
北塘峡江步道	10	10	1.5	4.5	2	4	2.5	4.5	9	2.5	50.5
半山崖线步道	12	10	2	7.5	1.5	3	2.5	3	8	3	52.5

按照加权打分结果，文旅价值得分60分以上，可理解为该步道具备文旅开发打造基础，分值越高其文旅价值越高，将其打造成优秀文旅产品的可能性越大。低于60分可理解为该步道具备一定文旅价值，但尚未达到形成整体文旅产品的能级标准，应侧重于打造生活休闲及通勤步道。步道得分低于60分并非全盘否定步道价值，对该类步道仍可在点上发力，使其高价值区段成为精品，注重生活及休闲功能，避免全段强行重度包装，否则欲益反损。

2.步道评价结论

根据评估得分，将山城步道分为两种类型：

重点推荐文旅步道（全线形成完整文旅产品线路）——环城墙步道、西南大区步道、黄桷坪步道；

公共通勤乐享生活步道（选择步道中的主要点位并结合周边资源形成区段型的文旅产品）——北塘峡江步道、半山崖线步道。

五、案例借鉴

（一）波士顿自由之路

“自由之路”是纪念和展示波士顿美国独立战争遗迹的步行路线，长约4千米，串联了波士顿16个历史遗迹，集中展现与美国独立和波士顿相关的历史事件，反映美国独立战争历史。步道涵盖修旧如旧的大楼、墓地、会议厅、教堂、纪念碑、纪念地、书店、学校、名人故居，穿越查尔斯城及波士顿北端、贝肯山等地具有意大利风情和新英格兰风格的历史街区，沿线具有百年历史的酒吧、商店、经典美食餐厅密集。

“自由之路”经验归纳：

（1）具有一个鲜明主题，且是独一无二的，在全美乃至全球均具有重要性的主题；

（2）打造方式独特，由红色地砖串联，游客不易迷失，由人行道“线路+绘画+标牌”扮演隐形导游；

（3）选点具有多样性，景点不仅呈现重大历史事件、重要历史人物，也反映普通人物和生活故事，再现了美国那个时期的生活场景和城市魅力、城市乡愁，唤醒城市共同的记忆，成为城市共同的资产；

（4）投资以少博多，一本万利，易于实施、见效，后续持续投入完善；

（5）场景与生活的融合，即城市旅游与城市生活融合，成为旧城复兴、魅力营造的典范。

“自由之路”的城市营销方式，在于展示形象，塑造优势，形成特色，让城市知名，让城市历史和文化被知晓，让历史文化、城市精神被世代传承；塑造城市精神和文化竞争力，吸引人（市民、游客），吸引企业入驻，吸引投资，最终活化、复兴旧城。

（二）福州森林步道

福州森林步道是福建省福州市为持续推进城市森林绿道建设而打造的全长19千米的左海公园—金牛山城市森林步道（又称“福道”）。东接左海公园环湖栈道，西连闽江廊线（国光段），串联了福州大多数公园，是福建省内最长的一条依山傍水、与生态景观融为一体的城市休闲健身步道，并且开创了中国钢架悬空栈道的先河。福道的道路平缓，穿行在山林之间，放眼望去一片郁郁葱葱、生机盎然。行于森林步道，近观山色湖光，或远眺城市车水马龙，均令人无比惬意，身心舒畅。

福州森林步道成功经验归纳：

（1）材料创新大胆使用。

步道中的悬空栈道、悬空桥等设施的材质不是钢筋水泥，而是纯钢铁，供人行走的“桥”面由钢格栅板铺设而成。全钢结构的栈道桥面钢格栅板缝隙控制在1.5厘米以内，所以走上去不会发出“咯吱咯吱”的声音。该设计既可满足行人和轮椅通过，并且人们在行走过程中能隔着镂空桥面看到脚下的林木与花草，镂空桥面也不致完全遮挡住步道下方植物所需的阳光，有利于草木生长。该设计同时满足了不同人群休闲、健身、游览的需求。

(2)人性化设计。

为了满足不同人群休闲、健身、游览的需求，让更多市民都能徜徉在森林的怀抱中，步道充分考虑了人性化的设计。每16米的步道长度内，高差控制在1米内，让人走起来相对轻松。步道主轴线宽度为2.4米，两个大人加一部轮椅通行完全没问题，局部拓宽至3.6～4米之间。另外，高差较大的部位还有景观电梯的接驳。

(3)配套功能齐全。

设置充足的休息亭、观景平台、瞭望塔以及配有卫生间的茶室等休闲设施，并且配备Wi-Fi连接、触屏信息及游客交通检查器。设计不仅考虑步行道，还与悬空栈道、登山步道和车行道三部分对接，形成环形系统，方便游客往返。

(三)“最广州”历史文化步行径

广州是我国古代海上丝绸之路的始发地之一和国家建设“一带一路”的重要枢纽城市，也是目前全国“海丝申遗”的牵头城市。从汉、唐、明、清至今，广州在世界海运史上千年不衰，长时间处于“一口通商”地位，中西文化的长期交流使得广州成了具有异国情调的国际化大都市，也使得广州的历史城区保留了大量历史文化遗存和丰富的“广州故事”。但许多遗存因分散于城市各处和缺乏串联而识别度不高，一些富有情趣的“广州故事”也被长期淹没。广州以海丝申遗为契机，综合考虑资源位置、文化特色、道路交通、建设条件，策划了西关寻踪路、“一盅两件”美食路、专业街市井路、古广州年轮路、古水系路、珠水丝路、工业拾遗路7条“最广州”历史文化步行径，提高了广州海上丝绸之路的文化影响力。

成功经验借鉴：

(1)以步道媒介，提升城市文化影响力。

综合考虑资源位置、文化特色、道路交通、建设条件，“以线串点、以点带面”，形成“走读广州，感知城市”的主题，提高城市文化影响力。

(2)增设线路，专属铺装导流。

增设专属铺装的导览线，沿着导览线就能找到“藏在深闺”中的历史遗迹；整治遗迹周边环境，设置自行车道等慢行系统，配置小型花池等公共设施，并对外墙进行整饰。

(3)与老旧社区结合。

广州结合城市更新局组织开展的城市微改造工作，以老旧小区微改造为契机，制订老旧小区微改造品质提升实施计划，将步道融入其中，使社区魅力与步道魅力同步恢复。

三条案例步道在长度、特征、文化内涵表达等方面，均与重庆山城步道有极高的对标匹配度，其步道本身打造包装方式、文化植入、运营手段等均具学习借鉴价值。

六、步道文旅提升策略

(一)重点推荐文旅步道

打造此类步道重点在文化包装、活化沿线功能、高效导流、精致化景观、旅游线路等方面全程发力，最终将其打磨为高价值文旅产品。

1. 全力进行文化包装

串联、保护、修缮、利用沿线历史文化资源点，让历史记忆融入现代城市和百姓生活，通过步道这个窗口，让游客深度品鉴到重庆的历史魅力、重庆的好客豪爽，从而凸显步道的文化展示价值。着重文化故事的创新利用，在步道中巧妙地植入故事线索，通过灵活多变的表达方式，引导游人继续行进，延长驻足时间，为后续文旅消费创造更多机会。

2. 强化导流功能

步道的功能之一就是将大热度区域的人群导流至容量宽裕的景点，是缓解文旅交通压力的重要手段。这要求其本身具有较强便捷性、可达性、通达性。因此，应通过打通断头路，新增步道，改善过街以及强化地下、地面、空中步行通道建设等，完善步道网络。加强步道与轨道站、公交站、客运码头、索道、缆车、有轨电车等公共交通设施，以及公园、广场、文化设施、体育设施等城市公共“吸引元”的联系。此外，步道应具备特有辨识度，应以多种有趣方式实现直观视觉引导。

3. 活化沿线功能

通过“微改造”，盘活沿线低效、闲置资源，增加民宿、文化体验、特色餐饮及其他旅游服务等功能，每个特色区段形成文旅服务节点，鼓励文化属性较强的业态入驻，强调步道节点的文化范、文艺风，沉淀游客，吸引消费。

4. 构建精致景观体系

在文化资源所在处形成景观节点、视觉吸引点，打造精细考究的周边环境，形成适宜的景观元素搭配，使景观主体突出、空间协调。沿途优化串联崖、坎、坝、沟等景观要素，合理配植四季植物，建设眺望点及观景城市阳台等，注重日夜景观营造，构建全时、全域景观体系。

5. 开辟精品游线

文旅步道强调文化展示、旅游价值发挥，可积极结合传统风貌区、老街区、老社区、峡、湾等特色历史人文资源、自然资源，加强与旅游巴士、轮渡、索道等接驳，根据人们的游览时间、游览习惯，合理设计早中晚活动，高位推动步道形成整体游线产品、区域文化体验专线，不断提升游客的游览体验，巧妙延展游览时长，积极扩大文旅消费。

（二）公共通勤乐享生活步道

针对此类步道，应重点强化本地居民的休闲生活场景与通勤便捷性。对于部分高价值文化遗存，结合周边要素形成区段式的文旅产品，不拘泥于步道原有路径。步道与周边资源桥接，着重服务于市民生活。

1. 丰富生活体验

提升沿线体育健身、远足露营、生态展示、科普教育及游憩观光等功能，特别是老旧社区段，要积极扩展游憩空间、亲子娱乐空间，作为社区公共空间的重要补充。位于郊野路段资源条件好且合乎管控要求的住宅可以按规定发展适量的民宿、餐吧等功能。

2. 培育生活圈层

加强与周边商圈、社区的联系，强化与城市公共交通站点的衔接，尽可能丰富地设置步道出入口。积极围绕步道系统，整合城市公共开敞空间（如市政广场、重要单位门前广场），使步道串联市政公园，贯穿市政公园，走线与公园内部游线进行有机融合，同时和文化功能性设施接驳，形成市民日常文旅生活的重要路径；联动城市生活消费空间，鼓励串联日常生活所需主力店，组织便捷、有趣、舒适、安全的休闲消费路径，培育步道活力生活圈层。

七、步道文旅提升个案分析

从文旅思维出发，以增强文化自信、引导文化变现、提升生活品质为主线，以打造山城步道文旅大品牌为目标，紧扣提升策略，形成提升指引方案。重点推荐文旅步道，着重文化遗存包装、文旅消费场景塑造、旅游服务设施的完善、文化遗存活化，串联整合资源，在特色游线上细致推敲，妥善处理导流、驻足、消费、疏散功能关系。公共通勤乐享生活步道，着重缝合城市空间，优化景观环境，适当创造消费，为本地居民提供健身、休憩空间。

（一）环城墙步道提升方案

环城墙步道是重庆都市游首推精品游线，游客在其中可探索重庆母城的前世、今生与未来，感受母城多元文化的浸润，品位厚重的历史，感受前卫的激情。应当以朝天门为核心，串联十八梯—山城巷、湖广会馆—东水门老街、白象街—巴县衙门、民生路—通远门、洪崖洞—戴家巷等重点区域，努力实现“资源互通、客源共享”一体化发展。围合区域内除了呈现重庆历史渊源外，亦要充分依托解放碑、大轰炸惨案遗址、国民参政会旧址、韩国光复军总司令部旧址、大韩民国临时政府旧址、中英军事联络处旧址和苏联大使馆武官处旧址等历史遗址（旧址），展现大后方抗战、反法西斯同盟的历史文化和相关故事。

1. 朝天门区段（东河湾嘉陵江滨江路至庆隆·海客瀛洲长江滨江路）

塑造朝天门“山水之门、人文之门、开放之门”的形象，聚力打造朝天门片区，建设展现山川宏伟壮阔、连接人与自然的“山水之门”，建设开启重庆悠久历史、承载商埠记忆的“人文之门”，建设引领重庆通江达海、融入“一带一路”和长江经济带的“开放之门”。

(1)文化氛围提升。

①运用中国传统江河护岸智慧，优化现状生硬的混凝土台阶，逐步恢复消落区生态自然驳岸。在朝天门广场补植高大乔木，提升景观环境品质。

②利用两江交汇处现状码头泊位设置功能性趸船，延伸岸线，优化空间尺度比例关系。

③恢复朝天码头、磨兜码头、民国新码头等老码头以及大梯道等历史场景，保护“重庆朝天门广场”题字、“零公里”地标、朝天门缆车等历史遗存。

④提升朝天门广场铺装、装饰品质，优化现状朝天门门洞比例关系。

⑤以民生公司轮船为原型，利用功能性趸船建设重庆航运博物馆。

⑥恢复朝天门缆车，作为静态历史景观展示。建设朝天门宋城墙遗址博物馆。

⑦改造朝天门广场下部建筑空间，建设综合性服务及展示空间，局部恢复巴渝河街意象。

⑧依托朝天门广场独特区位优势和城门历史寓意，研究策划朝天门“入城仪式”，重点围绕城门意象、入城形式、入城时间等方面深入研究，集中展现山城历史人文特色，以特色船笛声开启山城美好一天。

(2)旅游服务提升。

①改造提升朝天门码头，拓展和提升游客服务中心，将现有市规划展览馆改建为展现重庆历史人文和提升旅游服务功能的场所。

②加强与两江轮渡、两江游、三峡游的配合，提供旅客船票销售服务，提升游客中心服务能力，实现客源引流。为两江游和三峡游旅客提供候船及上、下船舶设施；促进游轮换代升级；依托“两江四岸”灯饰，规范发展夜晚两江游；串联磁器口，发展嘉陵江游轮观光；联合长江三峡景区，提升和规范三峡观光度假游。

(3)业态提档升级。

①逐步引导小商品批发等传统商贸业退出，腾出优质地块，重点发展文化娱乐、文旅购物等业态。

②高品质推进来福士广场项目招商，引入五星级酒店、大型宴会厅、异域餐饮、高端影院、室内动物园等文化休闲、娱乐高端业态，增强各业态商户的体验式消费设计，打造重庆封面级旅游新地标。

2. 东水门—湖广会馆区段（东水门老街至望龙门缆车遗址，含东水门老街）

(1)文化氛围提升。

①依托湖广会馆的移民文化历史背景，在东水门老街打造八省非遗交流中心，非遗交流中心以渝中非物质文化遗产的活态展现为主要功能，辅以八省非遗小馆，追溯与印证渝中文化与移民文化的历史关系。

②移民大事件在老街公共空间以大型石碑的形式撰刻展示，一是石碑自身形成文化景观，二是借此阐述重庆移民文化渊源。

③湖广会馆地块开发坚持还原"一墙、一馆、两街、三门、四巷"的历史格局。

④活化、开放、利用谢家大院、刘义凡公馆、胡子昂旧居、明清客栈等一批历史建筑。

(2)旅游服务提升。

①恢复望龙门缆车，打通滨江路至长江索道的景观廊道。

②中航里城项目建议利用场地高差，充分考虑文旅配套停车位。

③控制长江索道旁地块（约0.8公顷）用地属性，积极发展文旅配套服务，形成文旅集散空间，缓解节假日新华路索道站游客占道等待对交通的负面影响。

④规划长江索道入口—解放东路—中航里城—湖广会馆—东水门景观序列轴线，提升谢家大院、解放东路入口、长滨路入口等开敞空间节点。

(3)业态提档升级。

活化利用湖广会馆建筑群，积极引入演艺、文玩、茶艺等文旅二次消费业态，延伸产业链条。

3. 白象街区段—十八梯区段（望龙门缆车遗址至山城巷入口）

(1)文化氛围提升。

①依托老鼓楼南宋衙署遗址、巴县衙门建立博物馆（遗址公园），开展文博展览。

②对白象街文化重新进行整体包装，除既有的开埠文化外，重视夜间潮文化的包装利用，吸引年轻客群。

③在十八梯打造具备重庆民俗文化的主题休闲娱乐街区，以民俗文化、市井文化体验为主。

④加强人民公园景观品质改造提升，重现"金碧流香"古巴渝景观。

(2)旅游服务提升。

①建设中华路经文化街至白象街的步行系统，打通李耀庭公馆至长江滨江沿线步行通道，推进人民公园—国民政府外交部旧址—巴县衙门—白象街步行通道建设。

②连通打造较场口—十八梯站—滨江观景平台步行系统、中兴路—十八梯站—白象街步行系统、解放西路—长滨路—滨江观景平台步行系统。

③控制文化街东华观藏经楼旁地块（约0.3公顷）用地属性，强化开敞空间打造，积极发展文化旅游配套服务；控制区交通巡逻警察支队地块（约0.26公顷）用地属性，连通长滨路滨江带，打造城市阳台。

④白象街城墙段要设置专门的标识引导，标记古城墙延伸方向，形成文旅线索指引。

(3)业态提档升级。

①利用巴县衙门等历史建筑，积极引入文旅二次消费业态及文旅产品开发销售等。

②引进艺术品交易、特色手工业、特色店铺、民俗客栈、小型博物馆、休闲场所等业态，形成城市休闲文化核。围绕夜晚文化娱乐、城市观光、住宿、餐饮发展夜市经济。

4.山城巷—通远门区段（山城巷入口至民生路巴蔓子墓）

（1）文化氛围提升。

①故事包装，山城巷所看到的长江盛景，代表着重庆开放历程，要将长江之歌第一幕取景地的故事等植入山城巷，使厚庐等历史遗存处的文化场景升级。

②夜晚灯光氛围提升，悬崖栈道本身具备光影展示景观价值，营造灯光氛围，吸引游客夜间前往，登高远眺长江与都市，形成重庆夜游热点区域。

（2）旅游服务提升。

①建设山城巷—打枪坝水塔步行廊道。

②打通山城巷与燕子岩飞机码头的步行便捷通道。

③控制打枪坝水厂地块（约1.03公顷）用地属性，未来条件成熟时进行搬迁，预留文旅休闲空间，突出山脊文化旅游、社区深度旅游功能。

④城墙遗址段要设置专门的标识引导，标记古城墙延伸方向，标记两端延伸的文旅吸引物，形成文旅线索指引。

5.业态提档升级

山城巷场地较为局促，商业空间有限，发扬特色小吃类快聚快散业态较为合理，一来不占用太多堂食空间，二来消费亲民，特别对热衷“打卡”的年轻客群具备吸引力，易于保持人气。

6.临江路区段（巴蔓子墓沿临江路至重医附二院）

（1）文化氛围提升。

①街道强化城墙元素，在山城巷及民生路、临江路原城墙位置，采用地面铺砌、雕塑、灯光等手段作为引导，保留城市记忆与游览线索，物理串联巴蔓子墓、《新华日报》社旧址、若瑟堂等分散点位。

②巴蔓子墓场馆升级改造，提升标识度，丰富布展内容。

（2）旅游服务提升。

①对临江路区域散点的文旅景点进行“打卡”奖励，通过二维码、AI头像识别等手段进行身份识别，进行游览鼓励，赠送热门品牌电子消费券等。

②控制若瑟堂临民生路地块（约0.04公顷用地属性），拆除临街住宅，打造开敞空间，增加旅游大巴停车站点。

（3）业态提档升级。

活化利用大韩民国临时政府旧址，策划国际友人俱乐部，植入高档西式、韩式餐饮，打造高品质涉外小型接待场所、文旅国际交流平台。

7.洪崖洞—戴家巷区段（重医附二院—戴家巷—洪崖洞—东河湾嘉陵江滨江路）

（1）文化氛围提升。

①鼓励巴渝剧院开展经典剧目演出，增加互动体验。

②考虑活化利用防空洞空间进行抗战文化展示，通过小火车、壁画、VR小电影等项目，打造全新网红文化景点。

③借力成渝双城经济圈利好，与宽窄巷子深度合作，实现场景互植。

④建设洪崖洞滨江夜市文化长廊，以文为魂，汇集火锅文化、泥塑雕像文化馆、主题餐饮、路边杂耍等项

目，形成24小时消费场景，缓解洪崖洞景区承载力，拉长游线，疏解密集人群。

(2)旅游服务提升。

①戴家巷与滨江崖壁公园，尽可能开辟特色垂直交通，方便上半城与下半城的联系。

②城墙段要设置专门的标识引导，标记古城墙延伸方向，形成文旅线索指引。

(3)业态提档升级。

①活化利用苏联大使馆武官处旧址，发展餐饮、跨境商品展示、纪念品销售等业态。

②策划戴家巷崖壁公园文旅业态植入，打造崖壁观景平台和屋顶观景平台。

(二)西南大区步道提升方案

西南大区步道是依托中山四路、人民支路等组成的大区环线(公交+步行)，串联曾家岩临崖巷、文化宫大礼堂巷、大田湾体育巷三条支线。西南大区步道区域所汇集的历史文化资源是抗战文化与新中国成立初期建设成就的集中体现，展现老一辈无产阶级革命家在重庆的卓越贡献。

1. 中山四路区段(嘉陵江桥头至周公馆)

(1)文化氛围提升。

中山四路现在文化氛围较好，街道宽度适宜，可在道路西侧按照适当距离增加相关的名人雕塑，配以精致绿植花卉，进一步烘托步道文化氛围。

(2)旅游服务提升。

突出防空洞、梯坎、电梯等步道特色，连通周公馆—U创空间—嘉滨路等步行系统。

规划中国民主党派历史陈列馆—桂园—周公馆景观轴线引导序列，打造中国民主党派历史陈列馆旅游集散中心。强化步道指引标识，厘清抗战人文线与步道的关系，建议两线合并标记，通过地面铺装形成明晰醒目的导引标识。

(3)业态提档升级。

以中山文化产业园、U创空间等产业园区为依托，重点发展高端文化业态，以创意产业、旅游观光、文化商业为主体，建成展示统战文化的特色集聚区。

中山四路临街商铺闲置的较多，可考虑加入轻食、西餐、咖啡、书屋等较为安静的消费业态，同时兼顾体现重庆文化的特色文创商品售卖。

2. 人民支路区段(周公馆至学田湾老社区)

该区域沉积着西南军政委员会修建大礼堂、三峡变迁等故事。重庆人民大礼堂是重庆重要的标志性建筑。该区域对城市历史文脉的体现具有典型性，应保护和利用具有山城特色和历史文化内涵的城市元素，以人民广场为中心，联动中山四路、春森路、张家花园山城步道等周边街巷，强化文化交流、城市观光等功能，打造集抗战文化、休闲旅游、文创体验等于一体的文化旅游产业区。马鞍山传统风貌区是抗战文化长廊等文化资源富集区域，可引进新型商业、文化艺术、都市旅游业态，打造集抗战文化、休闲旅游、文创体验等于一体的文化旅游产业集聚区，促进文化旅游消费升级。积极联动大溪沟创意产业园区，拓展产业发展空间，打造创意设计产业集聚区。

(1)文化氛围提升。

人民支路路段行进线包含曾家岩社区等老居民社区，这些社区充满重庆本土生活氛围，体现了重庆市民生活文化，可结合周边的历史遗存资源，补充当时时代背景下的重要历史故事，以绘画、浮雕等方式，以相隔不超过50米区域进行设置，形成连续的故事线索，引导游客行进。

马鞍山传统风貌区要尽快招商投入使用，以民国文化风格建筑、具有亲和力的空间补齐大礼堂只能参观拍照缺少旅游服务与消费的短板，形成一体化旅游产品，完整文旅服务链条，吸引年轻人消费。

以西南大区文化、山城文化为重点，以人民广场为平台，每月举办一次文化艺术展演。

(2)旅游服务提升。

沿人民支路考虑增设公厕一所。

强调人民路—重庆中国三峡博物馆—人民大礼堂景观轴线序列，打造人民大礼堂游客旅游集散中心。路径标识应显眼清晰。

提升美化人民广场、学田湾正街入口节点等开敞空间。

(3)业态提档升级。

大礼堂积极与市场对接，除了政府重大会议之外，也承接各项文艺活动，从而提高使用率。这有助于吸引游客，使其延长游览时间，产生文旅消费。

三峡古玩市场可自发形成管理协会，定期组织文化展览，利用人民广场空间，进行精品古玩物件、艺术作品展览销售，管理协会把控协调展品质量、价格等，规范营商环境，推进古玩市场良性发展，提升古玩市场的整体知名度，使其成为大礼堂文旅业态的补充。

3.文化宫体育场区段(文化宫至大田湾体育场)

该区域要讲述好宋庆龄支持抗战，西南军政委员会老一辈革命家关心体育事业、职工休闲娱乐的故事。大田湾体育场是1951年在贺龙的主持下辟建的，是新中国第一个甲级体育场，也是中国第一座现代意义上的综合体育场，是重庆市体育比赛及训练的重要场所。附近的跳伞塔建于1942年，是中国第一座跳伞塔。重庆市劳动人民文化宫始建于1951年7月，1952年落成，邓小平亲自题写了宫名。文化宫是市民娱乐、休闲、文化培训的重要场所。文化宫电影院和文化广场是全市性集会和节日举行大规模游园活动的重要场地之一。20世纪50年代初，重庆市劳动人民文化宫与重庆人民大礼堂、大田湾体育馆是重庆市三大标志性建筑，是老一辈革命家的初心工程。

大田湾体育场和文化宫是重庆市民休闲娱乐、体育健身的集聚区，在该区域应推动旅游与体育融合发展，打造文化体育示范区。区域积极发展文化体育、特色餐饮、文化艺术、文化演艺等业态，加快推进大田湾整体改造，强调文化植入，积极构建集体育训练、竞赛表演、健身休闲、体育培训、体育旅游观光于一体的体育旅游产品体系。推进大田湾体育场改造，倡导体育资源共享，将其打造成为全民健身基地。推进桂花园整体改造，积极打造桂花园特色商业美食街区。鼓励文化宫大剧院开展川剧等地方曲艺演出。加快推进重庆中心载体建设，配套文旅产业，丰富服装道具租售、文艺培训等产业。

(1)文化氛围提升。

将老一辈革命家建设文化宫、体育场的历程以碑记的形式呈现，放置于入口醒目位置。

积极活化文化宫内历史遗存，中统局旧址处考虑品质轻食、儿童简餐等业态植入。

整治跳伞塔周边环境，形成休闲小广场；实施跳伞塔灯饰优化工程，亮化跳伞塔。

(2)旅游服务提升。

步道路线以西南大区步道冠名，地面形成明显引导标识。

未来形成与重庆中心双向导流的便捷联系通道。

(3)业态提档升级。

加速体育场改造，使之成为全民运动健身中心，周边培育体育用品销售、体育项目培训等相关业态。

4. 嘉西村老社区段(四新路)

增设社区内露天茶座位置,提供沱茶、老鹰茶等廉价惠民茶饮,引导游客停留小憩,同时强化社区生活氛围。

(三)黄桷坪步道提升方案

黄桷坪步道全长约4.5千米,依托由川美艺术段、重庆电厂段组成的半岛艺术主线步道(公交+步行),串联铁道文创线、龙吟文创线、铁路新村便民线,形成"一主三支"格局。让游人感受当代艺术氛围,体验九龙半岛艺术魅力。

黄桷坪步道为重庆九龙坡区网红打卡地,颇具知名度。现步道串联了川美艺术、老电厂生活、老铁道建设生活三大文化脉络,汇集了黄桷坪地区核心文旅资源,是黄桷坪发展的见证者,黄桷坪文化的讲述者,是九龙坡区文旅发展的核心表达轴线,理应给予高度的重视。

1. 川美艺术段(第十三人民医院至发电厂俱乐部小剧场)

(1)文化氛围提升。

以主题故事为内容,进一步丰富涂鸦艺术街的文化内涵。规范涂鸦的内容,以主题化的方式呈现黄桷坪老街的历史人文,固定开辟一些涂鸦区域,定时进行一些主题艺术展,如四川美术学院历届优秀学生作品展示、四川美术学院知名艺术家作品展、中国(重庆)重大事件主题绘画涂鸦展等。让涂鸦讲出有迹可循的故事,让人体验到能够产生共鸣的正能量传递。自由涂鸦区同样予以保留,可规范区域,由艺术家随性发挥,让艺术自然生长。同时建议开辟游客涂鸦区,让游客能够体验到涂鸦的乐趣。三个区域规范管理,在醒目处展示规章制度,同时引导市民进行宣传。

以故事体系为创作源泉,充分依托黄桷坪的剪纸、评书、金钱板等民间艺术,创作一整套黄桷坪的故事,并以剪纸、评书、金钱板等形式呈现,甚至可以将其吸纳其进文化创意产业园区,以丰富产业园区的文化内涵和游客的驻足点。

(2)旅游服务提升。

利用交通茶馆的聚集效应,体现黄桷坪老街生活场景。对交通茶馆进行整体形象提升,可以适当引进民间艺术驻场演出,如金钱板、评书、川剧等,让单一的喝茶生活场景变得更加有文化艺术氛围。

除交通茶馆外,临街广场多开辟可供行人停留驻足的社交空间,如露天茶座、水吧等,注意遮阳设施的同步配套,积极引进街头艺人驻场进行艺术创作,艺术创作形式可以是绘画、雕塑、杂耍、行为艺术等,形成街头艺术热点,以此丰富游客体验,避免单一涂鸦观光带来的审美疲劳。

用涂鸦艺术创作方式,规范步道的标识系统。将步道中的标识系统采用涂鸦的艺术创作方式进行规划和统一,用丰富的色彩变化来体现主线和支线之间的差别。

(3)业态提档升级。

501艺术基地、坦克库提档升级,植入文创潮牌,打造川美艺术段的主力消费点、夜经济重要引擎以及年轻人聚集交流的热点。

2. 重庆电厂段(发电厂俱乐部小剧场至滨江码头)

(1)文化氛围提升。

延续川美艺术段涂鸦艺术表达形式,整个步道路段壁面采用原电厂生活主题、电厂大记事等故事线索,以绘画手法进行表达展示,并定期维护,填补现有步道的文化空白,这也是对整个黄桷坪步道伸展的一种视觉引导和吸引游客在川美艺术段体验之后继续游览行进的重要手段。

电厂烟囱进行色彩艺术处理，夜景照明设计，形成九龙半岛特色艺术地标。

适度保留具有时代意义的标志性建筑，如两座大型建筑物、电厂职工的俱乐部小剧场。电厂两座大型构筑物外观个性十足，内部空高宽裕，未来具有多种改造可能性，建议形成文旅综合体，打造网红地标。小剧场包含了电厂生活的主要回忆，见证了电厂的历史变迁，外立面改造后其仍可继续为今所用，城市更新过程中需要此类特定要素来保存城市的记忆。

(2)旅游服务提升。

利用废弃的铁道和绿皮火车，增加短途的火车体验和文化餐饮项目。在铁道三角地带，可以增开火车体验项目，对军哥书屋进行修缮和改进，并在现有的基础上增加餐饮项目。利用废弃的火车头，建立咖啡屋等消费空间。

未来电厂搬迁改造后，应植入游客服务中心、集散中心。合理利用近滨江空间，形成若干类似于“如故”文旅服务点，丰富体验，也让游客多样选择驻足空间。

(3)业态提档升级。

对电厂构筑物进行活化利用，打造文旅综合体，汇集艺术交流、艺术展演、文创工作、休闲娱乐、餐饮购物、特色住宿等多种功能，这将是未来九龙坡文旅产业的重要造血机构，文旅核心吸引物。

(四)北塘峡江步道提升方案

峡江步道整体较长，分为两岸多段，整体以自然山水风光为主，包含张飞古道、金刚碑、三花石、碚石、温泉、澄江镇等自然、文化要素，是周末小憩，闲时信步，驴友徒步的上佳之选。

根据步道评价得分，该步道整体冗长，文化资源点位较分散，全线难以组织形成完整的都市旅游产品，但其重要点位文化资源具备文旅打造价值，可独自形成文旅精品。以张飞古道(野温泉)、金刚碑、澄江渡口、正码头、白庙子五大区域作为文旅核心吸引点，链接周边资源，按文旅精品打造，其余区段保持原乡山水风光，打通步行功能，作为山水徒步有氧健身道，完善必要服务功能点，其余不建议做过多包装投入。

1. 白庙子

(1)文化氛围提升。

修缮、活化利用原煤矿管理用房，形成白庙子的地标建筑，用图片、壁画讲述卢作孚兴修四川第一条铁路——北川铁路的故事，植入原煤矿事迹展示，营造新中国成立初期的场景，配套餐饮、棋牌、卡拉OK、住宿等服务功能，结合白庙子现有住房，锁定中老年客群，形成“怀旧主题”的小型休闲度假热点。

复建北川铁路。根据相关规划，复建铁路全长约12千米，设8个站点以及1～2个会车点；铁路轨道将采用窄轨轨道，使用观光型小火车。

(2)旅游服务提升。

白庙子老建筑旁修筑集散广场，位于现状公路标高之下，但应与公路进行便捷舒适的交通衔接。

形成天府镇旅游集散地，完善小型商贸等服务功能。

增设停车场地，适当满足周末度假的少量停车需求。

(3)业态提档升级。

重点引导提高餐饮服务水平，形成一定规模的特色餐饮，以主打原乡生态食材为卖点。

2. 金刚碑

金刚碑传统古村落目前正在改造中。在不大拆大建原则上，重点进行古村落原有风貌恢复、建筑原貌修缮和合理添加旅游服务设施。

(1)文化氛围提升。

在北泉路路口设置金刚碑古村落的形象标志,标志运用木质牌坊、石雕等,凸显古村落的文化特色。

设置金刚碑故事墙,用浮雕或者塑像,将历史名人具象化。

在每一栋老建筑前,用木材设置展示牌,讲好每一栋房子所发生的故事。

还原每一栋房子原有的场景,比如梁漱溟举办的书院。

将步行系统和街面道路还原为石板路。

(2)旅游服务提升。

在北泉路路口设置金刚碑古村落旅游标志标牌。

对周边环境进行美化,增设停车场、旅游厕所以及游客接待中心。

合理设置游客休憩设施,如明清风格的椅子。

(3)业态提档升级。

传统茶馆和高端茶肆结合,让具有不同消费能力的游客都能接受。

将重庆传统小吃和特色餐饮引入,如老酒馆、重庆小面、重庆毛血旺、重庆火锅等。

引入时尚酒吧、咖啡店,环境可以民国风为主。

打造特色民宿和青年旅社。

可结合传统餐饮场所,引入传统曲艺表演。

设置传统游乐、游戏区,增加游客体验感。

设置旅游商品售卖店,重点推出民国风的文创商品。

3.张飞古道

张飞古道,从北碚东阳街道的复旦大学旧址起,沿嘉陵江边逆水而上,经大沱口、禅岩寺、二岩、西方寺、白羊背,到澄江镇对面的白沙沱古渡口止,全长约6千米。据文献考究,该古道为三国大将张飞奉命入川,逆江攻取江州时修葺的栈道之一。后人称其为"张飞古道"。

(1)文化氛围提升。

入口形象提升,用三国文化碑记、石刻等进行补充,形成石材牌坊式入口。

二岩煤矿新中国成立前叫复兴隆煤矿,俗称甲子洞,是该地区周家的产业,周氏家族开采二岩矿从清代乾隆时期就开始了。新中国成立后,周氏家族的周家鼐先生成为民主建国会会员,他把此矿贡献给了国家,改名嘉陵煤矿,成了名噪一时的国有企业。这是张飞古道区段上重要的历史典故,但鲜为人知。建议在此处增设游客休闲服务点位,以碑记对此历史进行宣传,活化利用原来的老建筑,形成餐饮、茶社等必要的休闲设施。

三花石处文化包装。在三花石视野较好之处设置休憩平台,立碑题字讲述三花石美丽的传说故事。

白羊背处文化包装。对白羊背老街现存建筑进行修缮利用,保留老街原始风貌,对环境景观进行规整与清理,保持环境的原乡氛围,给予适当景观植种进行氛围点缀,重点突出清幽质朴的原乡生活气息,结合西方寺形成文旅服务点。随着修缮工程的不断推进,张飞古道必然迎来多方游客,此处理应成为张飞古道上的热点驻足消费区段。

(2)旅游服务提升。

现张飞古道正在实施修复工程,包括修复路面以及补充安全设施,增设两处观景平台、一处公厕,补充完善标识标牌等。

(3)业态提档升级。

现状张飞古道服务业态较少，除一处酒店和一家餐馆外无其他服务点位。重点扶持白羊背及原煤矿现存建筑改造利用，形成步道服务节点，丰富步道体验内容，创造就业岗位与消费机会。

4. 正码头

(1)文化氛围提升。

正码头拥有开阔的天然石质河滩，有着遥看碚石，远眺江、山、桥的生态景致，加上政府精心打造了正码头广场、滨河步道等，已经铸就了一道北碚滨江绝美风景线。就景致而言无须过多地装点修饰，可从文化氛围方面进行提升，建议增加少许介绍北碚与碚石关联的传说故事，让这道风景线更具文化气息。

(2)旅游服务提升。

在旅游服务方面，可补充一处游客服务点，放置一些北碚宣传画册，供人们自行拿取。

5. 澄江渡口

(1)文化氛围提升。

澄江渡口处增加石碑题刻，在堡坎石壁上进行浮刻，讲述澄江渡口往日繁华的商业盛景。

现渡口处已无昔日景象，应在渡口处强化绿植景观效果，用石材搭建台地，扩展驻足空间，吸引自由交易商户，形成码头小型市集，适当恢复码头的交易功能，凸显原乡氛围，重现河街繁华场景。

(2)旅游服务提升。

码头增设文旅设施，增加一处公厕，开辟带遮阳设施的休憩场地。

增加轮渡班次，缩短等待时长。轮渡上安装座椅等必要的人性化设施，提升游客乘坐轮渡的体验感。

(3)业态提档升级。

适当在渡口处配套餐饮、茶座等服务业态，充分利用滨河景观资源，形成消费，创造少量就业岗位。此外，应保证河滩的基本保洁服务，提升整体环境质量。

(五)半山崖线步道提升方案

半山崖线步道展现了立体城市山水人文特色。该步道全长约28.7千米，依托李子坝—鹅岭—佛图关—虎头岩—平顶山半山崖线，串联平顶山登山道、红岩登山道、天地湖登山道等15条支线，形成“一主十五支”的总体格局。半山崖线步道主线串联五大公园，每处公园均有独特的文化属性，难以用单一文化冠以全路段。整体路段冗长，按照文旅价值评价，核心文旅吸引物不足以撑起全段步道，步行全程不具现实操作性，故而不建议整体发力包装为完整文旅产品，应以点带线小区域发力为切入点，对步道进行提升，过渡段保证满足市政连通、绿植美化等基本要求。

整个路段依托文旅要素形成多个文旅热点。半山崖线步道由于其位于半山高度，对于绝大多数市民而言，需要上行登山方可到达崖线，这对他们前往步道的意愿定会产生消极影响，故而人性化的助力上行设施成为步道成败关键。同样，由于该步道有着较长的延伸长度，横向特色交通也将为整条步道添色。特色交通亦为自带流量的吸引物，对横向游览意愿起到极大的催化作用，既可满足游客观光需求，又避免过于耗费时间和体力，还能增加文化产业投放和旅游收入。可将轨道观光车站修建到每一个公园附近，车站即为休息驿站，配套餐饮、娱乐等设施，供市民和游客休憩。在高低落差较大的点位还可设置空中索道、观景缆车等设施供游客娱乐和调整路径。交通设施即是丰富的游乐设施，更是重庆立体交通的形象缩影，不仅对喜好娱乐的游客，特别是亲子旅游者极具吸引力，也丰富了都市休闲游爱好者的出行方式。半山崖线步道虽然无法形成全段旅游产品，但精品段位、特色区段仍然可令游客以短时娱乐的方式深度体验重庆的“山城之貌”和“山城之行”。

1. 李子坝—鹅岭公园

李子坝与鹅岭公园上下相连，但高差较大。李子坝现存大量历史遗存，以抗战文化为主；鹅岭公园为市政休闲公园，以休闲娱乐为主要体验。两地均形成了较好的游览氛围。鹅岭公园飞阁已实现活化利用，作为文创咖啡消费场所，经营红火，人气旺盛。二者自身文化属性明确，应当在活化利用、便捷联通、周边联动上进行探索提升。在三层马路文创区打造之际，向下衔接李子坝，向上联动鹅岭公园及贰厂文创园，形成观光、购物、休闲、游乐为一体的大型文旅热点。李子坝主打爱国主义教育观光，贰厂、三层马路兼顾休闲消费、文创办公，鹅岭公园创新植入山地游乐项目，弥补渝中此业态短板，以此大型文旅吸引物引导年轻人回归渝中。

（1）文化氛围提升。

建议改造瞰江楼，扩大逐层平台面积，增加停留空间，安装电梯，植入部分茶座、轻食等休闲业态。

特色交通内以贴画、LED屏幕、语音介绍李子坝抗战故事。

（2）旅游服务提升。

李子坝至鹅岭公园以缆车或自动扶梯相连，减轻登山压力，克服高差带来的游览障碍。

整个半山崖线设置横向特色交通，建议选择缆车形式，鹅岭为端头首末站点。

打通贰厂与鹅岭公园的直接导流通道（步行连线），路线上以壁画涂鸦、路面特色铺装、墙面浮雕等手法予以行进引导。

（3）业态提档升级。

建议鹅岭植入山地游乐项目，比如摩天轮、高空秋千等网红项目，改善鹅岭公园仅有老年使用者的现状，通过趣味娱乐项目吸引年轻人回归。

三层马路重视夜间游览业态设计，植入合理的夜生活消费业态，与夜间缆车形成配套。同时横向特色交通缆车也可开通夜间服务，使游客能够多视角饱览重庆夜景。

2. 佛图关公园

佛图关公园系原巴渝十二景之一的“佛图夜雨”故地，其地势高峻，自两侧急剧倾斜，曾为兵家必争的千古要塞。因岩壁上刻有佛像，故名佛图关。佛图关是重庆三关之首关，历为军事要地。对佛图关公园的提升，应着重补充文化故事，丰富巴文化内容。

（1）文化氛围提升。

于显要位置，复建夜雨寺前门牌坊，重构历史文化印记。

自进入牌坊大门为起点，通过岩壁壁画、浮雕的造景形式，讲述关于夜雨石、夜雨寺以及“佛图夜雨”景致的传说故事，对冗长的公园步道进行文化包装，减轻单纯步行的枯燥感。通过展现负有盛名的巴渝十二景“佛图夜雨”的文化内容，实现强化佛图关公园文化氛围的目的。

（2）旅游服务提升。

佛图关、虎头岩公园步道正进行施工，不日将打通断点。

因佛图关公园内道路狭窄、陡峭，不宜新建设施，可添置自动售卖机等人性化服务设施进行补充。

着重强化到关岳庙道路的标识指引，有意识地将主要的文化吸引点进行辐射放大，形成步道行进的吸引物。

在佛图关处设置横向特色交通上下站点，往虎头岩公园方向的特色交通应继续延伸。

(3)业态提档升级。

佛图关公园地势狭长,不便于设置餐饮类服务设施,建议在关岳庙开敞区域对此类业态进行补充。

3.虎头岩公园与重庆天地

虎头岩公园为市政公园,现大量区域封闭进行景观提升打造,届时将优化开敞式入口广场、远眺景观平台、色带花境景观、垂直立体绿化、阳光疏林草坪等内容,形成与化龙桥半山公园相互衔接的重庆特色坡坎崖景观和休闲生态公园,为游客提供半山康体健身的独特体验。公园定位是服务本地居民的市政公园康体公园,现状步道与景观正在完善,应着重强化与下半城公园体系滨江重庆天地的衔接,应在特色交通上进行思考。

(1)文化氛围提升。

根据虎头岩公园的自身特征,不再刻意对其进行重度的文化包装。此段公园步道高大植被较少,基本全线可与下部城、江对望,应着重在夜景包装上发力,灯饰效果尤为重要,可通过灯饰打造,呈现半山“火龙”景观。

(2)旅游服务提升。

尽快启动重庆天地一天地湖公园一虎头岩公园特色交通研究,形成本区段上下城联系的重要补充手段。

虎头岩公园设置半山崖线横向特色交通上下站点。

补充小型自动售卖机。

补充步道遮阳设施。由于虎头岩公园自身地势特点及公园内高大乔木植被较少,大量步道置于日光之下,夏季酷暑难耐,行进体验舒适感低,可通过外接遮阳设施,补种乔木等方式进行优化。

(3)业态提档升级。

虎头岩与下半城便捷特色交通一旦形成,加之自身灯饰效果,除了能吸引本地居民前来休闲健身,亦定然会吸引重庆天地的游客及其他游客前往“打卡”,形成一处适当规模的服务点位确有必要。可利用总部城与虎头岩公园衔接处闲置物业招商,形成公园轻食与水吧消费点。

4.红岩革命纪念馆及平顶山公园段

红岩革命纪念馆是重庆独有的文化资源。红岩革命纪念馆由于其文化属性的基调,不适合娱乐化的文化包装,与半山崖线步道的核心关系在于流量导流。通过横向的特色交通线引导山上的市民或游客去红岩革命纪念馆回顾历史。平顶山公园定位为市政公园,主要服务于周边居民,亦不做过多的刻意文化包装,保持其生态现状,公园内部服务设施已在进行提档升级,着重在步行体系上予以连通即可。

八、山城步道文旅提升的重要举措

(一)坚持文旅融合,助力品质提升

坚持“宜融则融、能融尽融”的原则,推进文化资源、文化产业和旅游业融合发展。找准文化和旅游工作的最佳联结接点,推动文化和旅游的理念融合、职能融合、产业融合、市场融合、服务融合、交流融合,实现资源共享、优势互补、协同并进,满足广大游客对精神层次的更高追求,形成步道文化传播媒介新优势。

对于博物馆、艺术馆、展览馆等文化场馆,突出其文化的内涵和精髓,让国内外游客在享受文化旅游产品的过程中,获得知识、精神享受和素养提升。对于山水半岛自然类的旅游产品,进一步丰富其文化内涵,把旅游过程变成自然知识的普及课堂,把独特的自然美景和自然科学、人文历史知识结合起来。统筹推进

传统技艺、表演艺术等门类非遗项目进重点旅游景区、主题旅游街区。推进红色旅游、旅游演艺、文化遗产旅游、文化主题酒店等已有融合发展业态提质升级。

深入挖掘传统文化内涵，开发具有特色的文化旅游产品，进一步丰富体验旅游，推动传统文化融入旅游市场。紧跟时代步伐，关注“90后”“00后”的文化旅游需求，注重融入时尚文化元素，培养未来旅游市场的生力军和主力消费人群。

（二）保护历史遗存，创新活化利用

1. 修缮遗存与活化利用

以修缮和复原为主，对步道沿线的历史遗存进行保护性开发，选择有条件的历史建筑，在排除安全隐患、完成修缮之后，可将建筑内部改造成图书馆、博物馆、纪念馆等，并作为开展文化交流活动的场所，以更好地服务大众。

充分展示历史遗存的文化内涵，以文化墙等手段展示历史遗存文化变迁。建立统一的山城步道信息平台，以二维码为载体，以图片、视频、音频等为表现形式，整合传播步道沿线文旅资源信息。

2. 打造沉浸文化场景

选取有代表性的文化资源，确立其核心文化主题，围绕主题，对周边街道进行整体性形象提升，实现建筑风貌、环境风貌与区域风貌相协调，形成主题明确、风格统一的文化场景、文化长廊和文化街区。

在具有传统风貌步道区段，打造、再现传统老巷场景，将当地生活方式体验与山城步道文化体验相结合。选择有开发条件的历史建筑，根据其风貌特色，开发与其风格相匹配的消费场所，开发西餐厅、茶吧、咖啡厅、书院、民宿、剧场等集娱乐、体验、消费于一体的文化体验场景。利用AR（增强现实）、VR（虚拟现实）、文旅装备等技术手段，展示、再现历史遗存相关的历史故事、名人影像，将科技手段与文化传播相结合，用沉浸式互动场景加深游客对历史遗存文化内涵的了解和体验，丰富游客的互动参与感和文化体验感。

（三）增加非遗植入，丰富文化体验

1. 以非遗项目烘托文化氛围

一是让非遗传统表演项目长期驻场演出。利用步道内小剧场，将带有地域特色的传统表演艺术搬上舞台，进行旅游演艺驻场演出，如在小剧场内表演评书、川剧等，增加娱乐性。二是依托茶馆、博物馆、陈列馆等载体，植入民间文学、民间歌舞、曲艺、戏曲等艺术形式，烘托文化氛围。三是开展互动项目，让游客参与进来。举办民俗游园活动、游街活动等，在活动中加入传统舞蹈、传统音乐、传统技艺、传统美术等适合与游客互动的非遗项目，如剪纸、糖画、叶脉画、烙画、面塑、爆米花等，形成现场生产现场售卖或者前店后厂模式，让游客购买非遗产品的同时，也可在非遗传承人的指导下，参与到制作环节中来。

2. 增加非遗地摊经济模式植入

将列入各级非遗保护名录的传统技艺、传统美术、传统医药等项目植入山城步道，充分发挥非遗的生活属性。一是在山城步道内设置商品售卖区，将部分门店作为非遗产品专卖店，或者设置专门的非遗产品摊区，用售卖车的形式，增加非遗衍生品展销和展示的门类。二是开设非遗传统美食专区，引进具有巴渝特色的传统美食等项目，如油醪糟、山城汤圆、火锅、担担面、小面等。

3. 设立非遗专题博物馆（展示馆）

根据非遗独具的项目特点，构建起相关的专题博物馆，如医药博物馆等。还可增加现场体验项目，如集中医药文化展示、中医药诊治于一体的体验项目。同时，还可以开展中医研学活动，无论是未成年人还是成年人，都可参加，通过研学可以学到一些日常中医药用药知识、中医保健知识等。

（四）完善公共服务，保障行进品质

山城步道既可作为体验山城风景与人文的游览路线，也可作为市民日常休闲、健身、通勤的生活路线。高品质步道，要以完善的公共服务保障人性化需求和舒适体验。山城步道公共服务设施主要包括公共生活服务设施、公共旅游设施两大类型。

1.完善公共生活服务设施

公共生活服务设施主要用于保障人们在步道行进中基本的饮食、如厕、休憩、安全等。按照文旅标准在步道适宜位置设置直饮水机、自动售卖机、公厕、报警点等设施。采有利用闲置的人防空间，增加骑楼、建筑内部公共步行空间以及在步道沿线多植高大乔木等方式，增设“凉道”及休憩设施。通过完善升降电梯与电动扶梯、标识系统、街巷驿站、环卫设施、照明设施、景观绿化以及座椅、栏杆、扶手、路障、铺地、无障碍设施等环境设施，营造安全舒适的步行环境。体育设施主要补充于休闲、健身主题的步道中，根据步道具体情况在适宜路段优化、增设一些适宜群众健身、开展趣味体育活动的公共设施。

2.完善公共旅游设施

公共旅游设施主要设置于对游客吸引力强、通行流量较大的步道。除步道线路涉及的原有游客集散中心、主要景点游客服务中心外，还应在适宜路段设置特色旅游导览标识、路线标识、旅游信息查询亭等。

3.积极融入智慧旅游平台

加强与有关智慧旅游企业合作，将山城步道游线融入“重庆智慧旅游综合运营平台”，完善智慧管理、智慧服务体系。搭建旅游安全救助服务体系，建立健全旅游监控指挥系统，完善智能播报、信息发送等安全警示系统和预设无障碍报警控制系统，实时监测主要景点客流情况，发布热门点位交通信息，引导游客合理安排行程，避开人流高峰，健全智慧旅游运行监管及应急指挥平台，提升旅游应急救助服务水平。完善集在线旅游安全监管系统、旅游投诉管理系统、旅游企业诚信管理以及移动执法管理为一体的旅游综合管理平台，建立使用规范、协调顺畅、公开透明、运行高效的旅游行政管理机制。

（五）鼓励全民营销，塑造特色品牌

1.塑造山城步道旅游品牌

要做好产品的包装，首先是将山城步道游线进行文旅包装，突出文化特色，完善旅游功能，将其打造成独具魅力的旅游产品，通过各种渠道宣传推介，使之成为本地民众熟知、外地游客向往的文旅目的地。

2.鼓励全民营销

大众既是旅游信息浏览者，也是旅游信息的创造者。互联网时代，要充分利用微博、微信、抖音、快手等媒体平台，充分发挥民众的主动创造性。各步道管理部门可积极组织营销活动，鼓励游客分享自己的步道体验，引导游客自发地推广山城步道，并给予优秀者适当实物奖励，形成全民营销的氛围。

3.多种营销方式组合

加强与周边区域景区的联合营销，实现平台互享、渠道共用、客源互送，联合承办旅游博览会、交易会等大型旅游节事活动。实施网红营销，发挥网红传播娱乐化、内容亲民化和跨平台化优势，让网红和潜在旅游者之间的自然沟通形成游客对山城步道旅游的品牌认知。邀请名人大家考察采风，以直播的方式宣传山城步道，吸引流量。借力“成渝双城经济圈”，山城步道也可对接成都优势资源，组合结对，协同外宣。

4.大力开展宣传推介活动

一是在旅游微信公众号上发布游记攻略、线下活动、业态招商及减免政策等内容。二是调动全国知名旅行商平台、新闻门户网站、网络视频平台、搜索引擎、省内外知名媒体平台形成网络宣传矩阵，将线上线下有效结合，共同转发有关山城步道文旅发展的稿件、图片、视频等，形成全媒体联动、全渠道推广的良好局面。三是线下积极组织专业拍摄、手机随手拍、短视频拍摄、航拍取景、宣传推介等活动，通过线上线下的无缝配合，进一步助力山城步道文化旅游宣传，让山城步道文旅宣传推广保持一定的热度。

九、山城文旅提升保障

（一）强化组织领导

成立由市文旅委主要领导为组长、各区相关领导参与的山城步道文旅提升工作小组，文旅委负责制定专项规划实施工作方案，相关区政府作为专项工作的责任主体，负责具体组织实施。全面对接现住建委山城步道具体建设工作，在实际建设推进中提出文化提升的要求，把握文化植入方面的决策，在文化提升具体内容上，参与步道建设方案的审查，在文化产业的植入、历史遗存的活化利用上统筹协同，尽量形成文化提升与市政建设协同推进的步调，申请步道文化提升专项资金并统筹资金使用。

（二）鼓励公众参与

不定期邀请市人大代表、市政协委员、市民、游客为山城步道建言献策，引导广大市民和社会各界参与支撑山城步道的建设，不定期征集点位上的文化提升民间方案与建议，以人民为中心，切实营造良好的步行友好城市环境、韵味十足的山城文化氛围，让山城步道真正成为重庆的特色品牌。

（三）加强宣传引导

充分利用微信公众号、网站、电视、报刊等媒体平台，及时向大众公布步道建设进度、文化提升热点内容、连通改善情况等信息。对于重点文旅步道，各相关区域应按照步道特征，制定具有针对性营销方案，细分分段区域，实施差别化营销策略。

（四）实施监督检查

建立监督检查问责机制，制定步道文化提升考核标准，把步道提升有关项目纳入城市提升行动计划考核方案。将重点文旅步道文化提升纳入各区级政府文化建设方面的考核中。

重庆市山城步道文化研究案例选录

黄亚玲 王成尧 魏锦 侯路 赵云雪 周冠宇 余炤 杨胜运 郎莹莹
（重庆市文化和旅游研究院）

“山城步道”依傍山城地貌、串联山城风光，承载着重庆人的传统生活，更是重庆巴渝文化、革命文化、移民文化等众多文化形态的历史见证与重要载体。

近年来，随着重庆“山水之城·美丽之地”旅游形象深入人心，山城步道获得了越来越多游客的认可与青睐，重庆市委、市政府也将之作为重庆重要的文旅品牌进行打造。

在此背景下，重庆市旅游规划研究院有限公司与重庆市文化和旅游研究院共同承担了“重庆市山城步道文旅提升研究”项目，着力于深入挖掘山城步道文化资源，提升山城步道人文品质，在增强步道旅游魅力的同时，使之成为当之无愧的山城特色文旅形象与深入人心的重庆文化符号。

为此，项目组进行了深入的前期研究与资料收集，并选择了五条具有代表性的步道线路进行实地勘察，对其文化资源、文化价值进行了认真梳理和总结，有针对性地提出山城步道文化提升思路与文旅结合建议。

环城墙步道文化研究

黄亚玲 王成尧

一、概述

环城墙步道地处重庆渝中区，全长14.6千米，依托重庆城古城墙，连通重庆的“上半城”与“下半城”，串联山城巷、十八梯、白象街、湖广会馆、信义街、洪崖洞6条步行支线，形成“一环六支”的步道格局。步道及周边保留城墙遗迹、历史建筑、名人故居、使领馆旧址、陪都时期办公旧址、民间商贾旧址、码头、缆车等文化资源30余处，体现了重庆巴渝文化、开放文化、抗战文化等文化精神和内涵，串联山城传统风貌区、居住社区、旅游景点等重要文化场所，是最能反映重庆历史文化变迁的山城步道。

二、文化主题

环城墙步道以“寻访重庆古城遗迹·体验山城传统风貌”为主要文化主题，以古城墙遗迹为主要线索，串联山城巷、十八梯、白象街、湖广会馆、信义街、洪崖洞6条支线，呈现山城传统风貌。6条支线的文化主题分别为：

山城巷——母城之巅，“天上的街市”；

十八梯——山城剪影，浓缩的山城历史；

白象街——最早的开放通商地；

湖广会馆——开放坚毅，移民文化的发源地；

信义街——抗战时期的金融街；

洪崖洞——崖壁上的吊脚楼。

三、文化影响力提升建议

（一）突出城墙沿线文化符号

1. 串联景区，实现分流

以重庆古城墙为线索，串联古城墙、城门遗址，连接沿线各景点，实现环城墙步道和景点的有机结合，延长游客停留时间。发挥步道的连接作用，贯通景点路线，为游客的场景转换提供便捷的步行系统。发挥步道的分流作用，通过步道的连接和延伸，引导游客前往周边景点游览观光，减轻热门景点在高峰期的客流承载压力，同时带动周边景点客流量的增加，实现“资源互通、客源共享”一体化发展。

2. 标识引领，方便通行

做好环城墙步道线路的基础设施建设。以环城墙步道“一环六支”为重点，完善环线、支线内的交通标识，为游客提供清晰的游览路线。完善制订环城墙步道游览公交线路。在步道沿线，选址修建供游客休憩的区域。强化步道与周边商圈、公园、社区和城市公共交通站点的联系，联动城市生活消费空间。

3. 古城墙、历史街区修复

做好文化遗址的保护和修复工作，修缮人和门等古城门及城墙相关遗迹，串联环城墙步道沿线的古城墙线索。加快山城巷、十八梯等传统风貌区的升级打造工作，形成整体性的环城墙步道沿线传统风貌特色。

（二）营造文化氛围

1. 充分展示文化内涵

在对环城墙步道沿线文旅资源进行文化内涵梳理的基础上，选取具有相同文化内涵主题的景点、区域进行联合推广。联合十八梯、山城巷、洪崖洞等，打造山城传统风貌文化主题；联合白象街周边重庆海关办公楼旧址、重庆海关监督公署旧址、江全泰号、白象街151号民居等建筑，打造开放历史文化主题；联合国民政府外交部旧址、《新华日报》营业部旧址、国民政府军事委员会旧址、韩国临时政府旧址、聚兴诚银行旧址等民国时期建筑，打造抗战历史文化主题；联合巴蔓子墓、郭沫若旧居、李耀廷公馆等，打造历史名人文化主题。

2. 丰富文化展示传播手段

建立统一的“环城墙步道”信息平台，整合步道沿线文旅信息。在景区与步道沿线通过投放二维码的方式，借助图片、视频、音频等传播形式，丰富文化的展示和传播手段。以文化墙等手段全面展示景区历史文化风貌。

3. 开展步道形象提升

从步道文化主题出发，结合主题营造，整治步道沿线建筑立面及环境风貌，与区域风貌相协调，形成主题明确、风格统一的文化氛围。对部分功能单一、人流量少的步道，通过对步道围墙进行涂鸦、手绘等艺术再创作形式，在对步道进行形象提升的同时提升步道吸引力。

(三)升级文化业态

1.优化传统风貌街区产业布局

在山城巷、洪崖洞等传统历史风貌街区,对文旅产业进行引导优化。完善商户退出机制。积极吸引更多优秀文创类企业入驻,鼓励优秀文旅产品的开发。

2.突出历史建筑,建立文化体验场所

推动历史建筑的活化利用,建设集文化体验、娱乐休闲于一体的文化体验场所。充分利用景区内的历史建筑,开发休憩、娱乐、餐饮、民俗等功能。

(四)分片区升级打造

山城巷:作为最具代表性的山城步道系统之一,具备一定程度的知名度和吸引力,考虑重点放在消费和业态的升级,以延长游客停留时间,吸引游客消费。

十八梯:作为连接重庆“上半城”与“下半城”的老重庆风貌街道,在建成后,除了展现老重庆生活风貌外,还要考虑发挥其连接较场口、山城巷、白象街等街区的枢纽优势,发挥其延长游客观光时间、景区客流共享等作用。

白象街:白象街作为集结了众多民国建筑的历史风貌街区,在拍照、打卡等方面具有一定吸引力,考虑充分激发街区文旅产业活力,活化利用历史建筑,形成下半城文旅综合体。

湖广会馆:作为靠近朝天门的片区,建议考虑将吸引朝天门方向客流作为突破点,改善旅游配套服务。

信义街:信义街地处解放碑、朝天门、洪崖洞三大热门景区之间,建议作为连接三者的过渡区域,发挥金融街风貌特色,作为游客观光、拍照的慢行街区,分流游客。

洪崖洞:作为知名网红景点,建议进行内部业态优化升级,提升游客消费水平。同时发挥客源优势,以标识引领、交通线路等手段带动客流量往周边扩散。

西南大区步道文化研究

魏锦

一、概述

1949年11月30日,重庆解放。至该年年底,西南各地相继解放。为巩固新生的人民政权,中央人民政府决定依照先前在各解放区实行的“大区”制,于重庆设立西南军政委员会,管辖云南、贵州、西康3省,以及川东、川西、川南、川北4行署区、重庆直辖市和西藏。解放初期的重庆,不仅是西南大区直辖市,也是西南大区党政军最高首脑机关——中共中央西南局、西南军政(行政)委员会、西南军区的驻在地,还是整个西南地区政治、经济、军事、文化和社会的中心。其地位之重要,在西南各省市中首屈一指。[①]

西南大区步道全长7.8千米,依托中山四路、人民支路等组成的大区环线(公交+步行),串联曾家岩临崖巷、文化宫大礼堂巷、大田湾体育巷共三条支线,形成“一环三支”的整体格局。沿线分布有不可移动文物(旧址、建筑群)25处,其中国家级11处,重庆市级4处、区级3处以及文物点7处。另有重庆中国三峡博物

①唐润明.重庆市版图之历史变迁(二)——西南大区时期的重庆行政区划(1949—1954年)[J].红岩春秋,2017(2):11.

馆、春森路老社区、学田湾老社区、嘉西村老社区等优质文化旅游资源。区域整体文化风貌体现了20世纪30—50年代中国共产党领导的老一辈革命家在重庆历经抗日战争、解放战争、新中国成立初期建设的重大历史事件与辉煌成就。

二、文化主题及文化价值梳理

1.文化主题

西南大区步道突出两大文化主题：其一为抗战文化主题，以中共中央南方局旧址、重庆谈判旧址群、桂园、特园等为代表；其二为体现中华人民共和国成立初期重庆作为“西南大区”直辖市时期的城市建设主题，载体有重庆市人民大礼堂、重庆市劳动人民文化宫大门、大田湾体育设施群、晋冀鲁豫军区干部子弟校学生宿舍旧址等处。

2.文化价值

20世纪30—50年代，中国共产党领导的老一辈革命家在重庆历经抗日战争、解放战争、新中国成立初期建设的重大历史事件，在西南大区步道区域内留下了许多文化文物遗址。区域内的抗战遗址群、西南大区建设旧址群以及几处老社区，纪录和见证了山城特殊时期的风雨苍茫，给重庆留下一座极为丰富的历史宝库。这些文化文物遗址及老社区，不仅蕴藏着抗战文化的精髓，也是重庆这座历史文化名城最富价值、最具代表性的资源，是重庆城市记忆不可磨灭的一部分。

重庆作为中共中央南方局所在地和抗日民族统一战线的重要政治舞台留下了许多抗战遗址，而这些遗址较为集中地分布于西南大区步道区域。步道区域内的中共中央南方局旧址（曾家岩50号）、中共代表团驻地旧址、中共中央南方局外事组旧址、重庆谈判旧址群（蒋介石官邸、国民政府军事委员会委员长侍从室旧址、尧庐、怡园）、保卫中国同盟总部旧址（宋庆龄旧居陈列馆）、特园、桂园、国民政府行政院旧址、跳伞塔、沈钧儒旧居、戴笠公馆旧址以及中统楼等，均是中国抗日战争的历史见证。

重庆曾是西南地区军政战略核心——中华人民共和国成立初期六大大行政区之一的西南大区政府所在地，而在西南大区步道区域留存的新中国重庆建设时期的旧址等，反映了西南地区政治、文化、教育、体育各项事业秩序重建的历史过程。

三、文旅提升建议

步道全线路文化资源丰富，文化遗产修复、保存状态良好，可利用价值高。其中国民政府行政院旧址、蒋介石官邸、国民政府军事委员会委员长侍从室旧址（尧庐）、国民政府军事委员会委员长侍从室旧址、杨森公馆旧址、贺国光旧居等6处为相关单位院内（不临街）办公用房，晋冀鲁豫军区干部子弟校学生宿舍旧址现为租赁住宿房，不宜作开放展示，而其余18处均为优质的文化旅游资源。18处中：中共中央南方局旧址、中共代表团驻地旧址、保卫中国同盟总部旧址、怡园、桂园、特园、跳伞塔、重庆市人民大礼堂、重庆市劳动人民文化宫大门、戴笠公馆旧址已是成熟的开放展示建筑；大田湾体育设施群、鲜宅旧址建筑外部也可作文化展示；沈钧儒旧居、中共中央南方局外事组旧址、马鞍山30号建筑、马鞍山31号建筑、马鞍山63号建筑等均已修复；中国国民党中央执行委员会调查统计局旧址也在修复计划中，可作为文化展陈、文旅产业经营资源以发挥更好的作用。基于西南大区步道区域文化资源现状，笔者提出四条文化提升建议，具体如下：

第一，以山城第一步道为通道，连接大礼堂至中山一路、枇杷山公园、枇杷山正街、通远门路段。这样不仅可串联起西南大区步道与环城墙步道，还可使抗战文化主题、西南大区建设主题文化游览线路都得到进一步贯通与丰富。沿线的国民政府立法院、司法院及蒙藏委员会旧址，菩提金刚塔，李宗仁官邸旧址，抗建堂旧址，中共重庆市委枇杷山办公楼旧址，戴笠神仙洞公馆及军统办公室旧址，红楼等一批同主题文化遗产均可纳入线路中。

第二，规划抗战文化主题与西南大区建设主题研学旅游路线，设置明晰的路线导引标识。

第三，分段分类规划文化旅游区域。

（1）对于人民支路、中山四路，可依托其人文、景观资源优势，打造漫游道，可在线路设置相关文旅创意产品销售、体验馆，配合少量休闲餐饮。

（2）尽快完善大礼堂、重庆中国三峡博物馆、马鞍山一带的步行通道基础设施和旅游公共服务设施，使之形成一个成规模的游客集散中心，方便游客游览驻足甚至过夜；尽快完成马鞍山传统风貌区招商，吸引符合区域文化气质且具有时尚气息的餐饮、民宿、文创、书店、书画、展览等类型企业入驻，可通过入驻企业举办文化讲坛、沙龙、雅集、主题故事会、开放的主题学术讨论等活动，提升区域文化内涵。

（3）完成大田湾片区的改造与提档升级，配套适量餐饮及酒店。一方面满足市民和中长期游客休闲健身需要，一方面以承办大型赛事为依托，吸引比赛团体入住，组织短期观光游览。

（4）曾家岩社区、嘉西村社区、春森路社区、枇杷山片区，可围绕“探访历史趣闻、凭江听风喝茶、感受山城居民生活”的定位进行打造，需完善区域以及路线上的厕所、休憩区等公共服务设施，适量规划餐饮、茶水、书吧、便民店铺等业态。

第四，强化步道故事呈现方式。

该步道文化主题突出，相关历史文化资源丰富，以故事形式呈现文化主题具有很强的可行性和吸引力。主要故事体系如下：

二战中国战场之政治文化风云：20世纪三四十年代建筑背后的抗战风云人物与重大历史事件、故事趣闻，建筑之间的关联、分布与重大事件的联系。

抗日民族统一战线故事：中共中央南方局的工作与斗争，国共谈判的历史风云，民主人士、进步人士的爱国热情与抗战活动，等等。

反法西斯远东指挥中心故事：“战时首都”军政风云，国民政府行政院背后的故事，跳伞塔与成长中的中国空军，历史上真实的中统、军统，等等。

中华人民共和国成立初期如火如荼的重庆城市新貌建设故事：1950—1954年间，“西南大区”建设背景，以及重庆市重大建筑的历史背景，建筑背后的重大事件始末等。比如：重庆人民大礼堂的建设故事、重庆市劳动人民文化宫的建设故事、恢宏的大田湾体育设施群的故事、人民小学的前身——晋冀鲁豫军区干部子弟校的故事等。

建议呈现方式如下：

（1）依托现有或规划中的展陈馆，进行相关主题文字、图片、实物呈现。

（2）在文化资源标识牌上，添加故事链接二维码，扫码听故事。

（3）开发线路文化旅游导览手册、路书、手账及相关App、公众号等，将故事内容嵌入其中。

黄桷坪步道文化研究

侯路 赵云雪

一、概述

黄桷坪步道全长约4.5千米，起于轻轨5A线黄桷坪站，向南穿过黄桷坪正街，在轻轨5A线电厂站向东南延伸，跨越成渝线后止于粗炳碛码头。该步道线路呈“一主三支”结构，主线段由川美艺术段和重庆电厂段构成，自北向南串联起第十三人民医院、重庆铁路中学、四川美术学院、黄桷坪小学、重庆发电厂、粗炳碛码头等城市公共服务设施，现今已为网红打卡点、生活休闲地。

主线的文化主题和功能分别为涂鸦街当代艺术走廊、体验电厂文化和烟囱景致。3条支线由铁道文创线、铁路新村便民线、龙吟文创线构成，共1.8千米长，名称即反映步道特色，分布于主线两侧，将铁路新村、三角道社区、小湾社区等社区和多个文创基地与主线连通。支线的功能分别为：活化铁道周边废弃用地为文创功能，活化工业老厂及仓库为文创功能，方便上半城社区居民步行到达轨道站。

整条步道共设10处街巷步道入口，接驳21处公交车站点和规划的3个轨道站点，方便周边居民出行的同时，也为游客进入本区提供了便利。

二、文化主题及文化价值梳理

1. 文化主题

黄桷坪步道文艺气息浓厚，两大主题较为清晰：以川美为依托的现代艺术文化主题，和以电厂及铁路为依托的老一辈建设者的工作、生活体验主题。整条步道长度适宜，文艺气息浓厚，串起多个著名的文创基地，包括涂鸦街文创群落、501艺术基地、川美后街文创区、坦克库艺术街区等，以及交通茶馆、川美黄桷坪校区、军哥书屋、老巢酒吧、如故咖啡厅、重庆发电厂等热门景点，把散落各处的历史文化景观资源“串珠成链”，形成集当代艺术、市井生活、工业遗迹于一体的特色步道，有利于吸引更多外来游客，激发九龙半岛的文旅产业活力。

2. 文化价值

新潮的涂鸦艺术，浓厚的文创氛围，充满烟火气的老旧建筑，富有江湖气与人情味的餐馆茶馆，饱含诗意的书屋，各种元素在黄桷坪老街上演绎交融，艺术文化、抗战文化、工业文化、市井文化等交织而生，成就了这条鲜活丰满、立体千面的文艺生活步道。

（1）文化艺术价值。黄桷坪艺术园区位于九龙半岛，是重庆市重点打造的首批文化产业示范园区和中国西部唯一的艺术园区。以川美黄桷坪校区为核心，利用其艺术资源，大力发展原创艺术产业，实现了文化资源优势向文化产业优势的转化。黄桷坪涂鸦街、红楼、铁路六村、501坦克仓库等精美建筑极具艺术品位，形成了艺术创作生产、艺术衍生品服务加工、艺术品展示销售、艺术培训考级等独具特色的文化艺术产业链条，集聚了艺术家工作室500余家、“黄漂”艺术家3000余人、艺术培训机构300多家，每年培养艺术人才2万余人。举办和承办各类艺术节会和展出活动1000余场，吸引了美国、英国、加拿大、瑞典等多个国家的艺术机构和艺术家入驻。

（2）工业文明及市井生活文化价值。重庆发电厂始建于1952年，是“一五”期间苏联援建我国的156项重点工程之一，电厂周围还兴建了水泵房及烟囱等配套设施，建筑风格独特。其中亚洲最高双子烟囱、贯穿九龙半岛的新中国第一条铁路成渝铁路、曾是重庆最大进出口物流集散地的九龙港，成为从时空维度见证中国百年民族工业文明和重庆重工业基地时代的最后遗存。这条步道上还有十足的老黄桷坪人生活的市井气息与老城记忆，交通茶馆和军哥书屋，这两个热门景点已经成为传承城市记忆的场所，浓厚的烟火气赋予了黄桷坪步道新的市井生活文化内涵。

三、黄桷坪步道文旅提升建议

黄桷坪步道的文旅提升主要还需从“艺术氛围”着手，以涂鸦和民间艺术两种方式来讲述步道内的文化故事。

1. 用涂鸦的方式表达文化故事，以丰富步道的文化氛围

(1)以主题故事为内容，进一步丰富涂鸦艺术街的文化内涵。规范涂鸦的内容，以主题化的方式呈现出黄桷坪老街的历史人文，将黄桷坪的故事、电厂的故事、铁路上的故事等主题性故事加以创作和呈现，以涂鸦的艺术方式展现在故事发生或者存在的相应片区。

(2)用涂鸦艺术创作方式，规范步道的标识系统。将步道中的标识系统采用涂鸦的艺术创作方式进行规划和统一，用丰富的色彩变化来体现主线和不同支线之间的差别。

(3)以涂鸦的形式，展现生活场景。以原黄桷坪老街、电厂、铁路等场景为创作源泉，纪录过去居民的生产生活，并将这些主题性的涂鸦的范围进一步扩充到铁路区、电厂区等地。

2. 用民间艺术方式讲述文化故事，呈现文化生态氛围

(1)将黄桷坪老街发展的历程、历史故事作为创作源泉，以剪纸、评书、金钱板等民间艺术形式呈现，并将这些文化故事吸纳进入文化创意产业园区，以丰富产业园区的文化内涵和游客的驻足点。

(2)利用交通茶馆的聚集效应，体现黄桷坪老街生活场景。对交通茶馆进行整体形象提升，可以适当引进如金钱板、评书、川剧等民间艺术形式的驻场演出，让单一的喝茶生活场景变得更加有文化艺术氛围。

3. 充分利用电厂遗址和铁路资源，打造网红景点

(1)电厂遗址的资源丰厚，可以充分利用。在建筑外观上可以吸纳涂鸦的方式进行主题性改观。对电厂遗址的所有建筑物或者标的物进行新的线路规划，在保障安全的情况下，可以引进一些娱乐和游乐设施以增加游客的驻足点。

(2)利用废弃的铁道和绿皮火车，增加短途的火车体验和文化餐饮项目。在铁道三角地带，可以增开火车体验项目，对军哥书屋进行修缮和改进，并在现有的基础上增加餐饮项目。利用废弃的火车头，建立咖啡屋等。

半山崖线步道文化研究

周冠宇

一、概述与文化主题

半山崖线步道全长28.7千米，其中主线长12.1千米，支线长16.6千米，沿线主要串联了渝中区和沙坪坝区的虎头岩公园、佛图关公园、鹅岭公园、李子坝公园、平顶山文化公园，还有摩崖石刻、摩崖佛龛、高公馆、李根固旧居、刘湘公馆、国民参议院旧址等人文景点以及红岩文化、抗战文化、工业遗址文化等人文资源，是探访古渝之源，览胜母城之巅的好去处。串联的五大公园每个都有其独特的文化特征，总体以抗战文化及休闲康体主题为主。

二、文化价值

李子坝公园、鹅岭公园、佛图关公园具有丰富的历史文化积淀。其中李子坝公园内包含五组抗战历史文物建筑，分别是高公馆、李根固旧居、刘湘公馆、国民参议院旧址、交通银行学校旧址，集中展示了重庆抗战时期的政治、经济、文化、军事、外交、金融等各个方面的历史风貌，是抗战文化的新符号和新阐释。鹅岭公园的主要景点有绳桥、艺卉园、瞰胜楼、广岛园、桐轩、烈士墓、三友亭、夕照亭、莲池长廊等。佛图关地处山岭脊梁，悬崖绝壁，地势险要，为古重庆陆路咽喉关隘，因岩壁上刻有佛像，故名佛图关。佛图关公园遗存唐宋以来的石刻、佛像及各时期碑文，有着鲜明的文化特色。

虎头岩公园、平顶山公园以秀丽的自然风光为主要特色。虎头岩作为渝中区制高点之一，利于远眺，在公园不仅可以将沙滨路、北滨路沿线风光尽收眼底，还与江北鸿恩寺公园遥遥相望，景色相当好。平顶山公园建有圣泉茶庄、鸟语长廊、五虎岭、儿童快活林、石刻文化、书卷长廊、辛亥义军过境碑、观景长廊及玉兰寨等景点。平顶山公园内的建筑均采取传统民居风格，庭、廊、楼、阁、塔、牌坊等形制俱全，与森林景观相得益彰。建筑、景石、匾额、对联、题刻作为文化载体，融入平顶山公园的地理环境，使公园流淌着气韵绵密的文化气息。

三、文化提升建议

李子坝公园、鹅岭公园内有丰富的抗战时期的旧址建筑，彰显抗战文化，可定位为“民国风情步道”。佛图关公园有浓郁的巴文化色彩，又因佛图关自古以来都是重庆主城的重要关口，可主推古代军事文化和巴文化，定位为“巴战步道”。虎头岩公园、平顶山公园是呈现都市景观的山地园林，可主推现代山城风貌景观文化，定位为“空中花园步道”。

根据三种定位，可进行相应的步道环境打造。“民国风情步道”重在以富有民国元素的视觉形象进行包装和打造；“巴战步道”以巴文化元素辅助升级；“山城花园步道”可增加花卉植物景观以提升形象，彰显特色。此外，半山崖线步道沿嘉陵江蜿蜒28.7千米，全程可观赏江岸风景和都市风貌。如此景观，无论是对本土居民还是外地游客都有巨大的吸引力。但步道太长，中间断续，步行全程非常不现实，中途要更改路径也难以实现。因此，建议沿步道打造一条观光休闲交通线路，如轨道观光车。这样既可满足游客观光需求，又避免游客过于耗费时间和体力，还能增加文化产业业态投放和旅游收入。

可将轨道观光车站修建到每一个公园附近，车站即为休息驿站，其风格可根据前文定位的“民国风情”“巴战文化”“空中花园”进行修建，配套餐饮、娱乐等设施，供市民和游客休憩。在高低落差较大的点位还可设置空中索道、观景缆车等设施供游客娱乐和调整路径。

这些轨道观光车和索道、缆车是丰富的游乐设施，更是重庆立体交通的形象缩影。不光对喜好娱乐的游客，特别是对亲子家庭极具吸引力，同时也丰富了都市休闲游爱好者的出行方式。人们来到半山崖线步道，可步行，可乘车，上下坡岭可乘坐缆车和索道。在较为平缓宽敞的步道位置，尤其是“民国风情步道”沿线，还可以设置“滑竿”，让游客体验老重庆的独特交通工具。

如此打造后，半山崖线步道可令市民、游客深度体验重庆的“山城之貌”和“山城之行”。既能更好地满足生活休闲及通勤需要，又能以点带面彰显步道蕴含的文化价值，提升文化品位，更能全方位呈现重庆大都市风貌和五大公园丰富的生态景观。

北塘峡江步道文化研究

余炤　杨胜运　郎莹莹

一、概述

北塘峡江步道位于北碚区，全长36千米，“一线六段”。依托嘉陵江，分为老城滨江步道、东阳滨江步道、温塘老街、张飞古道、观音峡步道、沥鼻峡步道，共六段。

依托嘉陵江绝美生态岸线景观，长达36千米的峡江步道分为两岸多段，整体以自然山水风光为主，其间间插张飞古道、金刚碑风貌区、三花石、碚石、温泉、澄江镇等文化要素，将北碚故事娓娓道来，为游客及市民提供古道探幽、科学探索、非遗体验、健身徒步的带状公共空间。

二、文化主题及文化价值梳理

北塘峡江步道所涉及的范围内拥有北碚主要的文化和旅游资源，其中包含具有较高旅游价值的缙云山、温泉、古镇古村落，也有较高文化价值的博物馆、佛教寺院、历史文化街区、名人旧(故)居等。

1. 文化主题

(1)卢作孚建设北碚主题。卢作孚先生生前在北碚兴办教育、创办实业、抗日救国、启迪民智，推行乡村建设实验，兴建北川铁路，开办嘉陵江温泉公园，创办“中国西部科学院”，建“北碚平民公园”……为北碚的发展做出了巨大的贡献。步道连接的景要素体现了卢作孚为了救国强国之路而奋斗的爱国主义情怀。

(2)抗日战争重庆文化名人故事主题。北碚历史长河中名人典故众多，但文化光芒以抗战时期最为耀眼，当时北碚被选作抗战大后方重要的迁建区，接纳了来自全国各地的文化、科教名家，形成了三千名流汇北碚的壮观景象，抗日战争时期著名“文化四坝”之一的北碚夏坝成为抗战大后方文艺创作与科学研究的高地。步道周边的古镇古村落、文化遗址、历史名人旧居是对该主题的集中体现。

2. 文化价值

综合来看，北塘峡江步道的文化价值具有以下几个特点：步道原生态基底优良，同时兼具滨江温泉资源，对特定需求人群有吸引力；承载城市的历史文脉和乡愁记忆，具有明显区别于现代都市的氛围韵味，亲和度高；部分段落已形成当地公共空间名片，深得市民青睐。具体来看，北塘峡江步道的文化价值主要体现在如下三个方面：

第一，具有以山水文化陶冶精神的价值。北塘峡江步道的山水景观给予人视觉享受、精神浸染，在潜移默化中给人舒缓、轻松的心灵体验，以其山水之美净化人的心灵，陶冶人的情操。

第二，具有哲学韵味。在佛教中，自然山水既是参禅的外在环境，又是悟道的心灵桥梁。北塘峡江步道中拥有观音庙、西方寺等佛教寺院和遗存，为步道增添了佛教元素，赋予了哲学韵味。

第三，具有近现代历史人文价值。北塘峡江步道的历史遗存及典故，包含一座城市发展的艰辛、历史名人的生平寄托，是一种精神文明的传承，是一座城市固化的精神财富。它所承载的历史文脉和乡愁记忆还体现了北碚人的自我认同价值，是一种文化精神认同。

三、文旅提升建议

北碚文化旅游资源丰富，但当地政府打造的重心主要放在缙云山和温泉城，而疏于对北塘峡江步道文化和旅游资源的挖掘和开发。从整条步道所串联的文化和旅游资源来看，虽然难以进行综合开发，但结合重要点位与周边资源可形成较高价值的文旅线路，旅游交通工具除了旅游巴士和轮渡之外，还可以加入嘉陵江观光船(从观音峡到沥鼻峡)，嘉陵江沿线可设置游轮码头，为游客提供多种方式的体验。建议如下：

第一，做好北塘峡江文化和旅游专题规划，将嘉陵江上游澄江镇境内沥鼻峡至水土街道，以及沿线的缙云山等都纳入规划范围。

第二，整合沿线文化和旅游资源，充实旅游游线内容。比如重庆蚕科院就有很好的资源可融入旅游资源中来。

第三，将北塘峡江作为一个旅游品牌进行打造。

第四，完善沿线旅游标识标牌。

第五，完善沿线旅游餐饮设施的布局，修建休憩设施和旅游厕所。

第六，做好历史文化的活化利用。一是抗战时期建筑的活化利用。北碚曾为抗战大后方重要的迁建区，有着丰富的抗战时期建筑遗存。对于这类文化资源，在保留原有的陈列状态的基础上，可在金刚碑新开设民国名人陈列馆，用蜡像、实物、实景或者情景再现的方式，讲述抗战名人、来碚名流的人物生平和经典故事，让游客获得深度体验。或者将民国时期修建的建筑进行合理保护利用，开发成民国风酒吧、茶肆或民宿等。二是讲好卢作孚的故事。通过步道串联引导，讲述卢作孚生平事迹。可将其旧居改造为北碚乡村建设陈列馆、抗战时期宜昌大撤退陈列馆、西迁建校纪念馆、卢作孚纪念馆，用图片、雕塑、实物结合现代声光电的形式展示，让游客了解卢作孚与北碚的故事。三是讲好三国张飞故事。保留张飞古道野趣特色，在现有张飞古道的基础上，上游延伸到澄江渡口，下游延伸到水土街道，沿途增加旅游交通接驳功能、休憩设施，遵循不大拆大建的原则，适当利用群雕、石刻再现三国演义中张飞的故事，还可在沿途添加一些小规模娱乐休闲项目，如丛林秋千、树屋等，增加体验感。

重庆文化产业园区发展情况调研报告

高扬　殷强　熊婉彤
（重庆市文化和旅游发展委员会）

近年来，我市文化产业园区建设得到了快速发展，各级各类文化产业园区数量激增，成为文化产业发展的重要载体，催生出一批有较强竞争力和自主创新能力的文化企业。为深入了解全市文化产业园区发展现状，市文化旅游委组成调研组，对全市已建成的文化产业园区、基地进行了深入调研，对发展现状及特点、存在的问题进行了深入分析，并提出了对策建议。

一、重庆文化产业园区发展的基本现状及特点

近年来，各区县加大对文化资源的开发利用力度，大力推进文化产业园区建设，引导文化产业集聚发展。据统计，我市现有文化产业园区、基地共167个，分布在全市34个区县，其中：国家级文化产业示范基地12家，市级文化产业示范园区21家，市级文化产业示范基地85家，市级文化创意产业园区13家，市级乡村文化乐园36家；园区（基地）入驻企业总数11995家，2019年园区（基地）总产值达784.3亿元，上缴税收总额30.8亿元。目前，园区（基地）的经营业态主要包括文化娱乐休闲服务、创意设计服务、旅游资源开发、内容创作生产、艺术品交易、文化艺术培训、展览展示、图书出版、营业性演出、网络直播、数字新媒体等50种类别。

总的来看，重庆文化产业园区发展在入驻企业数、总产值、上缴税收、成熟度等方面呈上升趋势。从文化产业园区的形成原因来看，主要有三种形态。一是自发聚集型。我市文化产业园区少数是自发聚集形成的，自发聚集的文化产业园区，比较有代表性的是磁器口古镇。磁器口文化产业园区的企业在一定条件下自发聚集，形成一定规模和影响后，政府对相关企业给予扶持和对园区进行宣传，使得这些企业得以逐步壮大。二是企业主导型。该类文化产业园区占全市文化产业园区总数的80%，此类园区一般是划园而治，有着特定边界范围，由主导企业通过有目标、有步骤的规划，从无到有地进行建设。如市级文化产业示范园区——江北区北仓文创街区，就是由重庆中复文化创意有限公司主导运营的园区，主要提供文化创意咨询，市场营销策划，工艺美术品、字画销售，会议及展览服务等。三是政府主导型。该类文化产业园区多属于综合型文化集聚区，主要是依托当地历史文化资源和自然资源来建设。如国家级文化产业示范基地——洪崖洞，就是在政府的主导下，依托重庆最具特色的吊脚楼、古牌坊、木垂花、悬挑梁、雕刻楼廊、半山街市和青石板路等山地民居资源而建设发展起来的。此类文化产业园区有特定的资源优势，也有一定的产业基础，但缺乏龙头企业带动，需要政府进行统一规划并推动发展。

通过对各区县文旅委上报的文化产业园区发展相关统计数据进行分析，以及对全市具有代表性的文化产业示范园区（基地）、文化创意产业园和乡村文化乐园的现场实地调研访谈，发现相关园区主要呈现3个特点。

1. 地域文化特色鲜明

园区能否体现独特的个性、文化风格和文化品位，关键看其能否体现区域文化特色。占地800亩、总投资43亿元的市级文化产业示范园区——长寿菩提古镇文化创意产业孵化园，就是依托长寿菩提古镇的平台资源打造的集文化创意、研发设计、文化旅游、展览展示等功能于一体的综合性文化创意产业孵化园区。荣昌区文化产业园区发展地域特色鲜明，现有的6家园区中，有5家均是围绕国家级非遗项目荣昌夏布开展运营的，其主要进行夏布生产、加工、销售，以及夏布衍生品开发、夏布小镇打造等，凸显了具有地域文化特色的集聚发展。

2. 创意型园区成为发展重点

除依托历史和自然资源形成的园区外，创意型园区成为重庆市发展文化产业园区的重点。近年来，重庆市政府出台了一系列配套政策，为文化创意产业的快速发展提供政策支持。《重庆市人民政府关于推进文化创意和设计服务与相关产业融合发展的实施意见》指出：各区县（自治县）政府要加大投入，支持文化创意和设计服务与其他相关产业融合发展。文化创意和设计服务企业符合国家相关规定的，可享受西部大开发税收优惠政策、文化产业和小微企业优惠政策、“营改增”相关政策。同时，优先推荐以文化创意和设计服务为主要业态，并与相关产业融合发展较好的聚集区申报各类文化、创意和设计园区（基地）。为此，一批专业的创意型园区初步形成。如市级文化产业示范园区——贰厂文创园，自身定位为“国际化无界创意厂”，分为设计区、娱乐区、文化区、艺术区、市集区及精品酒店区6大商业功能区，现已入驻企业近80家，园区从业人员近千人，日均入园游客达8000人次，节假日单日访问高峰可达2万人次，2019年产值过亿，已逐步成为重庆地标性商业、旅游、文化项目。

3. 数字文化产业园区发展势头强劲

2019年，重庆市文化旅游委确定了上清寺互联网产业园、涪陵区互爱科技产业园、国盛IEC、海王星数字文化创意产业园4个园区，作为首批重庆市数字文化产业园区创建资质单位。其中：上清寺互联网产业园入驻数字文化企业37家，占园区入驻企业的54.4%，园区2019年营业收入13.99亿元；涪陵区互爱科技产业园入驻数字文化企业58家，2019年产值2.18亿元，税收近600万元，其中产值超过千万元的企业有7家；海王星数字文化创意产业园2018年数字产业总产值约3.2亿元，2019年入驻数字文化企业88家，占园区入驻企业的69.84%。另外，个别远郊区县虽无区位、经济基础优势，但在数字文化产业集聚发展方面走在了区县布局的前列。如巫溪的致恒科技有限公司致力于大数据综合服务平台、短视频、直播、电商等主营业务，2019年实现产值2000万元，总税收45万元。

二、重庆文化产业园区发展存在的问题

重庆市文化产业园区虽近年来取得了一定成绩，但与全国其他省市的一些先进文化产业园区还存在一定差距。主要表现在：

1. 区域发展不均衡，总体布局不够合理

从分布来看，全市38个区县文化产业园区发展不均衡。据统计，全市现有34个区县布局落地文化产业园区，但南川区、丰都县、忠县、彭水县等4个区县无文化产业园区，已建成文化产业园区数量排前三位的区县为九龙坡区、江北区、渝中区，分别拥有14个、13个、12个。

2. 资源依赖度较高，新型科技支撑较弱

从文化产业园区类型来看，我市传统资源依赖型文化产业园区占比较高，该类园区主要依托当地的自

然景观、历史文化资源等加以建成。此类园区大多数主导产业与信息和高科技未有效结合，缺乏科技支撑，产品附加值低。

3. 主营业务较分散，特色化不明显

通过对各区县上报的园区主营业务进行扎根理论编码分析，我们发现我市各个文化产业园区的经营项目较为分散，涉及工艺品、版画、雕塑、图书、印刷、文化内容创作、文化创意设计、艺术品展览、拍卖、版权交易、影视拍摄、歌舞演艺、剧场演出、文艺培训、文化艺术交流、直播、短视频、游戏、数字动画、软件信息化服务等多个领域，且具有一定的同质化现象，而部分文化产业业态如音乐、动漫、5G短视频、电竞等虽在个别园区中有所发展，但尚未形成鲜明特色。各园区业务范围狭窄，规模偏小，尚未形成龙头领军园区，且大部分园区没有形成品牌意识，品牌构建、品牌影响力等方面还较为欠缺。

4. 公服平台不完备，配套服务亟须完善

理论和实践证明，文化产业园区内的企业发展，需要一定的公共平台，需要整合、集成各种资源，共享共用基础设施和信息资源。从我市众多的文化产业园区发展情况来看，真正能提供信息咨询、人才培训、技术支撑、推广展示等公共服务平台，以及具有完备的政府支持体系、技术开发体系和市场服务体系的文化产业园区少之甚少，这严重制约了文化产业园区的长久发展。

5. 运营管理较弱，发展动能不够强

通过对我市文化产业园区实际发展过程的分析发现，目前园区运营管理存在一定问题。一是企业内部的管理不够规范。园区内部分企业的管理以管理者本身为核心，缺乏客观公正的条例条规，管理方式较为主观。二是园区内部的管理缺乏体系。园区的发展过多地依托于企业的带动，而缺乏对自身的管理，没能正确判断园区优势，发挥园区的整体作用，实现统筹发展。

三、加快重庆文化产业园区发展的对策及建议

1. 明晰发展定位，提炼培育主导产业

重庆文化产业园区发展应坚持“合理布局、控制总量、突出特色”的原则，严格防止一哄而上、盲目发展、同质化竞争，应结合各区县文化特色和资源优势，明确发展定位，应加强对文化产业园区统筹规划，走特色化差异化发展之路。一是确定园区发展的文化主题。各区县应利用自身特色文化资源，进一步明晰定位，使园区内各企业既分工又合作，避免盲目跟风、追赶时髦，避免无谓内耗和无序竞争。相关数据显示，在全国超过2500家的文化产业园区中，有70%以上处于亏损状态，真正盈利的不超过10%；而业内专家也指出，国内真正称得上“文化产业集聚区”的园区不到5%。园区在发展过程中显现出的同质化、地产化、单一化、空壳化等一系列问题值得深思。二是注重提炼培育主导产业。各区县文旅委要根据文旅产业在引领文旅改革发展中的地位和作用，提炼出符合本地发展要求、引领带动力强的主导产业，形成文旅龙头企业，切实解决小、散、弱的问题。构建起较为完善的文旅产业链，呈现以重点行业、重点企业为核心的园区化、集团化发展模式，并逐渐向外衍生和辐射，带动整个文旅产业的发展，最大化地发挥主导产业的龙头作用。

2. 突出嫁接导向，推进产业融合发展

目前，重庆文化产业园发展融合度还不够高，亟须强化嫁接，推动融合发展。一是依托资源禀赋和产业基础，在科学确定主导产业的基础上，按照同类项目集中布局原则，引导各园区错位发展，鼓励发展文化创意、动漫、游戏、电竞、5G音视频等新兴文化产业。二是完善文化产业链和产业体系，支持沿产业链双向延伸，促进上下游产业有机结合，加强价值链中信息和技术的交流，加强产品创新力度。三是拓展文化产业发

展空间，推动文化和通信、软件、工业、建筑、服装、家具、会展、教育、培训、影视、包装等行业融合发展。

3. 强化服务意识，突出园区孵化功能

目前重庆文化产业园区绝大多数是新建园区，进入园区的企业绝大部分为新创企业，生存能力较弱。为此，文旅行政主管部门在政策设计与导向上应该强化孵化意识，突出园区的孵化功能，降低企业尤其是创意型企业的入园商务成本，可采取政策、项目、政府平台公司股份投资等多种形式的扶持，为企业、个人创业提供支持和服务，降低创业企业的创业风险和创业成本，提高企业的成活率。针对当前重庆文化与数字科技脱节的问题，在全市重点打造1~2个数字文化产业示范园区，进行试点，引领全市文化产业园区转型升级。

4. 整合各方资源，强化公服平台建设

文化产业公共服务平台的完备是加快文化产业发展的重要助推器。文化旅游行政主管部门要着力抓好各类平台的建设，通过整合已有相关机构的网络资源，搭建公共性的文化产业信息平台，逐步完善“重庆市文化产业数据库”，在文化企业与文化市场、文化产业研究专家和政府之间搭建起一个信息交流、激发创意的平台。支持园区加快建设企业孵化、技术研发、检验检测、职业教育、信息中介、技术培训、市场交易、展览展示等公共服务设施。

5. 做大做强品牌，培育壮大营销市场

树立品牌意识，构建文化产业园区的IP（Intellectual Property，知识产权）体系，积极拓宽各种有效渠道，做好园区的品牌营销推广工作。一是设立品牌营销中心，建立品牌营销网络；二是利用西部旅游博览会、重庆文博会、西部动漫节等品牌节会以及相关论坛等，加强品牌营销宣传；三是充分利用新媒体、自媒体、直播、短视频等数字传播媒介，线上线下两手齐抓，拓宽国内外品牌营销市场，扩大园区和品牌产品的影响力和知名度。

6. 强化统筹协调，加快区域资源整合

各区县政府应高度重视文化产业园区发展的统筹协调，要加强与兄弟区县的交流合作，推动资源的整合利用。一是抓好统筹协调。将文化产业园区建设纳入本区县经济社会发展大局进行统一立项、统一规划、统一实施，统筹协调财政、税务、金融、规划和自然资源、市场监管等部门，推动文化产业形成集聚发展合力。二是加快区域整合。推动功能相近文化产业项目的优化组合，避免资源浪费和重复建设，彰显集聚优势，提高文化资源配置的现代化、市场化程度；加快园区自身配套功能完善，打破区域行政与功能界限，与周边的商场、酒店、休闲娱乐设施等资源形成整合互动，以主设施、主功能为核心，打造共享体系，拓展产业发展空间，实现区域设施功能上的互补和共赢发展。

抓住“十四五”重庆文化旅游产业黄金期大力发展成长型新产业

王 榆
（重庆市文化和旅游发展委员会）

“十三五”以来，重庆市文化和旅游领域围绕“文化强市”和“国际知名文化旅游目的地”宏伟目标，以供给侧结构性调整为引领，不断推动全市文化和旅游产业高质量发展。

2019年，重庆市文化产业增加值同比增加10%以上；接待境内外游客6.57亿人次，实现旅游总收入5734亿元，同比分别增长10%和32%。毋庸置疑，重庆文化和旅游产业正处于新一轮的快速增长期，并逐渐成为重庆市新的经济增长点、经济结构战略性调整的重要支点、转变经济发展方式的重要着力点。

同时，重庆市文化和旅游部门完成了行政机构合并，融合发展的体制机制逐步理顺，为文化、旅游“宜融则融、能融尽融”创造了条件；近年市委市政府出台的《关于加快全域旅游发展的意见》《关于推动文化产业高质量发展的意见》等政策将逐渐释能，“双城经济圈”“一区两群”“两江四岸”等重大战略又将为文旅产业带来新一轮政策红利；文化和旅游产业考核的“指挥棒”作用愈加明显，有效带动区县党委政府重视程度不断提升、投入力度不断加大；投融资环境持续优化，重庆首家文旅特色支行成立，贷款、债券、基金、担保等金融合作走向深入，社会资本加速进入文化旅游领域；招商引资成效显著，签约一批“千亿级”战略投资伙伴，投资5亿元以上的在建文旅项目近百个，一批重量级项目将在未来几年相继建成开业，成为产业增长的重要支撑；文旅市场持续繁荣，全球旅行商大会、重庆国际旅游交易会、重庆文化产业博览会、西部旅游产业博览会、西部动漫文化节、三峡国际旅游节、重庆文化旅游惠民消费季等重大品牌节会规模、效益和影响力逐渐增强；文旅消费水平、模式、业态加速创新升级，重庆连续两年位列西部文化消费指数榜首，长期占据最受游客欢迎城市前茅，近悦远来美好城市的正面形象和美誉度大幅提升。

纵然新冠疫情暂时抑制了文旅行业消费需求和生产经营，但需求不会就此消失，经营不会永远停滞，文化旅游产业长期向好的趋势不会变。因此，有理由相信，“十四五”期间将是重庆文化旅游产业发展前所未有的战略机遇期，也将是打造“国际知名文化旅游目的地”，实现高质量发展、满足人民高品质生活需求的关键期、黄金期。

当前，正是规划布局“十四五”发展愿景的重要阶段。全市文化旅游领域在持续做强传统优势产业的基础上，更应改革创新、超前谋划、精准施策，谋划发展具有较高成长性的新产业。一是聚焦因新的技术进步而产生的新产业模式；二是瞄准因居民收入提高、消费升级而产生的新产业形态；三是对标当前西部，甚至国内的空白、短板产业领域。具体来说，应大力发展以下一些产业板块。

一、大力发展5G新媒体产业

随着5G“新基建”的加快推进和相关应用的逐渐普及，其大带宽、低时延和大连接等特性将为新媒体产业带来深刻变革。

一是超高清视频将成为未来新媒体行业的基础业务。从增长和规模来看，到2022年超高清占视频直播流量的百分比将高达35%，“信息视频化、视频超清化”已经成为全球新媒体产业发展的大趋势；从技术演进来看，视频图像分辨率已经从标清、高清进入4K，即将进入8K时代，在点播、直播、行业应用，尤其是在体育比赛、大型演艺和活动直播中将被大量运用，从而提升信息传递和图像视觉的用户体验。

二是加速虚拟现实的场景应用和产业化进程，并催生新业态。5G解决了VR、AR等超大数据量传播的技术问题，为大规模产业化扫清了障碍。未来几年，VR、AR类动漫游戏将大量出现，具有360°全景体验的电影放映和赛事、演出直播，以及更具身临其境现场感的云旅游、云展览、云社交和云卖货等业态将快速发展。同时，VR、AR类新媒体将向虚拟教学、资产销售、工业设计、建筑设计、全景导航等行业融合发展。

三是推动数字文化内容产业的模式创新。5G的大规模应用将使高速移动通信中的在线娱乐体验效果更佳，专门满足私家车、长途车、高铁、游轮等交通工具娱乐需求的新媒体将会出现；5G在单位空间的更高连接性，将有效保障大规模人群集聚活动现场的新闻报道需求和参与者社交分享需求；5G对大规模数据运算的保障，将推动新闻视频等数字文化内容的分发消费模式向更精准的内容定制化、定价差异化方向发展。

二、大力发展电竞游戏产业

近年来，电竞游戏产业以其良好的社交、娱乐、竞技、高科技等属性，引领着国内外娱乐消费的新方向，成为时下最受关注，并实现成熟化运营的新兴产业之一。2018年，电子竞技取代足球而成为全球一致看好的最具创收潜力的文体娱乐项目。当前，中国电竞游戏产业已经进入一个爆发期，2019年整体市场规模突破1000亿元，预计在2021年将突破1600亿元。

电竞游戏产业拥有较长且较为完整的产业链。上游是游戏研发运营，主要为市场提供高质量的精品游戏并形成用户基础。中游是赛事运营、电竞俱乐部和内容制作，主要是围绕电竞赛事这一核心承载资源，提供核心内容产品。下游是传播平台和周边衍生开发，其中游戏直播已成为内容变现重要一环。未来，电竞游戏产品将向着更娱乐化、更低门槛的方向发展，以吸引更多用户；电竞赛事将深度细分，赛事体系趋向联盟化、主客场制；俱乐部将通过设立主场的方式发展到各个城市，以满足各地电竞爱好者的需求；电竞游戏+明星玩家、网剧、电影、动漫、音乐、短视频的泛娱乐化趋势愈加明显，周边游戏虚拟装备交易、硬件设备生产交易、衍生文创产品开发和游戏主题节会、赛事旅游等也呈多元融合发展之势，商业价值巨大、产业前景广阔。

一直以来，重庆电竞游戏氛围浓厚，电竞玩家数量与电竞观众数量在全国均名列前茅，先后举办过多项国际知名的电竞赛事，包括永久落户的世界电子竞技运动会（WESG）；产生了一批优秀职业电竞选手，其中更有世界冠军。当前，王者荣耀QG战队正式落户重庆，忠县电竞小镇和具有电竞游戏特色的渝北ICE数字文化产业园正起步发展，发展电竞游戏产业正当其时。

因此，我市应抓住上述优势和机遇，积极引进国内头部游戏制作团队、游戏运营平台、电子竞技俱乐部和品牌赛事来渝投资发展，并围绕头部资源吸引产业链布局和社会资本跟投。同时，推动以电竞为中心的策划、媒体、直播、视频等产业多维度全面发展，活跃IP授权，发展周边衍生产业，构建产业生态。

三、大力发展文旅装备制造产业

当前，国内文旅装备产业多集中在长三角和珠三角地区，但科研实力与国际先进水平还存在一定差距，而整个西南地区产业实力偏弱，某些细分行业尚属空白。

在深化文化和旅游领域供给侧结构性改革的主线引领下，我市应充分运用老工业基地产业禀赋和科研实力，抢抓制造业产能转移机遇，争取国家部委支持，从以下四个领域发力。

一是打造好工信部和国家文物局授牌支持、全国唯一的文物保护装备基地（在建），重点在考古、文物预防性保护、文物安全防护、文物展示利用等领域开发一批新装备，突破一批共性关键技术，并建设文物修复展示中心、研发实验室和集成、检测、数据存储服务中心等公共平台，扭转国内文物保护设备进口比例高达90%、价格昂贵且不能完全满足特殊要求的局面，基本满足国内文物保护单位重点装备的研制生产需要。

二是争取文化和旅游部支持，瞄准国内空白、短板，规划打造西部乃至全国领先的文旅装备制造产业园，重点引进和发展高端影像摄制、传输、播放设备，工业级高端印刷设备和家用、办公印刷设备，舞台搭建、升降、灯光、声像等先进设备以及各类数字智慧文旅新装备，打破国外企业对上述先进设备的市场垄断。

三是依托各地乐器、玩具生产基地，引领传统产品创新升级，衍生发展新一代智能化乐器、玩具制造产业集群，拓展全新市场空间。

四是推动汽车、轮船、机械制造产业产能转移和结构调整，向房车、游览车、游艇、游轮、娱乐型无人机、大型游乐设备、室内游艺设备制造等方向转型，满足人们的消费升级需求。

四、大力发展康养旅游产业

重庆康养旅游资源丰富，产业基础良好，应抓住当前观光游览消费向度假休闲消费转变，康养旅游需求不断上升的良好机遇，大力发展康养旅游产业。

一是做强温泉康养旅游。重庆拥有丰富多样、世界级的温泉地热资源，目前已探明温泉分布区域达1万平方公里，温泉矿点146处，地热可采水量为每年5.6亿立方米，科学可开采量为每天40万立方米，现开采量仅占合理开采量的20.2%。目前已建成各种档次的温泉旅游景区、景点、酒店、度假村40余个，年接待游客1400余万人次，实现综合收入75亿元，是全国温泉旅游发展最成熟的地区之一，先后成为中国温泉之都和世界温泉之都，成功举办中国首届温泉与气候养生旅游国际研讨会，国际影响力逐步扩大。当前应引进、吸收、转化国际先进温泉康养技术，打造世界级的温泉与气候养生目的地“世界温泉谷”，力求通过3～5年时间全方位的升级打造，建成1个国际温泉医疗养生旅游中心、1个国家级温泉型旅游度假区、2个国家（温泉）康养旅游示范基地、2～3个五星级温泉旅游企业，实现年接待游客达3000万人次，温泉旅游综合收入达200亿元。

二是发展森林与气候康养旅游。全市现已建成市级以上森林公园（生态公园）85处、湿地公园26处、绿色新村36个、全国生态文化村30个、市级和国家级森林氧吧30多处、森林人家3300多家，初步建成森林康养基地10个，武隆、江津、南川、巫山、城口、巫溪被评为“全国森林旅游示范县”。当前应参照欧洲及日韩森林与气候康养先进经验，重点建设长江三峡、武陵山等森林旅游集群，打造武隆仙女山、石柱黄水等高海拔森林避暑及森林康养旅游品牌；完善森林与气候康养旅游公共服务设施，建设一批森林康养示范基地、气候康养示范基地、康养主题旅游线路等；开发特色森林与气候康养产品，打造区域特色品牌。

三是发展中医药康养旅游。重庆拥有约180万亩中药材基地以及56万亩的优质道地药材种植基地，南川区被确定为第一批国家中医药健康旅游示范区，重庆药物种植研究所、重庆金阳映像中医药健康旅游城被纳入第一批国家中医药健康旅游示范基地创建单位名单。应着重加强部门、行业间的统筹协作，开发中医药观光、文化体验、特色医疗、养生体验、疗养康复、美容保健等中医药健康养生旅游产品。

五、大力发展民宿旅居产业

民宿是促进旅游住宿产业转型升级的有力抓手。对于重庆来说，城市民宿是丰富山城特色的住宿产品，也是缓解旅游高峰期住宿压力、盘活房产资源、促进全民创新创业的重要途径；乡村民宿更是带动乡村旅游向品质化发展、促进农文旅融合、助推脱贫攻坚的有效手段。

近三年来，随着重庆“网红城市”的品牌效应逐渐增强，都市旅游和乡村旅游接待人次和收入都处于高速增长阶段。据研究机构和网络平台统计结果，重庆民宿数量全国第一，产业规模位于全国前十，在短视频平台的分享播放量也长期位列全国前茅。

当前，中国民宿发展已完成了单体民宿、爆发式粗放增长1.0时代向“民宿群落”、规模化品质化发展2.0时代的过渡，并正向“民宿+”多元文旅消费的3.0时代迈进。我市应抓住机遇，首先理顺民宿的内涵外延和管理体制问题；其次将民宿纳入“十四五”文化旅游产业规划，明确产业布局，充分利用重庆山城特色，在主城区布局两江四岸民宿集聚带和南山、中梁山、缙云山民宿集聚区，在主城以外围绕4A级以上景区、旅游度假区和康养避暑旅游胜地发展特色民宿集群。同时，应制定支持政策，以民宿产业为支点和突破点，整合所在地文旅资源、引领文旅品质提升。特别是推动乡村旅游由单一的农家乐、采摘园模式，向融合化、品质化的农耕文化体验园、主题文化农庄、度假村寨聚落、民俗风情大院等方向升级发展。

六、大力发展文创消费品产业

目前，文创消费品尚未有统一定义。按照实际情况，文创消费品狭义上特指博物馆馆藏资源衍生开发产品，广义上指一切有文化内涵和创意设计的消费品，包括博物馆文创产品、艺术复制衍生品、工艺美术品、非遗产品、旅游纪念品和融入文化创意设计理念的日用消费品。

近年来，在故宫文创开发模式的示范下，全国各地掀起文创热，市场需求也快速上升，消费者的文创产品消费习惯被逐渐培养起来。重庆自2016年以来大力支持博物馆文创产品的研发。重庆中国三峡博物馆打造了“山城文创”品牌，设立了“山城文创销售区”，2019年开发文创产品405种28415件，销售额首次突破1000万元；重庆红岩革命历史博物馆新开发产品20种，其中9件产品在首次全国红色旅游文创产品成果征集活动中获优秀奖。同时，重庆市持续推动国家级和市级非遗代表性项目的开发性保护、产业化经营（荣昌夏布、安富陶瓷、城口漆器、梁平竹帘、綦江版画等畅销旅游市场）；打造重庆艺术大市场和版权超市等平台，推动艺术衍生品产业发展；举办“重庆好礼”评选，举办文创集市等活动，推出有重庆特色的文创消费品。

然而，重庆文创消费品产业与其他省市相比还有很大差距，虽市场空间和发展潜力巨大，但大量文化资源还沉睡在文博场馆和乡野民间。

当前，应深入开展文化资源普查和数字化存储工作，策划建设公开的文化资源云平台，分级分类开放数字文化资源；推动文博场馆与文旅企业开展深度合作，运用创意设计手段将文化元素融入各类消费品，提升附加值，做大消费品工业。

学者谈文艺创作的社会功能

编者按：

2020年，突如其来的新冠疫情影响了人们的工作和生活，也带给文艺创作很多的思考。就此，编者邀请了国内几位学者结合自己的工作特点、亲历感受和创作经验，从社会功能的角度对文艺创作展开讨论，供广大文艺工作者参考借鉴。

从艺术的社会功能反思抗疫美术创作

范美俊（四川大学锦城学院教授）

2020年初新冠肺炎疫情暴发以后，爱热闹的国人度过了一个颇为冷寂的春节。那段时间，随着染病人数的持续增加，各地医疗器材告急，也着实让宅在家里哪儿也不能去的民众很是揪心。

疫情期间，美术家群体通过新闻媒体获知了不少疫情信息。出于个体的社会责任感，艺术家们敏锐地意识到这也应是重要的创作题材，创作相关作品，可以发挥以艺抗疫的社会作用。有意思的是，进行重大题材的绘画创作在过去往往要花很长时间，但疫情发生不到一个月，就有成千上万的抗疫作品通过网媒与大家见面了。然而，不少用意良善、情感真挚、态度严肃、旨在鼓舞人心的作品，在网上流传的时候，却遭到网民的嘲笑与违背创作者原意的解读。

因职业关系，我浏览过不少的抗疫作品，其中不乏好的作品，但我对一些恶俗创作反倒印象深刻，如一些风格写实但人物造型问题严重得让人忍俊不禁的作品。

古人对于《诗经》有"兴观群怨"的四字评价，这也部分地揭示了文艺的社会功能。而现代艺术理论一般认为，艺术有审美认知、审美教育、审美娱乐三大功能，当然还有认同自然、伸张自我、社会批判、理想建构的四功能之说。审美认知、认同自然可理解为艺术性的客观再现。审美娱乐、伸张自我有抒情适意的含义。而审美教育、社会批判、理想建构，可理解为教化人伦，即通过歌颂、批判、畅想等艺术手法，引人向善，形成良好的社会习俗，这便涉及艺术真善美特点中偏道德化的"善"。而从艺术的社会功能看时下的抗疫美术创作，也多少能够发现一些问题。

一、作品创作，"认同自然"状态导致效果不理想

应该说，现在画家的创作是比较真实的，他们不愿意闭门造车搞无中生有式的创作。画家们通常不太喜欢有明确的态度表达，而是喜欢藏在画后，借助亲见或自拍的图景，或依据他人的图像视频，进行冷静的绘画转换。但是，经过二次甚至三次转化而成的艺术性绘画与原始的新闻影像相比，属于二手甚至多手的图像，如果画家强化绘画语言与自身风格，则难免会有虚构和臆造的味道，无法做到相对客观地再现。后人

在研究这段时期的历史时，应该不会先去查看画作，而是去查看更为纪实的新闻影像。这种创作停留在“认同自然”的状态，可能会使依据照片转化出来的写实性绘画在某种程度上缺乏社会认知功能。

坦率地讲，不少抗疫作品，我们只要稍微了解点解剖常识，就会发现其塑造抗疫英雄或医护人员形象的水平实在太差，对人物照片的转化因造型能力有限并不成功。无论是油画、水彩画还是中国画，太写实就与照片拉不开距离，尽量保留写实风格往往也限制了其个性化的笔墨程式，使画面显得拘谨生硬。因此，无论从艺术语言看，还是从作品的写实程度看，不少艺术手法及内容“认同自然”的作品，其视觉艺术效果并不理想。无论画家多么真诚、题材多么神圣、创作多么废寝忘食，也无论题材多么严肃和重大，如果画得丑，观者依然有权力不喜欢。毋庸讳言，网络时代信息转播便利，没有过去报刊、展览等传统媒介里“守门人”的把关，一些原本水平差无法露面的作品也会流传出去。至于艺术创作时投机取巧，甚至抄袭SARS病毒肆虐时期的主题创作而稍作变化，艺术效果当然多快好省，不过一旦被识破就让人深恶痛绝。

二、路径相似，“理想建构”社会作用未必太理想

疫情下的美术创作，大多围绕讴歌时代精神，塑造英雄形象进行，创作者意在以作品的艺术性吸引人，以内容的精神性鼓舞人。这种“理想建构”式的宣传性创作无疑有其社会价值。但创作出来的作品能在多大程度上鼓舞人心，是另一个问题。实际上，在抗疫的紧急关头，一线最缺的是抗疫人员与医疗物资，艺术性的精神陶养和提振可能还暂时轮不上。医护人员心中的感动，估计不是来自绘画，而是手机中的某条资讯，如海啸般的“武汉加油！”以及亲友与陌生人的祝福鼓励。他们累了，可能会趴在地上睡一会儿，可能会通过听音乐、看电影或其他方式短暂休息一下。他们也未必懂绘画，如果去看抗疫画展，可能也会担心因分不清石版画和铜版画被笑话。

对于不在抗疫一线的普通群众或专业人士来说，这些情感迸发并在短时间内就创作出的美术作品，当然也能够在一定程度上凝聚人心，但细看后如果发现其艺术手法、画面意境与意义指向等路径都似曾相识，就会感觉每个展览都差不多，比如画小区大门口站岗的门卫、山村走乡串户的防疫员、街面的汽车或人工喷洒消毒、方舱医院的友好医患关系，或借助防疫救护新闻报道完成其他内容的二次图像再现，作品停留在一种表面、套路化的审美与图式上，没有深层次的思考，更缺乏悲天悯人的自省反思，就会让人多少觉得有些乏味。比如，有不少作品表现雷神山医院建设的神速，只不过这是油画那是国画，这是写实那是写意，形式不同但内容都差不多。如果连技法也没新意，就难以引发观者的情感共鸣与审美升华。从实际情况看，直接观看建造医院直播的观众要多得多，其情感诉求也更容易在观看新闻直播中得到满足。因此，并不是任何新闻事件都适合用静态的绘画去记录，艺术“理想建构”的社会作用未必比新闻事件本身更为有效。另外，某些公益性的印章捐赠、募捐画展、抗疫义拍等活动在时下大概也难以深入人心，究竟是作品不好还是方式不对，个中原因较为复杂，这里不展开。而一些人大张旗鼓在自媒体做专题，自己头像和名字高高在上，题为“××抗疫画展”“××抗疫诗选”，也似乎难以获得以往的支持。显然，艺术“理想建构”的社会功能要基于艺术的水准，倘若画作水平不高，诗词佶屈聱牙，就会让人怀疑其是否在借疫情炒作自己。

三、疫情苦难，不宜使用“审美娱乐”的社会功能

疫情是无情的。美术作品与严谨细致的新闻报道、客观理性的学术研究有着本质不同，它往往强调寓教于乐，有着有意味的形式及艺术的浪漫气息。美术作品的这些特点对创作出疫情题材的好作品有些阻碍。太过娱乐化的作品，容易被认为是在消费苦难，特别是天马行空式、漫画式或因技法有限而只能取得漫

画式效果的作品，可能其画面效果很具“审美娱乐”特点，却与疫情题材的严肃性有所抵牾。比如，怀着对钟南山院士的敬仰而为之画像者很多，其各种材料与风格的画像至少有成百上千张，其中也不乏漫画。在我看来，强调艺术性表现当然没错，但应在画种、形式以及个人风格等方面尽可能考虑到与所表现的主题合拍，更要有深刻的思想内涵。

有些作品表现医护人员推着病人进抢救室，如果不加道具或文字提示，就难以分辨出是在抢救新冠肺炎患者，还是在抢救心肌梗死患者。还有的画家以比喻手法说事儿，比如在折枝花旁放口罩，在传统山水图景中加医生，总让人感觉哪里不对劲。没有内容深挖与精神超越，就有点图解的意味了。反倒不如教大家怎样洗手、怎样掩口鼻、怎样戴口罩的说明性的漫画、插画，对老百姓的自我防护意识有着直接的提醒和帮助作用。疫情期间，各省、自治区、直辖市、新疆生产建设兵团及人民军队等皆派出了援鄂医疗队，援鄂任务完成后，送别他们时不知道谁主持设计的武汉致谢各医疗队的海报，就相当朴实、相当漂亮，也相当感人，是疫情期间流传甚广的难得佳作，既能让人从中感受到湖北尤其是武汉人民的真诚谢意，更能让人体会到中国各民族的团结一心，以及兄弟省市间的深情厚谊。联想到各地援鄂医疗队陆续撤离时，湖北人民高规格送行的感人画面，可以说这些致谢海报是有真实情感作为支撑的，而海报的形式也是慎重和适当的。

结　语

感动过自己的东西，画家当然有权去表现，但水平怎样恐怕得经过历史沉淀，要从艺术史、思想深度和技法等方面做古今中外的对比。当社会重大热点事件出现后，美术家自然要思考艺术应当何为，艺术的社会功能如何更好得以实现，社会题材与个人风格、思想高度与技法难度等如何找到平衡点，符不符合自己的艺术旨趣等问题。潘天寿当年如果坚持其并不擅长的人物画，估计就没有其花鸟画的大成就了。所以，今之画家应找准自己的闪光点做高度拓展或深度挖掘，从而创作出无愧于时代、无愧于自己，也无愧于艺术的作品。时下，南方水患严重，会催生新一波的创作风潮吗?

孰是孰非——裹挟与切肤的时间之痛

张亚平(广州大学美术与设计学院教授)

过去，多留感慨；未来，令人向往和憧憬。崇尚自由的艺术个体往往会在中西艺术并存的现状中，试图通过不断地审视自我、否定自我的方式，靠近世界、聆听心灵。阐释时空里的艺术，揭示艺术的本质是艺术家的使命。虽然在漫长而又短暂的艺术生命中，大多数时候我们不得不忍受孤独，但这似乎也是艺术家的宿命。由是，我们有必要一次次重新回到艺术史的轨迹中，探寻一个个出发点，不停地确认自身的位置和方向。孤独未必能使人成长，但独立性一定会给艺术家争取到生长的空间和时间。真正的艺术家可以曲高和寡，不需要获得人人认同。其艺术创作动机与生发出来的艺术情感在其作品中应表现得简单纯粹，那种基于人文主义、理想主义的评论，可以存在于艺术家自我臆想的乌托邦中。有时候，艺术家也需要自我的大胆剖析，享受痛楚。

当代艺术应该是“发生和未发生的问题”的艺术，哪里有问题哪里就有艺术发生，当代艺术中，物质和精神二者相互裹挟并存，这是艺术家所要关注的，也是大众了解当代艺术的基础。物质和精神相互裹挟，是当代艺术社会功能的呈现。在人与自然的交互中，人一直试图用精神裹挟物质世界，人类的行为活动转化成各种轨迹肌理，而城市的变迁是最让人触目惊心的肌理。现代城市的发展，是伴随着钢筋、混凝土、玻璃和富丽堂皇的梦想一起实现的，新的城市肌理抹去了历史的印记。我对这种发展始终心存质疑，因此，在不同时空中，我艺术表达的语境也往往模糊不清，憧憬还是感慨、孰是孰非的疑问，一直伴随着我，使我的雕塑行为摇摆不定。

我时常俯瞰广州高楼之间的城中村，密密麻麻的“握手楼”如马赛克般点缀在这座时尚崭新的城市中。广州新城里，具有八百多年历史的猎德、冼村如今被光鲜的肌理所包围。一方面，我看到了拆迁的痕迹和任意切割的疼痛，被裹挟在一片刺痛、悲情、怜悯的时间中，世世代代的记忆被一次性清理；另一方面，我也在新的艺术化的城市景观中感受到一种兴奋。我的雕塑作品《被遗忘的城市肌理》就是在这样一种状态下创作出来的。

《被遗忘的城市肌理》的创作经历了从潜意识、无意识到非理性思维展开的过程，是一次摆脱至高无上的大脑支配，去中心化的实验。在创作过程中，切割不可预测、未受控制地涌现。这种未经引导或审查的雕塑语言，是圣灵的面具。无意识的介入，被非理性意识行为所主导，持续的刀痕往往被忽视，隔物切物的视觉刺痛直逼人心。艺术创作中个体意识的无限扩大，创造出更多可能性，是艺术家再次回归本体的提升。这种体验是源于发现，与中国人强调的读书穷理，识趣为先相通。懂一物就懂他物，得一理即得他理，万物皆有灵性。至无所羁绊，自由自在的境地了，就会灵性相通。

面对城市，在广为搜集历史的“切割”中找到审视时间的方法，这个认知方法是超越生命本体的。《被遗忘的城市肌理》是高速发展的城市化进程“后发劣势”的觉醒；是消逝的痕迹被任意切割，直面刺痛与悲情的遗物。新的肌理褪隐了旧的痕迹，表层的肌理在都市的喧嚣中发出“无声的尖叫”，折射出城市肌理的不安，记录了时代的焦虑和混沌路径。由材料的切割到影像的转换，素材取自无意识的创作过程，以无序的刀痕形成结构错落的柱体的沧桑，刀痕看起来伸展到了界限之外，表现了城市景观肌理。以刀代笔，横竖交错皆源于无意识，以切割带来视觉冲击，刀痕不只打破均值，上端“无重量”的条带形成了一道有力的阴影线，在景深上打破了景观视野的连续性，使雕塑平整化、分层，进而形成一个垂直的气场。切割有阴阳刀之区分，刀透石背形成空洞，一个在正面，垂直于柱体的对称轴，两个在侧面，平行于该轴，贯穿整个空间的进深。通过“开放—闭合”关系与“自然—人工”关系的空间，建立起一种视觉连续性。雕塑使鲜活的情感固化为残忍的切片，悲悯和伤痛并存。

由材料切割到影像是作品拓展的路径，在镜头中观看切割的空间与光的折射的瞬间记录，是基于空间形态和时间维度进行的二次创作，被遮蔽的元素在特定的光线中被再次发现，这种独特的体验持续延伸，成为另一种开端。用平面化方式凝固三度空间，镜头记录了偶发的信息源。镜头游离于光影下的刀痕中，凝固了时间的纯度，瓦解了真实的空间。用模糊记录虚幻，刀痕在摄影中呈现偶发性的转换。顺其自然地对作品潜意识的碾压，是艺术创作情感的外化，切片的粗粝和伤痕，直接触动人心。

观念可以通过一定的视觉形象来激发，作品是承载观念的载体，观念是作品的内核。切割是对心理印痕的阐发，是对物质空间的臆断，是在寻找物质存在的另一种方式。意识游离于物质之间，漂泊的灵魂潜藏于虚幻的光影之中，对其的定格便化作了“艺术”。黄文智认为：(1)切割之前是材料，切割完成后才是作品，所以不存在作品力量被削弱的问题；(2)概念形成的道具是文字，不是切片；(3)概念自身不是理论，论证概念则需要一定理论支持；(4)观念存在于主体思维中，可以通过一定的视觉形象来激发，这是观念艺术得以存在的基本，因此“观念”和“观念艺术”是两个不同范畴；(5)作品取决于主体对客体的心理感知，不能以个体取代全部。以此观点审视作品，材料的光亮通透感被切割的刀口痕迹折射，不同的切面、从里到外的处理与我的另一雕塑作品《时间切片》表达出相反的思路。

把艺术看得神圣、至高无上也是一种盲从。在审视中西方艺术的发展过程中，我深刻感受到，艺术只是一种态度而已，是以淡远之心观照万物的态度。从时间切片到城市肌理，从触感到思想，从实验到逻辑，艺术家践行的各种创作方式，是其对艺术的真实表达。艺术可以随心所欲而不逾矩，对生活越多感悟，越是曲高和寡。艺术需要有自我批判精神。天真烂漫或疏狂之态毕竟是个体的表达，艺术就是自我对世界价值观判断的一个出口。 艺术能让人开悟，世俗生活与艺术家心中的思想并无直接关系，艺术也并非远离世俗，而是在世俗中割开的一道裂隙。离开世俗的趣味才高尚，立足世俗的生活才有根基。中国传统艺术思想的脉络看似永远延伸不到现代艺术的花园里，但用切割的方式，就切开了一个相互联系的通道。

正如《被遗忘的城市肌理》让常态变得荒谬，平滑透明光亮的水晶体被我切得支离破碎，孰是孰非？过去和未来相互裹挟，散发着时间的切肤之痛。

面对疫情，文艺何为

杨　琼（诗人、艺术评论家）

关于文艺社会功能问题的讨论由来已久，魏文帝曹丕认为“文章”是“经国之大业，不朽之盛事”，唐人张爱宾认为图画“成教化，助人伦，穷神变，测幽微，与六籍同功”。像这样的观点，在中国古典文艺理论中并不鲜见，大至经世济国、教化民众，小至认识事物、塑造人性，文艺皆起着重要的功用。

文艺创作始终要受到历史、文化、宗教、环境等诸因素的影响，受到国家意识形态的影响。中国的知识分子几乎都具有浓郁的家国情怀，这是中国文化的特征之一。不管是白居易“文章合为时而著，诗歌合为事而作”的现实主义文艺观，还是鲁迅“救国救民”的革命民主主义文艺观，皆潜藏着复杂的民族文化心理。

文学即人学，文艺创作是人之心声的一种表达方式，从某种意义上说，文艺创作也是人类精神活动最直接最有效的表现。尽管有批评家认为，文艺要远离政治，远离意识形态的影响。然而，文艺要完全摆脱意识形态的影响是不可能的。假如“文学是人学”“文艺来源于生活”之类的观点是伪命题的话，那么文艺的本质到底是什么？文艺到底有什么用？我们说文艺要关注意识形态，不等于说文艺要为意识形态服务，更不是说意识形态控制了文艺创作。基于现实主义的原则，只有关注才能了解，而了解是为了更好地表现和批评。厘清了这些问题，下面的话题就好谈了。

2020年初开始暴发的新冠疫情，毫无疑问是世界范围内最为重大的卫生事件之一，从发生之初其影响就迅速蔓延至政治、经济、文化、教育、生态等领域，波及范围之广，殃及人口之多绝对是空前的。在这样的情况下，抗击疫情，人人有责的观念深入人心，不同领域、不同行业的人，用不同的方式为“抗疫”做出了各自的努力。文艺工作者作为一个特殊的群体，也需要通过“发声”来表达自己的态度，这是一种责任和担当，与意识形态没有必然关联。文艺作为人学，对于滋养人性和健全人的身心与人格具有不可替代的作用，我们永远都“不应忽视在如今这个疯狂的世界里，文学及其他的艺术所具有的巨大的助人康复的力量”①。因此，近来连续出现的以“抗疫”为主题的创作热现象，不应被视为蹭热度、刷存在感或谄媚的体现（当然，不排除有这样的情况存在，尤其是某些文艺工作者创作的流于形式，普遍缺失美感和缺乏实质性内容的应景作品），而应该看作是现实生活对文艺创作的召唤，是文学艺术家的历史使命感使然。这正是文艺创作价值（功能）的体现。

思想决定认识，认识决定观念，观念决定行动。在疫情面前，主题性文艺创作具有特殊的意义。它不仅是反映现实的一面镜子，更是文艺工作者在面对灾难时的一种认识与态度。通过主题性创作可以窥见我们

① 代云红．中国文学人类学基本问题研究[M]．昆明：云南大学出版社，2012:234.

的国家和民族在重大灾难面前的反应与作为。当前,整个文艺界都在行动,并用各自的方式参与到“抗疫”队伍中去,对此,我们不能忽视其中主导文艺创作的现实主义因素。尽管在众多的“抗疫”文艺作品中,也存在鱼目混珠的现象,但在总体上看来,还是发挥了积极的社会功能。

再看看疫情下的西方文艺界。

首先,我们先梳理一下西方文艺的传统,以便于理解今天西方文艺创作的理论基础及依据。可以说,自古希腊时期起,一直到19世纪中叶,西方文艺创作始终遵循着理性主义传统。但是,随着现代主义文艺思潮的兴起,理性主义传统开始受到挑战,尼采所谓“上帝死了”“重估一切价值”,实质上是对理性主义的否定;西方心理学家揭示了无意识的解放的作用,无意识的解放说到底就是非理性对理性的反叛。

西方理性主义本质上讲是国家至上主义,个人意志要服从于家族意志,家族意志要服从于国家意志。理性主义的行动宗旨是:拿理由来! 我们通常说要透过现象看本质,不要被表面的东西所迷惑,能指不过是符号的象征,所指才是实在的,等等,都是以逻辑(理性)为前提的体现。然而,进入20世纪,尤其是第一次世界大战之后,西方各种文艺流派如雨后春笋般破土而出,可谓五花八门,彻底动摇了传统的根基,自由化、个人化、欲望化、情绪化成为文艺创作的基调。在新秩序还没来得及建立,旧秩序已经轰然坍塌的情况下,尽管其文艺创作仍呈现出多彩的一面,但这些流派几乎不可避免地遭受了同样的命运:转瞬即逝。今天,西方文艺创作所遵循的传统不再是20世纪以前的理性主义传统,而是把20世纪以来的非理性主义当作“传统”加以继承,即遵循自由主义的创作观。自由主义在某种意义上指的是个人主义、散漫主义、无政府主义,存在着诸多不确定因素。

充斥着自由(散漫)主义思想的社会,在平静的日常生活中,或许我们看不出它存在的问题,甚至可能被其表面的和谐所迷惑,一旦发生重大事件,比如这次全球性的新冠疫情,它的弊端就会暴露无遗。自由(散漫)主义观念主导下的文艺与文艺创作,又如何能体现出它应有的社会功能呢?

法国思想家卢梭曾说过:“人生而自由,却无往不在枷锁之中。”指出了“自由”是有限度的。为什么“自由”要用“枷锁”来约束,因为自由不是无所顾忌,更不是为所欲为,没有约束的自由最终将会导致散漫、放纵、混乱,当前美国社会的状况就能真实地佐证这一观点。

南朝梁文论家刘勰在《文心雕龙·时序》中说“文变染乎世情,兴废系乎时序”,指出了文艺的演变关联着社会环境,文艺的兴衰关联着时代秩序。当前我们以“抗疫”为主题进行文艺创作,就是要积极发挥文艺的社会功能,为此,我们应当对文艺创作提出更高的要求。

谈旅游演艺的现状和问题

编者按：

从社会发展来看，旅游演艺是中国经济社会发展到一定阶段以后，广大游客从浅层观光到更高层面的精神文化需求的产物，也就是说经济社会的发展是旅游演艺发展的环境条件。从游客角度来说，旅游演艺的发展其实就是观光游览方式的一种转变，特别是历史文化等内容，需要一种独特的解读，因而就通过演艺这一手法，去演绎尘封的、历史的、抽象的文化内涵，进而加深旅游者的认识。在文旅融合的大背景下，旅游演艺在重庆已处于"全面试水"状态。本专栏策划了5篇文章。其中3篇阐述了渝东南地区的旅游演艺状况；另外2篇则分别讨论了黑龙江的"冰秀"和山东济南的曲艺演艺发展。讨论本土现象，以帮助我们看清楚自己；讨论他者现状，以期带来地区之间的文化碰撞和启发。

转型与创新：构建渝东南景区旅游演艺新形态

蒋长朋(重庆市文化和旅游研究院)

一、回顾：中国旅游演艺的发展历程

对于中国旅游演艺的起源，旅游行业一般存在两种认识：其一是1982年陕西省歌舞剧院(现陕西省歌舞剧院有限公司)古典艺术团在西安推出的《仿唐乐舞》；其二是1995年华侨城推出的《中华百艺盛会》。创作排演《仿唐乐舞》的主要目的是接待来访的外国国家首脑和政府官员，不具备旅游市场的商业行为，因此不是旅游演艺项目。然而，《仿唐乐舞》又具备旅游演艺主题明确、突出西安地方文化特色、高度注重文化娱乐性和欣赏性等特征。尽管说法不一，但是《仿唐乐舞》的出现，为之后的中国旅游演艺探索者提供了学习和借鉴的思路却是不争的事实。

1995年7月，深圳华侨城推出了《中华百艺盛会》，同年12月，世界之窗的《欧洲之夜》为大型广场定时露天演艺之始。1997年，杭州宋城景区以主题公园室内剧场定点定时演出的模式推出了《宋城千古情》。此后，张家界的《魅力湘西》、曲阜的《杏坛圣梦》、丽江的《丽水金沙》、昆明的《云南映象》、北京的《功夫传奇》等相继出现。

2004年，以《印象·刘三姐》为标志的实景演出开始登上旅游演艺舞台，随后引发实景演艺热潮。演出模式迅速扩展到全国各地，多种旅游演艺涌现。旅游演艺走向大众化、专业化、多样化，初步形成印象系列、山水系列、千古情系列三大品牌，构成大西南(川、渝、云、贵)、珠三角、长三角为重点的全国布局，形成了一批有实力的文旅演艺企业，其中民营企业居多。

2015年以后，旅游演艺开始转型升级，从传统的“你演我看”的观演模式开始向场景、演员与观众互动的沉浸式观演模式演变，如《又见平遥》《寻梦牡丹亭》等。

2018年，文化部和国家旅游局组建为文化和旅游部，2019年文化和旅游部发布了《关于促进旅游演艺发展的指导意见》，这是首个促进旅游演艺发展的文件，标志着旅游演艺正式作为一个新颖的文旅融合业态得到重视。

二、现状：重庆渝东南地区的旅游演艺

渝东南地区的行政区划即重庆市黔江区、武隆区、酉阳土家族苗族自治县（以下称酉阳）、石柱土家族自治县（以下称石柱）、秀山土家族苗族自治县（以下称秀山）、彭水苗族土家族自治县（以下称彭水）共六个区县。该地区位于四川盆地东南部大娄山和武陵山两大山系交会的盆缘山地，海拔大多为500～1000米，因气候温和宜人，山水资源丰富，自然生态环境良好，是重庆的旅游发展重点地区，也是早期开始布局旅游演艺的地区。其中，著名的旅游演艺作品，印象系列中的《印象·武隆》就落户于此。

（一）实景演出

武隆的芙蓉洞、天生三桥、后坪天坑群是“中国南方喀斯特”的重要组成部分，已被列入全国第六项和重庆第一项世界自然遗产。《印象·武隆》就是结合武隆典型的喀斯特地貌特征，以真山、真水为舞台背景，以群众生产生活、民风民俗、历史人文和美丽传说为艺术素材，将武隆喀斯特世界自然遗产资源和地方特色文化融为一体的实景演出。

（二）剧场演出

酉阳桃花源景区演出的《梦幻桃源》是一部以《桃花源记》为主题的舞台剧，是以陶渊明笔下的“世外桃源”为主线，以酉阳的民族文化、历史文化、农耕文化为脉络，结合3D技术与全息投影技术打造的一台集歌舞、非遗、水火特效等多种元素于一体的旅游演艺作品。《梦幻桃源》的演出场所虽然位于景区以内，但并没有与实景融合，只是在景区里搭建的一个演出场地。

石柱的土家歌舞《天上黄水》是天上黄水大剧院的驻场演出剧目，也是重庆市第一个室内旅游演艺项目。天上黄水大剧院总投资1.2亿元，主体建筑共3层，设计理念为“日月同辉”，充分突出“天上黄水”的歌舞主题。《天上黄水》是在借鉴了《宋城千古情》、《云南印象》和《长恨歌》的基础上打造的一台以石柱山水文化为“点”，以土家儿女追求美好生活为“魂”，以现代高科技舞台为“景”的歌舞演出。其以石柱土家啰儿调经典代表作《太阳出来喜洋洋》为音乐主题，主要通过歌舞展示“石柱”的由来，讲述巾帼英雄秦良玉的故事，展现土家织锦西兰卡普以及土家咂酒习俗等。

彭水的室内实景剧《苗祖·蚩尤》用舞台剧的形式展示了苗族的起源与发展，分为6个篇章，其中涿鹿之战篇主要以刀兵舞展示数千年前炎帝、黄帝联合在今河北涿鹿县与蚩尤为首的九黎部落联盟决战的场面。西迁南徙篇则主要反映部分先民扶老携幼跋山涉水，走在凄风苦雨烈日霜雪里，向着南方心中的乐土走去的场景。盛世九黎篇则描绘了三苗人不忘先祖，尊崇着自然的恩赐，在神灵的护佑下建设自己的家园。

（三）其他演出

除上述较为大型的旅游演艺项目，渝东南地区还有以歌舞、戏剧、曲艺、杂技等演出形式为主的综合旅游演艺节目，展示了当地的文化特色。如酉阳龚滩古镇表演的民间杂耍“上刀山”，桃花源景区的土家阳戏，彭水鞍子苗寨演出的苗剧，秀山的花灯歌舞表演等。

三、再认识:什么是旅游演艺?

在文化和旅游融合发展的背景之下,旅游演艺几乎成为旅游景区和旅游目的地的标配。笔者在调研时发现,渝东南各区县在谈到旅游演艺时,均有"深度结合当地文化,打造旅游演艺作品"的类似说法。值得注意的是,并不是每个地方都具备做旅游演艺的基础。因此,在文旅融合的背景下,有必要重新认识和理解旅游演艺。

1.旅游演艺是观光的延伸,依赖于旅行团体,是旅游产业链的其中一环

旅游演艺是非常依赖现成客流量的,与其说其是一个独立的旅游项目,不如说是全域旅游或者文旅产业链中的一环,很少有旅游演艺单位能够脱离于整体的旅游环境而独立生存。巴黎红磨坊一百人左右的小剧场是夜巴黎的经典象征,是巴黎的一个景点,但是几乎没有人去巴黎只是为了红磨坊的演出。香榭丽舍大街、埃菲尔铁塔、罗浮宫和巴黎圣母院,这些才是去到巴黎的游客想要去且优先于红磨坊的地方。《宋城千古情》尽管近些年名声大噪,但大多数人都是逛杭州时顺便去的。

武隆是渝东南地区中旅游发展起步较早的地区,是重庆旅游的一面旗帜。投资约2亿元的《印象·武隆》,依托武隆自身的游客量,配以印象系列的品牌加持,从2012年正式公开演出,到2019年12月,累计演出2400余场,实现门票收入3.5亿元。武隆坐拥原生山水文化资源,还是《满城尽带黄金甲》《变形金刚4》《三生三世十里桃花》《我们十七岁》《爸爸去哪儿》等影视、综艺作品的拍摄地。该地夏季长期举办仙女山草原音乐节,且举办了国际山地户外运动公开赛这一国际顶级品牌赛事,这些众多的"引流"项目,充实了《印象·武隆》的游客基础。不过《印象·武隆》8年时间仅有3.5亿元的门票收入,在除去演出人员成本和设备折旧成本以后,能否盈利尚且未知。

因此,不论是世界顶级演艺项目,还是印象系列中的《印象·武隆》,没有一个能够脱离景区环境而独立生存,应该说它们紧紧依附于景区。

这个观点,通过游客转化为观众的转化率就可以印证。2018年一些网站宣称,深圳、厦门观众不足游客的1%,杭州、张家界、桂林观众为4%,峨眉山观众为7%,拉萨是5%,阿坝州是10%,三亚是14%,世界上这个数值最高的是纽约百老汇(23%)。也就是说,游客人次不等于观众人数。过去旅游演艺项目与旅行社合作,游客是观众的主要来源渠道,但旅行社要分成,司机也要佣金,通过网上订购OTA(Online Travel Agency,在线旅行社)也要抽成。散客时代下,旅行社的代销渠道日渐萎缩,而景区演出几百元的票价又把大量的散客拒之门外。

旅游产业发展成熟的武隆地区尚且如此,其余5个相较于武隆旅游发展稍弱的渝东南区县则可想而知。所以,希望通过旅游演艺来引爆旅游业态的美好愿景,实现起来或许尚有难度。如果没有一个有效的游客滞留环境,旅游演艺会因为其高昂的运营成本和投资额度而盈利困难。也就是说,妄图在一个游客滞留能力弱的地方用旅游演艺来增加游客黏度,无异于痴人说梦。

2.旅游演艺是一场盛大的"秀"

当今旅游演艺的两个标准就是大场面和舞美编排,剩下才是旅游景区的文化特色和节目的精神内核。从分类上来说,旅游演艺就是一场盛大的"秀",与马戏、杂技属于同一类节目。从细节表现来看,独立型的旅游演艺会更加注重视觉上的冲击力,让节奏快到人们难以思考,确保观众全场都会被震撼到,情绪被充分调动,重心是充分把握节奏,以给观众留下深刻的印象。

前文所述的《印象·武隆》《梦幻桃源》《天上黄水》《苗祖·蚩尤》4个渝东南地区的主要旅游演艺作品,每一个作品都在"秀"自己的地方文化。但有没有"秀"好?有没有"秀"出自己的文化特色?各类媒体"叫好又叫座”“一致好评”等通稿用语显然不足以评判，唯有市场检验方能给出答案。

上述4个剧目，我只看过《印象·武隆》，就个人而言，我认为这是一个与地方文化融合较好的旅游演艺作品，特别是在“川江号子”声中百人舞动的宏大场景下，展现了川江纤夫坚忍不拔、不屈不挠的纤夫精神，既有历史文化的厚重，又有足够的视觉冲击力。之所以强调视觉冲击，是因为这是国内“印象”“山水”“千古情”三大系列演艺作品成功的法宝。

以《印象·刘三姐》为例。众所周知，张艺谋特别擅长运用画面的感染力，从《红高粱》里面夕阳下高粱地所表现出的旺盛生命力以及《英雄》里铁甲森森、箭如雨下体现出的战争场面可以看出，张艺谋把控视觉冲击力的水平十分高超。《印象·刘三姐》是山水盛典的开山之作，这个山水实景演出利用桂林山水打造出前所未有的观感体验，山是真的山、水是真的水，七百多名演员协同演出，灯光交会，强烈的视觉冲击足以震撼人心。但是，这种视觉冲击力是需要大量的资本注入才能实现的。2004年的《印象·刘三姐》投入上亿元，在当时是闻所未闻的轰动事件，然而在2004年的下半年就获得了数千万元的票房收入，这个案例让一股旅游演艺的热潮在国内形成。1997年开演的《宋城千古情》，直到2014年才迎来发展高潮，2010年约21亿元资金的注入是其成功的原因。渝东南地区国家级贫困县或者脱贫时间不长的贫困区县，继续或者准备把资金用在高投入、低回报的旅游演艺项目上，在我看来是一个高风险的举动。那么，渝东南景区应如何发展旅游演艺呢?

四、破冰之举：注重差异化的沉浸式演出及衍生发展

游客量较少的景区剧场演出为什么会门庭冷落，或许是因为安静地坐着观看和浅层次的互动已经不能满足游客的需求。对此，一些地方开始了有益的探索，其中比较有代表性的是沉浸式演出形式的创新，融合当前的AR(Augmented Reality，增强现实)、VR(Virtual Reality，虚拟现实)等技术，打造虚拟与现实相结合的场景，让观众沉浸其中。观众不再是被动的旁观者，而是可以随着自己的步调穿梭在剧情中，选择自己的所到之处和所见之景，获得独一无二的观剧体验。

比如，湖北武汉演出的《知音号》已成为武汉城市文化旅游的新名片。导演团队在武汉市两江四岸核心区打造了一艘具有20世纪二三十年代风格的蒸汽轮船及一座大汉口码头，长江边的码头和游轮就是剧场，围绕知音文化主题，以20世纪初大汉口的商业文化为故事背景。夜幕降临，在200余米的码头上，你能看到穿梭卖报的小童、卖力吆喝的小贩、提皮箱戴礼帽的绅士、匆忙赶路的旗袍淑女……游客步入码头，好似瞬间穿越回百年以前。登上轮船，演出就开始了。游客不必在观众席上正襟危坐，因为船上的每个角落都是故事发生的地方。船上不分观众区和表演区，演员和游客融为一体。体验过的游客表示这样的体验更为新奇，是一次难忘的经历。沉浸式的旅游演艺满足了游客的体验和互动两大需求，是旅游演艺的一个创举。旅游演艺不仅停留在舞台上，也走到了观众中间。

渝东南地区的各个景区，不论是彭水的蚩尤九黎城、石柱的万寿山、武隆的白马山、酉阳的叠石花谷，还是黔江的濯水古镇、秀山的边城洪安，都具备打造沉浸式演出的基础条件。值得一提的是，腾讯旗下最热的手游之一“和平精英”对彭水的“创新扶贫”公益项目，把蚩尤九黎城部分景区搬进了游戏之中展示。这就为沉浸式演出提供了实施的可能。比如叠石花谷，事实上是一个“人造”景区，通过对景区的创意打造，展示酉阳的巫傩文化。那么可以结合景区特色和酉阳土家阳戏的艺术特征，打造一出富有新意的沉浸式演出项目，既能还原巫傩文化的神秘仪式感，又能传播土家文化，其效果必然优于传统的观演方式。

除此之外，还有两个衍生的旅游演艺项目值得关注，即“真人密室逃脱”与“剧本杀”。

“密室逃脱”是一款益智冒险类游戏。在玩真人密室逃脱时，玩家可以去“古墓”科学考察，或到“蛮荒之地”探险，可以窃取“密电”或逃脱监笼，可以在自己喜欢的主题场景中扮演理想中的角色，最终完成任务。“剧本杀”据说是从英国起源的舶来游戏，原名“谋杀之谜”，是真人扮演游戏的一种。由于这种游戏具备故事性、悬疑性、刺激性等特点以及自带的社交属性，吸引了大量年轻人参与。

之所以在此提出这两个项目，实际上在于“真人密室逃脱”和“剧本杀”都具有演艺的特点。一般来说，当前这两个项目的实施地点多位于主流城市的商圈地段，相较于其场景的仿制，我们的景区拥有更加得天独厚的基础条件。戏剧的本质是观演关系的现场交流，当观演关系消失以后，戏剧就没有了。也就是说，“真人密室逃脱”和“剧本杀”的出现，让观众成为创作者和演出者，这种层次的深度体验，同样可以切入到旅游演艺的发展项目上，通过项目设计，让观众自演自看。事实上，2018年北京开始出现的“两天一夜”“剧本杀”，就已经和景区、山庄等旅游场景结合起来，2019年在成都温江、青城山地区也出现了类似的项目。目前，这两个项目的成本主要是装修和服装方面的成本，面临的困境主要是剧本的消耗问题。正因如此，渝东南地区旅游景区“以实景造剧景”的一系列举措既能对现有的旅游演艺加以补充，又能更大程度留住快节奏生活的年轻游客。更为重要的是，这种演出方式的前期投入成本是远低于实景演出的，与其大成本制作或复制一个“印象”或者“千古情”，还不如以低成本投入来静心雕琢一个符合自身特点的拳头产品，以满足观众越来越多变的需求，创造更多丰富与新颖的演艺活动。

重庆旅游演艺：尚需科学发展

吕霖枫（重庆市文化和旅游研究院）

在“文旅融合”的大趋势下，重庆的旅游演艺已经处于全面“试水”状态，各区县、各单位创新的成绩不胜枚举，令人欣慰。然而“试水”后也发现了一些问题，需要面对和解决。一是有的单位在设计具体项目时，思想上还应进一步放开，目前还存在将旅游演艺概念狭隘化的情况；二是某些景区在打造演艺项目的过程中，缺乏对本地文化资源的科学调研，为了吸引眼球，个别地方甚至存在臆造文化内容，“编造文化IP”的情况；三是对国内外先进的成功理念借鉴不够，对本地文化的本质理解不够深入，打造方式还较为粗放（旅游景区不是文化的博览园，也不是传说故事的集中讲解地）。

其实，要解决上面存在的问题，我们有现成的十六字箴言：“解放思想、实事求是、与时俱进、求真务实”。我们该时刻反思自己，是否已经把这十六个字用精用好，是否用好了这把“金钥匙”。

一、行“解放思想”之实：从“地理空间”到“文化空间”

在这次深入基层的调研和讨论中，我们发现大多数的讨论话题都集中在如何让文艺院团走进景区，以提升景区文化内涵。诚然，这是一种可行的方式，不过我们更需要解放思想，不要局限在如何让文化、让艺术走进景区，更需要让景区的文化走出去。

有两个文艺作品可以给我们启发。一个是晋朝陶渊明的《桃花源记》，另一个是沈从文的小说《边城》。很多人都是因为这两个作品，对它们相对应的旅游景点产生了浓厚的兴趣。这是一种“未见其人，先闻其声”的效益。文学让我们对景区产生了想象空间，让我们对景区有了向往。在很大程度上，它增加了我们到实地去旅游，目睹当地风土人情的心理动机。再如《白鹿原》这样一部名作，让白鹿原成了一个景区。再如《卡萨布兰卡》这样一部电影，让很多电影迷对卡萨布兰卡这座城市产生了联想。再如《从你的全世界路过》确实让重庆产生了不少的网红景点。诚然，笔者所列举的都是舞台演艺之外的艺术形式，那么我们能否深入挖掘景区的文化，创作一部思想精深、艺术精湛的舞台剧呢？舞台艺术相比文学、电影来说，传播范围相对小，传播受众少，这是毋庸置疑的。另一方面，一部精品力作是不可多得的，需要花大量的精力去打磨。但是，我们可以在力所能及的范围内，把剧目建设和景区文化结合起来，做深远的创作计划，努力做出优秀的作品。而不是“面上跑”“多而不精”。

文化是景区隐性的财富，需要解放思想，把眼光放长远，如此才能触摸到景区的文脉，发掘它的精华。景区文化不应当被狭隘地局限在景区本身的地理空间范围内，因为景区不仅是地理空间，更是文化空间。当我们决定去卡萨布兰卡的时候，不是想去某个具体的景点，而是想去游览一座城市。这座城市已经不是一个地理空间，而是一个文化空间。当我们去游览桃花源的时候，它已经不仅是一个单纯的物理空间，还是一种文化空间。在景区同质化的现状面前，什么才能让景区脱颖而出？笔者认为是景区所蕴含的文化符号。在打造景区时，要扩宽视野，不仅要打造景区物理空间范围内的文化，而且要注重文化空间的打造。而文化空间的打造，需要的恰恰是艺术作品，而且是思想精深、艺术精湛的作品。这样的艺术作品，需要时间，需要精力，需要扶持，更需要把眼光放长远。

二、再提“实事求是”：旅游和艺术不能粗暴结合

舞台艺术走进旅游景区确实是促进旅游景区文化水平提升的一种方式。而我们将遇到一个问题：是否能将编排好的剧场舞台作品硬生生地搬到景区？

文艺院团所涉及的艺术门类较多，不能一概而论。大体上讲，文艺院团所创作的剧目艺术性较强，思想性较强，更多的是面向“严肃”的观众，这些剧目多半属于剧场艺术范围。而旅游对于普罗大众来说是消遣式的生活方式。这两者之间有一定的冲突。游客能不能在旅游的同时，静下心来欣赏严肃的舞台艺术作品？游客到底需要什么样的旅游演艺作品？当把舞台艺术植入旅游景区的时候，首先应该有受众意识。我们应该创作什么样的剧目？能否符合游客的消费心理？如果不能实事求是，不能根据受众群体的心理进行创作、演出，观众多半是不买账的。

严肃的舞台艺术需要演出空间、观看空间、配套设施，尤其是大型舞台剧规格要求更高，景区在建设上需要配以相关的配套设施。剧场建设需要一大笔资金支持，这对旅游景区当地来说也是不小的投入。另一方面，需要考虑剧场建成后能不能有效运营，有没有相对成熟的剧目、相对成熟的受众群体。当然，景区可以选择一些小型的或者露天的艺术演出，但是它的长驻性又成为一个新的问题。如果选用当地非专业演员，可以对其进行培训，但演出质量往往是得不到保障的。如果选用专业性演员，又涉及演出成本、时间成本的问题。再一个，需要考虑舞台艺术作品能否和旅游景区文化融合的问题，编导演相关人员在创作之初，就应深入当地，挖掘当地文化，创作出符合当地风土人情的舞台艺术作品。

在舞台艺术走进旅游景区，助力景区提升文化建设水平的问题上，要做到实事求是，实事求是地分析和研究，借鉴国内外成功案例，把握消费者的心理，深刻认识艺术作品与旅游消费产品之间的差异，创作出符合观众心理，符合旅游景区文化，符合旅游景区现有硬件设施条件的艺术作品，只有这样才能实现艺术和旅游的融合。切忌好大喜功，生搬硬套，这样会造成资源的巨大浪费以及经济上的损失。

三、“与时俱进”：跟上国内外的先进艺术理念

在舞台艺术与景区文化相结合的问题上，需要与时俱进，引进先进的现代科学技术、现代传播技术，吸收现代的艺术理念，以打造形式丰富的景区文化。如在西安大雁塔搞的舞剧《杜甫》片段《丽人行》舞蹈“快

闪”活动。又如，重庆市芭蕾舞团“图歌巷舞·城与舞”团队把舞台艺术搬进城市空间，并通过自媒体等形式传播，也是非常好的案例。其不仅传播了舞台艺术，而且对景区的宣传起到了积极作用。武隆的《印象·武隆》也是一个典型的成功案例，多年的耕耘使其成为武隆的一张旅游名片。但实景戏剧演出占地面积较大，投入的高科技技术含量高，参与人员较多，对安全性要求较高，舞台艺术化投入大，演出周期长、频次高等，使其成为典型的耗资巨大的旅游发展活动。因此，必须要有大量优质的长期性客源才能保证这类实景演出的经济效益。故实景舞台艺术的打造是需要十分谨慎的。

笔者认为，在景区的舞台艺术打造上可以借鉴“沉浸式戏剧”的理念。沉浸式戏剧的概念最早源自英国，近年来在国际上十分流行。其打破了传统戏剧演员在台上、观众坐台下的舞台模式，演员在表演空间中移动。沉浸式戏剧需要观众参与，需要互动性元素。沉浸式戏剧最重要的就是创造一个类似真实世界的环境，在这个方面，旅游景区很有优势。其本身就是一个真实环境，例如酉阳的桃花源、龚滩古镇，彭水九黎城等，它们已经完成了沉浸式戏剧最重要的空间设计环节，而缺乏的是整个剧情的整体设计。其中，酉阳桃花源景区已经具备了沉浸式戏剧雏形，例如在景区设计上加入了鸡犬相闻的声音特效，以及可以租赁古装服饰。但是进一步打造沉浸式戏剧的空间还很大，可以打造一部关于陶渊明的沉浸式戏剧，把农耕文化以及现代年轻人对于世外桃源的精神向往结合起来，以游客为演员，以景区为舞台空间，既有现成的硬件条件，又有优美的自然风光。同时以游客为演员降低了演员人力成本，同时能够带动游客的参与性，还可以拓展旅游的衍生品。沉浸式戏剧可以实现多感官的体验，不仅可以提供视觉体验，也可以提供听觉、味觉体验，它能调动观众的主动参与性、互动性，能够实现和旅游项目的融合。

沉浸式戏剧在我国传统的民俗活动中就已经有所体现，特别是在一些仪式戏剧中。例如河北省武安市的“武安傩戏”就是典型的沉浸式戏剧，其中《捉黄鬼》就是以群众为演员的大型戏剧活动。我们要考虑的是如何把传统民俗与沉浸式戏剧结合起来，如何把传统民俗与当代观众连接起来，如何把传统民俗与社会主义核心价值观打通。诚然，还有各种各样的现代艺术理念和技术可借鉴和应用，而如何将这些现代艺术理念和技术融入舞台艺术中，融入景区文化中，是当前和今后面临的一个课题。但最核心的是要转变舞台观念，舞台不仅仅包括剧场内部的舞台，还包括剧场外面的舞台。

四、“求真务实”：我们对自己的文化要充满自信，何用臆造？

文化是人们在实践中生发出来的，牵强附会、臆造的东西不是文化。求真务实，充分挖掘本土文化，才能让文化和旅游相得益彰。“深入基层，助力‘双晒’”创作采风活动中，一行人走过的每一个景区都是有着深厚的文化底蕴的。

武隆白马山曾经发生过一场战役，这场战役为解放重庆及全川打开了通道。酉阳龚滩古镇有上千年历史，是川盐古道上重要的集散地。濯水古镇是渝东南地区最负盛名的古镇之一。洪安是沈从文笔下“边城”的原型。此外，石柱万寿山、彭水阿依河等，都有着非常厚重的历史。武陵山区的高山峡谷相间，崇山峻岭横生。艰险的自然环境下，生活在那里的人们怎么能没有动人的故事？怎么不值得被歌颂？遥想以前，巴盐古道上多少热血男儿埋骨他乡；万寿山上，秦良玉在悬崖峭壁上建起一座“精神堡垒”。这些都是值得被歌颂的，都是值得被书写的。

艺术作品需要扎根当地，否则就会出现不接地气、曲高和寡的毛病。舞台艺术创作要求真务实，就要走到人民的心里去。艺术是真善美的统一，首先是要真，如果艺术失去了“真”，那就是假大空。渝东南地区不缺乏故事，更不缺乏文化，不必牵强附会，更不必胡编乱造，而需要的是发掘故事，打造文化。渝东南地区的文化是能够支撑打造出文艺精品的，是能够为景区文化打造出一张张精神名片的。

舞台艺术如何助力旅游景区文化提升？首先，要让舞台艺术走进景区，这是最直接的方式。其次，也要让舞台艺术走出来，走向全国，甚至全世界。不要只在景区的物理空间范围内打造文化，也不要只在舞台艺术的剧场范围内打造艺术。利用固有的传统文化，借鉴国外的先进艺术理念，实事求是，求真务实，不好高骛远，充满文化自信。看得见的融合才算融合，这种认识是错误的。文化和旅游的融合应当是深层次的，是潜移默化的，是开放的，是包容的。解放思想，实事求是，与时俱进，求真务实，只有这样，重庆旅游演艺才能走得更远。

文旅融合：能否让石柱土戏“靓”起来？

周津菁（重庆市文化和旅游研究院）

一、旅游演艺：论剧目的独特生命价值

面对已成大势的“文旅融合”，重庆演艺事业必须选择面对。从全国范围来看，旅游演艺已经不是一个新名词。2020年4月，重庆市文化和旅游委员会组织重庆市专业文艺院团深入区县，目的是想增进专业艺术与各旅游目的地之间的亲密度，寻求我市专业舞台艺术与旅游文化的融合方式。在与区县文化部门的沟通中，有两对矛盾显得比较突出：专业艺术的“高雅性”与旅游演出在格调上的“通俗性”相互抵触；专业文艺演出在规格上的相对“固定性”与具体旅游环境所要求的“应景性”互相冲突。专业文艺院团如何才能向旅游地顺利推出文化产品呢？在一般印象中，旅游演艺作品是以旅游景点的环境作为依托，以当地文化为内容而创造和呈现的舞台艺术作品，也有人称之为“旅游景观剧”。闻名遐迩的“印象”系列就是典型的“旅游演艺”类型。这个舞台，多半具有当地旅游景点的“原生态性”。而在我看来，旅游演艺作品并非只包括“旅游景观剧”一种类型。国内如苏州的昆曲，北京的话剧、京剧，安徽的黄梅戏都有比较成功的旅游演艺案例。国际上如百老汇的音乐剧，拉斯维加斯的太阳马戏团也都展示了舞台演艺与旅游之间的密切关系。它们有的靠旅游支撑，如背靠京味儿旅游的北京戏剧产业和依仗黄山旅游的安徽黄梅戏；有的是因专业戏剧兴旺而带动了旅游人口的流动，撬动了旅游经济，如国外的百老汇和国内的乌镇戏剧节。这样看来，摆脱“旅游景观剧”的局限，一般意义的舞台演出，如戏曲、话剧、音乐剧、舞剧等，都有可能成为旅游演艺的类型，关键看怎么打造和包装。

在旅游面前，本就没有什么高雅与通俗之分，只有合适与不合适的差别。在这样一个追求创意和突破的年代，没有一种艺术形态是被镶嵌在都市大剧场的镜框舞台上，也没有一种艺术形态注定只能被捆绑在广场上。每一件艺术作品都是独立存在的，它虽然隶属于自己的艺术形式（比如剧种），却也可以突破自己的固有形态，去适合新的舞台环境。目前，专业文艺院团作品的基本特点是：自成演出体系，剧目或节目是针对剧场的舞台环境而打造的。当院团想要向旅游景点推出自己成套的演出作品时，就会遇到因环境不适应而难以落地的问题。即使落地，游客是否会对这些与旅游目的有差异的节目埋单？因此，专业艺术院团要向旅游景点推出自己的作品，有两条路可以走。第一，根据旅游地的特色题材，打造具有旅游文化IP价值的剧目，这种具有针对性的剧目创演方式，能比较准确地契合旅游地的特色、格调和氛围。应当说，“旅游景观剧”是这条思路中的一种戏剧类型。第二，可以针对旅游地的特点，对院团已有的剧目进行包装，再根据旅游景点的实际情况进行调整上演。有一点非常重要：我们向景点推出的是剧目而不是剧种，因为每一个剧目都有它独特的生命价值和调性。例如，热闹有趣的川剧《滚灯》或“变脸特技”，相较于雅之又雅的昆曲

《游园》更适合于厅堂伴餐演出，而《游园》在苏州园林中的实景演出，则是琴瑟和鸣，"情""景"辉映。而在同一种艺术形式中，某一些剧目适合旅游演出，另一些剧目可能就不适合，任何一种艺术形式都有很多表现形态，它不是铁板一块。例如，歌曲有悲伤的歌曲也有欢乐的歌曲，戏剧有悲剧也有喜剧。新创剧目、选择剧目和改造剧目，都是细致的调查、创意和适配的过程，即寻找具体剧目的主题、内容和具体呈现形式对旅游环境的适应性。有的景点清秀典雅，宁静致远；有的景点五光十色，光怪陆离。景点风格千差万别。旅游地具体的硬件条件也不可能整齐划一。那么旅游演出的风格和形式也必然千差万别。在文旅融合的环境下，创意的含义是：在恰当的主题设计下，让一个特定的舞台艺术形式能适应于新的演出环境而做出技术调整——吸纳和融合它种艺术类型的某些技术。因此，打造出具体的适合于旅游演出的剧目或节目，比确定哪些艺术形式适合"旅游演出"，哪些种类不适合"旅游演出"更重要。创意，是为了体现独特剧目或节目在特定旅游文化中的生命价值。

二、尝试创意：石柱土戏的艰难重生

（一）缘起

2019年4月15日，习近平总书记来到石柱县中益乡，实地考察脱贫攻坚工作。石柱土戏的创作和排演，是当地文化扶贫工作的重点项目之一。石柱土戏是重庆市政府公布的市级非遗保护项目。这种民间戏剧曾流传于沙子、中益、湖镇一带。这个宝贵的剧种目前已经濒临消亡，亟待以创新的方式进行挖掘和复苏。

刚接到石柱土戏的创作任务时，我内心其实是有一点抵触的。2019年6月，我随几位专家赴石柱了解了石柱土戏的生存和演出现状，其现状和我几年前的初步调研和了解差不多：濒临消亡。能唱能演的老艺人所剩无几，有一位打鼓的先生能大致回忆起老剧本和表演情况。所幸石柱县文化馆的资料库中还保留着20世纪七八十年代拍摄的老艺人演出视频，让我们对该剧的程式和行当还能比较清楚地认识。石柱县文化馆花了大气力整理了剧本《四值功曹》，并依托一两位老艺人的记忆恢复了演出，演员全是石柱县中益乡当地的土家族村民。演出粗朴而单调，可以看作对旧演出习俗的恢复。然而，要将其作为能与观众见面的舞台演出，无论是题材，还是表现形态，都还有较大差距。

这个项目的落地单位是重庆市石柱土家歌舞团。有些想法大胆地冒了出来：土戏是否能成为一个文旅融合的试水作品？文旅融合是否有可能让土戏"靓"起来？我在创作上遇到了本文第一部分讨论的问题：在文旅融合的背景下，专业文艺院团对旅游演艺剧目的打造，如何体现出独特的生命价值？

（二）创意

1.选材构思：戏剧IP

为了寻找一个合适的题材，在石柱县文化馆汪馆长的帮助下，我用了几周时间翻阅了大量石柱土家民间故事。有的故事很精彩，但故事并不为外地人所知。要在旅游演出中先声夺人，还是觉得声名远播的女将军秦良玉的故事最好。秦良玉这个文化符号，可以成为中国文化与国际文化交流的桥梁。秦良玉的故事是石柱最有地域文化价值和旅游文化价值的"戏剧IP"。金戈铁马的战争背景，豪情壮志的儿女情怀让石柱土戏古朴、浑厚的戏剧风格得以最好绽放。旅游演艺剧不宜过长，因此作品的演出我安排为50分钟到60分钟，我还设置了人物小传解说，既使观众"入戏迅速"，又体现出"节奏鲜明""富有地方情调"的特征。

2.编剧站位：古朴戏剧的现代性追求

编剧就是要编好故事，塑造好人物，让戏剧作品在舞台上发光。在将来，土家农村的院坝、都市的剧场和实景的演出场所都可以是土戏的舞台，而隐含其中的戏剧文学需要实现与当代人的性灵沟通，具有现代价值。我设计的这个戏名叫《秦良玉和马千乘》，以流传于石柱地区的秦良玉比武招亲的民间故事改编创作而成。之前，剧作家们往往将秦良玉的故事结构成大型戏剧，讲她在马千乘含恨死后仍然拼死报效国家的英雄壮举，戏剧风格多是豪迈、苍凉、悲怆的。重庆市京剧团的周利正在打造和演出的京剧《秦良玉》，是一台大型而规范的专业舞台艺术作品，给我留下了苍劲、瑰丽、悲壮的印象。我的这个小作品，在艺术体量上无法和她的相比。但她的作品启发了我，帮助我理解了人物。她演的是大将军秦良玉，我写的是少女秦良玉。《秦良玉和马千乘》放弃宏大历史叙事，而将细腻、柔情的笔致专注于少女秦良玉丰富的内心世界。

这个戏以女性的角度讨论了一个问题：尊严。秦良玉认为，男儿可以征战沙场，女人也可以。作为一位封建时代的女性，征战沙场的报国之志其实是与个人尊严的意识同时萌发的。这仿佛是秦良玉性格的两翼。匹夫皆有报国的责任，女人也有，这份责任在每个人身上都是平等的。为实现这份责任，女人可以选择在家耕织，在战争时期做后勤工作，也可以选择和男人一样征战沙场。秦良玉固执地选择了后者，她希望自己的另一半能懂得她的志愿，并支持她的志向。通过戏剧纠葛，马千乘终于明白了眼前这位奇女子。这份固执，或是马千乘被陷害致死后，秦良玉仍在舍生忘死报效国家的原因之一。

这个戏有两条线索："日月金钗"与"比武招亲"。"日月金钗"的少时誓约，代表着一种古典婚恋观和审美意蕴；"比武招亲"主张异性之间的公平选择，代表着一种现代婚恋价值观。土司马千乘带着阳钗，下山来迎娶月钗的主人，剧本赞扬他是一个信守诺言的君子；而秦良玉却在"比武招亲"，她的价值观已经超越了传统"花前月下""郎情妾意"的盟约，希望能获得与丈夫公平的地位。两个人的矛盾和对立，是古典价值与现代意识的对立；两条线索的交织，是古典价值与现代意识的对话。土戏也可以用古朴的形式做关于现代性的讨论。

3.导演提示："青春""时尚"版土戏

剧本的构思，为导演的创作奠定了基调。首先，这个戏的舞台演出环境可以多变：它秉承了高度写意的戏曲艺术神韵，景随人走。因此，本剧的演出布景，简则可以一桌二椅，演员下乡演出，为民服务，十分方便；繁则可以写意布景，调以灯光，适合剧场舞台演出；也可以旅游实景演出，在石柱山清水秀之地，在秦良玉的官邸故郊为游客呈现，这甚至可以成为石柱土司文化旅游的一个特色项目。其次，在戏剧表现形式上，要对传统土戏的主要行当、程式进行呈现，在保持土戏意蕴的基础上，将其创造成人们喜闻乐见的"青春""时尚"版土戏。让土戏成为好看、好听、能在景点驻场演出的优秀作品。再次，营造"擂台"场面欢乐、诙谐、浪漫的气氛，"热开场""热收尾"，戏剧节奏明快，人物动作鲜明，注重形象美和形式美。同时，采用石柱本地音乐家的创作，融入啰儿调、摆手舞、花灯等音乐舞蹈元素，增加土家族地域特色。

4.物尽其用：让土家族歌舞"靓"起来

土家歌舞是石柱土家歌舞团的拿手好戏。我想，土家歌舞的合理融入，是让土戏更加轻快亮眼的绝好条件。通过调研我得知，事实上传统土戏是海纳百川的。石柱土戏是集地方土家族文学、歌舞、说唱、民俗于一体的综合艺术类型，在形成之初，就展现出开放的格局，它曾在发展过程中化用川剧、花灯戏等元素丰富自身。开放的形态为我们今天的创作提供了基础：一方面我们要挖掘传统土家戏剧精髓；另一方面也要以开放的姿态，吸收"活的"地方民族歌舞、文学资源，借鉴其他戏曲剧种的表现方式，融合加工出新"土戏"风格。这个戏将以"歌舞演故事"的方式，讲述秦良玉年少时的动人故事，让观者感到，秦良玉的千古英雄豪情生长在石柱这片神秘美丽而又多彩多姿的文化土壤中，富有人情味，烟火气，生动又美好。

目前，新编石柱土戏《秦良玉和马千乘》正在写作打磨过程中。我这篇文章的观点是否合理，有待时间来检验。严格地说，重庆市石柱土家歌舞团打造石柱土戏，这并不是严格意义的"向旅游景点推出专业艺术”，而是将一种濒危的传统戏剧艺术通过现代剧团的制作方式，推向旅游舞台，这过程中遇到的很多难题是与“专业艺术”有着共性的。更何况，土戏这种艺术本身比较式微，比起那些已经枝繁叶茂的专业艺术，在艺术资源和存量上都有很大不足。不过，从另一个角度来看，土戏在传承上的断裂所造成的艺术“不完满”，也给我们留了一片创意的空间，说到底，我们向旅游文化推出的，是有着独特生命价值的剧目。不得不为石柱县拯救、恢复和打造濒临消亡的石柱土戏这一勇敢举措点赞！

文旅融合视角下文化演艺资源的开发与品牌构建

——以济南曲艺为例

莫非（济南艺术创作研究院）

随着文旅全面融合的新时代到来，文化对旅游的深化以及旅游对文化的活化成为文化和旅游领域面临的新课题。旅游演艺可谓是文旅融合的“排头兵”，具有天然地将文化演艺资源与旅游产业紧密结合的特质和优势。近年来各地也在演艺形式创新和旅游产业转型升级方面，不断探索适合自身的发展方式。文旅融合，无疑为此提供了一个最佳的契机。

文旅二者的融合，不是简单相加，而是一个创新的过程。这需要着眼地区文化资源优势，通过提升文化内涵以增强产业竞争力。曲艺，是拥有“书山曲海”演艺传统的济南的代表性文化之一，同时，作为一种演艺形式，也是集深厚的文化底蕴与极强的演艺开发潜质于一体的文化资源。利用文旅融合的契机，将曲艺这种济南优势的文化资源通过与旅游产业结合，进行充分的开发利用，将丰富旅游演艺种类、提升旅游演艺消费水平，进一步挖掘文化旅游潜力，推动济南旅游演艺发展。

一、曲艺演艺形态

从产生时的自娱自乐到专门供人欣赏的演出，再到成为一种表演艺术形式，在长期的发展过程中，曲艺的形态和功能出现了很多变化，而随着对其文化演艺资源属性的发掘，曲艺也形成了多种不同的产业样态。

一是传统的剧场演出。作为一种表演，曲艺离不开舞台和观众，从起初的街头卖艺，到进入茶社、茶馆，再到登上各类剧场的舞台，现场演出一直是曲艺市场上的主流。如以相声表演为主的“德云社”和以东北二人转表演为主的“刘老根大舞台”，依托品牌打造，连锁运营，进行市场扩张，实现了商业成功。

二是文化旅游产业。旅游演艺已经成为近年来文化一个具有竞争力的新兴业态。与实景演出、主题乐园等旅游演艺形式不同，曲艺演出短小精悍，靠其打造完全独立的旅游产品较为困难。曲艺演出更多的还是融入其他旅游项目中，作为旅游演艺产品的一个组成部分出现在旅游线路的一个固定环节。例如天津打造的茶馆相声旅游文化品牌，将相声作为天津城市文化的代表，与茶馆听书这种休闲娱乐方式相结合，在传统的现场演出方式的基础上，形成富有地域特色的旅游项目。

三是传媒产业。媒体是曲艺传播和扩大影响的一个重要途径，以相声为例，20世纪末以电视为主要媒介的相声表演，就开始由电视晚会向电视多元媒体发展，很多成功的电视小品及情景喜剧中都借鉴了相声的框架或吸收了相声的元素，使得相声的快速传播发展搭上了传媒经济的快车。近些年相声表演频繁出现在《欢乐喜剧人》《笑傲江湖》等喜剧真人秀节目中，也是传统曲艺传播方式的新尝试。随着互联网时代的到来，相声表演艺术借助网络与新媒体等全新载体，传播速度大大加快，传播范围不断扩展。与网络和新媒体相结合，是曲艺行业发展符合当下时代业态的方向。

三种业态呈现出曲艺演艺产业发展不同阶段的形态，也展示出曲艺产业在不同领域的发展方向。在文旅融合的语境下，第一类传统演艺与第三类传媒演艺都可以在文化旅游产业中得到有机的整合，形成综合性、多层次的协同创新和发展。

二、济南曲艺演艺现状

近年来，在国家大力繁荣传统文化的背景下，和以德云社为代表的相声表演在全国范围内走红的影响下，济南曲艺演出市场有了一定程度的发展，国有演艺公司和演艺集团依托专业曲艺院团运营演出，以芙蓉馆、江湖艺社、广兴书场、合义书场等为代表的商业曲艺演出团体也相继涌现。但与曾经“书山曲海”的鼎盛时期相比已不可同日而语，与北京、天津等曲艺传统重镇相比，济南曲艺演艺的困境也较为明显。

1. 产业创新力度不足，品牌产业链不完善

济南曲艺演艺在与旅游结合中，于演出之外少有衍生性的开发。产品结构过于单一，很大程度上并没有改变传统曲艺演出的经营模式，协同创新的能力薄弱，没有以曲艺演艺产品为核心进行产品附加值的开发，导致曲艺文化周边匮乏。更没有形成有影响力的文化品牌，使曲艺产业缺少拓展渠道，与实现现代文化产业发展对创意性的要求仍有较大差距。

2. 资源分散，未形成产业集群效应

济南市曲艺团是全国为数不多的曲艺专业院团之一，依托大明湖畔的明湖居打造了“开心甜沫”周末曲艺演出品牌，但由于兼顾公益性惠民活动，无法形成每天演出的常态。而各商业演出团体、经营企业存在着各自为政、互相竞争的局面，虽然各具优势，但资源和品牌都是分散的，没有专门的策划组织，也没有行业性组织进行统一的约束和发展规划，缺少具有影响力的演艺品牌。在票房压力、储备资金薄弱等情况下，曲艺演出资源无法得到有效整合并形成行业性的演出模式，不利于整个行业的规模化发展。

3. 文化演艺消费氛围不足

在快餐式网络文化、消费文化、娱乐文化大行其道的背景下，传统的民间文化在舞台化、商品化的过程中，为了适应娱乐需求而日益改变了传统的存在形态。这也使大众对曲艺文化的认知停留在表面的逗乐、搞笑等感官刺激的层次，曲艺文化被边缘化，使得曲艺市场的发展缺乏一定的氛围。同时，济南演出消费市场仍然不成熟，演艺活动的价格不能得到提升，影响票房收入，导致市场活力的缺乏。

三、“曲艺+旅游”：打造旅游文化演艺品牌

“曲艺+旅游”的旅游演艺作为旅游一种业态，最能够体现文化与旅游的融合。特色文化演艺资源的旅游利用和开发，既能够增加旅游文化内涵，提升旅游产品竞争能力，也能使特色文化的传播效果得到强化。济南曲艺演艺市场有一定的基础，与旅游的结合需要根据二者的特点，立足地域文化特色，因地制宜地打造曲艺文化演艺品牌，提升曲艺演出的市场化程度，整合相关资源，寻求曲艺演出与旅游场景的多层次、多角度、多形式的结合方式，提供更立体和完整的旅游文化体验。

首先，将曲艺演艺与具有相应特点的文化景观和环境构建相结合。古戏台、戏院为保存曲艺演出样式提供了很好的展现场景，同时，这些建筑和地点本身也是济南的历史文化遗产。如现存的明湖居、南丰戏楼、茗曲阁、白雪楼等，作为历史遗存大多已列为文物保护单位，且大多毗邻大明湖、趵突泉等景区，具备旅游演出的条件。修复传统建筑与风貌，保护和改善配套设施条件，对这些场所进行保护与利用，发挥其旅游依托场景的作用，为构建济南传统的曲艺演出体验打下物质基础。

其次，通过文化旅游线路的打造整合曲艺演艺与旅游资源。将传统艺术的观赏与旅游景区、景点的游

览有机融合，整合相关文化资源进行创意开发利用，规划设计主题旅游线路，形成具有特色、富有文化内涵的旅游产品，以增加旅游活动的吸引力。例如戏曲、曲艺旅游线路，先游览大明湖景区，在南丰戏楼或明湖居品茶、欣赏曲艺，然后参观曲山艺海博物馆，感受老商埠区的文化氛围，最后在北洋大戏院观赏山东地方戏曲表演。此外，趵突泉公园的白雪楼、北方现存最大的清代戏楼题壁堂等也都可以作为线路中的目的地。由此可以使游客在较短的时间内对济南的曲山艺海文化有一个直观的基本了解和体验。文化旅游线路的设计不仅能将济南的自然景致、人文景观与特色文化充分结合，使包括曲艺在内的城市文化精髓加入到不同的休闲活动中，而且能将分散的旅游元素串点成线，实现特色鲜明的资源整合。

最后，打造曲艺展演平台，营造观演氛围，提升旅游吸引力。曲艺文化旅游演艺品牌的构建，需要专业性强、规模大、影响力广的专门展演平台，也需要省市级甚至全国范围的曲艺综合艺术节或艺术赛事来增加本地的文化吸引力。应以政府为主导，吸收社会资本，邀请名家和知名表演团体前来举办专场演出，并鼓励、扶持、吸引民间艺术组织和商业演出团体积极参与表演活动和赛事，以高水平、高层次的演艺品牌，扩大在省市及全国的影响力，提升对公众的旅游吸引力。将节事期间的展演、赛事活动与文化惠民工程相结合，利用惠民票价，吸引观众的关注和兴趣，并培养演艺消费习惯。如2019年全国非遗曲艺周首次在济南举办，汇集来自全国29个省份的131个曲艺节目和492位曲艺类非遗传承人。在5天内吸引观众3.7万人，对全国的曲艺表演者和观众形成了极大的吸引力和号召力。

文旅融合，对济南曲艺的发展来说是一个重要的机遇。对济南代表性的曲艺文化资源进行充分挖掘利用，打造曲艺旅游文化演艺品牌，对促进济南旅游形象塑造、济南城市文化的传播有重要的意义。

演艺产业品牌化是文旅融合新趋势

——以黑龙江省杂技团“冰秀”为例

李大武(黑龙江省艺术研究院)

一、以品牌化走市场 以创新化走出困境

黑龙江省杂技团成立于1970年，其前身为成立于1952年的哈尔滨杂技团，是隶属于黑龙江省文化和旅游厅的省属院团。随着文化体制改革的推进，2013年从文化事业单位转型为企业，成立黑龙江省杂技团有限公司(下简称黑龙江省杂技团)，隶属于黑龙江省演艺集团。2013年转企以来，全面实施“人才战略、市场战略、精品战略”，转变经营发展方式，“变舞台为平台，变剧场为市场，变作品为产品，变演艺为创意”。依托在全国首创的冰上杂技，深度创新冰上表演艺术，并注册了冰秀品牌商标。冰秀是黑龙江省杂技团冰上杂技系列创新型品牌，是在传统杂技基础上，集冰上杂技、冰上特技、花样滑冰、冰上舞蹈、冰上队列滑、冰上魔术滑稽秀和现代冰雪时尚运动于一体的冰上舞台表演艺术，独具“惊、险、奇、美”的艺术特点，已成为黑龙江省冰雪文化旅游演出代表性品牌。黑龙江省杂技团现有冰上杂技演员百余人，已在哈尔滨冰雪大世界、哈尔滨万达主题乐园、哈尔滨马戏城和黑龙江省杂技团冰秀剧场驻场，国内外演出近3000场，接待观众500余万人，演出收入近2000万元。

在黑龙江省杂技团的发展过程中，有三个重要的发展转折点，推动全团跻身国际杂技艺术之林。2015年，冰上杂技剧《惊美图》获国家艺术基金的专项资助，这加快了冰秀品牌的发展。2016年，黑龙江省杂技团与美国玲玲马戏团合作，开启了为期一年的美国境内巡回演出，进一步奠定了冰秀品牌“走出去”的道路。2017年，冰秀在央视春晚惊艳亮相，将优质的演出展现在全国观众面前，伴随着“春晚后效应”，冰秀品牌受

到了国内外各界的普遍关注，演出邀约不断，市场好评如潮。

近年来，全团艰苦创业，勇于创新，以高昂的拼搏精神打造了系列冰上杂技精品剧目——冰上杂技剧《惊美图》，冰雪实景演出《林海雪原》《四季畅爽·龙江冰秀》，冰秀《冰·雪·炫·舞》，冰上杂技剧《冰秀·寻梦》等大型节目。入选国家级省级资助项目，比如国家特色文化产业重点项目、国家艺术基金舞台艺术创作资助项目、国家艺术基金资助项目、中国文学艺术基金会奖励项目、2017—2018年度商务部国家文化出口重点项目、2018年文化部“一带一路”文化贸易与投资重点项目、黑龙江省文化产业重点项目，荣获系列荣誉称号。黑龙江省杂技团一步一个脚印、踏踏实实走出了一条创新发展之路。由于业绩突出，2017年获评全国杂技作品创新创作突出团体。

二、“冰秀”品牌成长的经验

黑龙江省杂技团在冰上杂技品牌建设过程中，历经企业改制、市场竞争爬坡过坎的艰难困苦，最终凤凰涅槃，有所成绩，积累了一些经验。转企改制后，文化企业必须要走现代化企业发展之路，必须遵循市场运行原则，必须具备强有力的品牌打造能力。也就是说，企业领导人必须转变思维创新体制机制。如果用创作文艺作品的旧思维进行产品生产，就会严重制约自身的发展。在新的环境下，只有具备文化的产业化思维，才能实现转型发展，只有具备文化的资本思维，才能实现跨越式发展。

在国有院团深化改革的大势中，转型是关键所在，其中涵盖了思想方式转变、行为方式转变、产业方向转变，以及强化品牌打造能力、明确企业发展愿景等内容。多维度的转变，才能够使国有院团的改革不断深入，才能实现大力发展的目标。为建立完善的法人治理结构，省杂技团推出了13个方面108项制度。制度制定严格，按照科学的方式及流程，不断细化、完善。首先由团领导提出方向，人力资源部门起草，而后经全体演职人员充分讨论，并以此为基础形成新的规章管理制度。秉承从群众中来，到群众中去，人人参与，大家遵守的原则，使108项制度对每个人都体现出公平公正，不留死角。在剧目生产方面，摒弃简单的、程式化的创作及呈现，将技巧与表演相融合，将叙事情节与冰上滑动相融合，将唯美、时尚、浪漫与挑战人体极限的高难度动作相融合，对冰上杂技艺术不断改造升级，使舞台表演充分体现出龙江制造的大美、惊险特色。同时充分运用现代科技手段，强化舞台视觉和听觉功能，让演员的精湛技艺在相配套的舞台衬景和气氛烘托下，得以淋漓尽致地展现。在人才培养方面，将就业与招生工作相关联，实现“入口”与“出口”间的相通，以市场需求为导向，以契约精神为引领，进行冰上杂技人才培养，其中包括演员的专业教育、文化教育、思想道德教育、继续教育等，进行全方位的设计培养，使其成为全面发展的冰上杂技人才。在利益分配方面，推行目标绩效考核，使每个个体均处在平等的位置，使考核标准全面公开，考核方式完全公正，使竞争环境更为公平，实现“多劳多得，少劳少得，不劳不得”的考核标准规范化公平化稳定化，由此激励杂技演员不断地积极进取。

同时，将教师的效益与演员的效益相互关联，演员取得的成绩将直接反馈至其教师的绩效当中，促使教师对学生认真负责，学生对教师更加尊重，并产生回馈意识，以此形成教与学之间的良性动力纽带。

三、“冰秀”品牌的优势

冰秀已成为黑龙江冰雪文化旅游演出代表作，亦是“冰天雪地也是金山银山”理念的代表之作。省杂技团从战略上设计品牌矩阵，从单一产品向多元产品进行转变，围绕冰秀打造出各种不同形式、不同主题的新剧目，进而产生多种产品组合发展的可能性，也为产业链的打造奠定基础。

黑龙江省杂技团的冰秀艺术为国内首创，具有自主产权，体现了传统杂技艺术与影视舞台表演艺术、冰雪时尚运动、现代声光电科学技术的完美融合。冰上杂技演员表演使用的特色道具，是省杂技团自主创新研制的，具有自主知识产权。

冰雪文化有着浓厚的地域特色。冰秀是在冰面舞台上表演的艺术形式，与传统杂技以相对固定的表演形式不同，其在动态中呈现舞蹈语汇，难度很大。冰秀舞蹈设计把表演重点放在了杂技技巧与冰上表演的有机结合上，呈现了“惊险奇美”的独特艺术形式，与传统杂技相比具有题材、内容、主题的差异性，也使其在市场竞争中天然地占有竞争优势。

省杂技团自全面实施“人人成才，德艺双馨”的人才战略以来，已完成了“阶梯式”的后备人才储备。6年来，培养冰上杂技表演学员百余人。省杂技团与省艺术职业学院联合，开办了杂技魔术表演大专班，为传承和创新杂技做好人才储备。同时，不断进行学习与研发，不断提升技术技巧以及舞台表现力，打造了一支具有精湛技艺和高尚品德修养的一流团队。

坚持“文化走出去”的发展战略。黑龙江省杂技团与美国玲玲马戏团合作，开启了为期一年的美国境内巡回演出，得到美国几十家媒体报道推介，进一步奠定了冰秀品牌“走出去”的道路。在全球瞩目的纽约时代广场大屏滚动播放冰上杂技精彩画面，充分展现了冰上杂技艺术的独特魅力，集中展示了中国杂技人的高超水准和昂扬风貌。作为全球杂技业界的领军剧团之一的玲玲马戏团，组织全美巡演，聚集了数百位世界顶尖杂技人。黑龙江省杂技团冰上杂技演员表演的冰上特技、冰上高跷、冰上钻圈、冰上蹦床，受到国外观众的热烈欢迎。2016年5月3日至2017年5月23日，黑龙江省杂技团赴美巡演小组在美国玲玲马戏团第146届巡回演出（蓝队）中，共奔赴17个州、30个城市、30个场馆，演出321场，接待观众350余万人次。

冰秀现已成为黑龙江文化旅游的名片，是黑龙江省冰雪文化旅游演艺品牌的代表作。围绕冰秀这一品牌，省杂技团从单一产品向多元产品研发的“1+N”道路迈进，不断探索创新冰秀艺术产品，并使这些产品形成体系，构架出冰秀品牌矩阵。相继推出了《惊美图》、《畅爽冰嬉》、《林海雪原》、《四季畅爽·龙江冰秀》、《冰秀·寻梦》和大型冰秀《冰·雪·炫·舞》等优秀节目。通过对冰秀品牌的大力强化，现已在国内外拥有了很高的品牌美誉度。

四、做大冰上杂技品牌的对策建议

冰秀是黑龙江文化品牌化过程中冉冉升起的一颗新星。近年来，国内许多演艺院团来黑龙江省杂技团参观取经。上海、辽宁学习观摩后，也投入大量资金打造冰上杂技剧。目前，冰秀品牌面临的竞争压力极大。由于上海、辽宁在此项目上资金投入力度大，在硬件设施、招生、艺术创新等主要方面相对占优势，而黑龙江省杂技团却面临着企业快速发展扩张带来的重重困难。

目前存在学员招生难，缺少艺术创作骨干，缺少企业管理人员，艺术创作能力不足，市场营销专业度不够，基础设施建设落后以及分配机制、现代企业制度还需进一步完善等诸多问题。建议结合“精准扶贫，特色招生”，对困难家庭的学生实行免费招生，建立演员阶梯式薪酬体系，试行“高薪留人”。艺术创作应该采取“走出去”“请进来”“借外脑”的方式，借船出海，打造高水平的品牌剧。加大企业管理队伍建设，与高端演艺营销团队合作，提升自身演艺营销水平，升级打造冰秀品牌，申报中国著名商标；采取全员竞聘上岗，推行目标绩效考核；制定现代企业制度，完善现代企业管理机制。通过争取政府扶持与自筹资金相结合的方式改善基础设施建设，借助转企改制带来的资本活跃期，继续深化院团改革，用足用好改制给予的优惠政策。尤其是吸引社会资金，打造合作共赢模式，形成冰秀产业链条，为全省国有院团转企改制提供典型范本。总结国有院团在改制过程中所经历的困境以及突破制约瓶颈所积累的经验，在全省改制转企院团中大力推广。以典型示范作用影响全省文化企业，使其迅速进入文化市场，参与市场竞争。

步入当代的巴蜀目连戏①

王国彦
（重庆市文化和旅游研究院）

【摘 要】目连戏是中国古老戏剧的活化石，贯穿了中国历史千余年。作为首批国家级非物质文化遗产，目连戏的传承和保护已经被提上日程。巴蜀目连戏是中国目连戏家族的重要一员，有着“半朝半野、半阴半阳、台上台下”的艺术特征。时代变迁中，巴蜀目连戏逐渐式微，却迟迟未加入非遗保护的队列。原本“仪戏并重”的当代巴蜀目连戏逐渐走向了“仪”与“戏”的两极分化，即逐渐分化为以祭祀仪式为重的民间目连戏和以舞台艺术为重的川剧目连戏。

【关键词】当代；巴蜀目连戏；流变

2018年8月24至25日，时值中元节，由中国艺术研究院宗教艺术研究中心、中国艺术研究院戏曲研究所主办，中国昆剧古琴研究会协办，文化和旅游部非物质文化遗产司、星云文化教育公益基金会、恭王府博物馆特别支持的“中国目连戏展演”在北京恭王府大戏楼举行。这次演出汇集了泉州提线木偶戏、安徽马山目连戏、莆仙戏、川剧、绍剧（调腔）、祁剧、新昌调腔、弋阳腔7个声腔8个剧种，展示了《四将开台》《上寿》《追荐功果》《劝姊开荤》《大开五荤》《女吊》《花园罚誓》《调无常》《过奈何桥》《叩地狱门》《地狱见母》《盂兰大会》12个目连折子戏的精彩片段，成为一次多声腔多剧种目连戏的集萃展演。演出进行了两天，为同一台剧目，笔者有幸到现场进行了观摩，也有生以来首次感受到了目连戏的魅力所在。12个折子戏虽然远未达到郑本《劝善记》100多出的规模，但是从剧目的安排来看，基本是按照目连救母故事的剧情线索来设置的，其中绍剧《女吊》和新昌调腔《调五常》为连台本中插入的小戏，也称作“花目连”。

由不同剧种的目连戏拼接而成一台演出，别出心裁，既遵循了目连救母的情节推进，保留了目连戏中最为精彩的出目，又能看出不同地方剧种目连戏的特征和差异，如福建的泉州提线木偶戏和莆仙戏佛教色彩极为浓厚，演出中有大段的经文念诵环节，提线木偶动作的精致和流畅以及莆仙戏的木偶身法给人留下极为深刻的印象。安徽马山目连戏的演出队伍由当地的农民组成，他们农忙时种地，农闲时演戏。马山目连戏展现了徽派目连的古韵，保留了许多原生态的内容。祁剧目连带来的是《过奈何桥》和《盂兰大会》，演出人员的基本功过硬，行当齐全。尤其是在《过奈何桥》一折中，刘氏唱做并重，声泪俱下地唱出“恨多怨多”的【青水令】和“如今到此独木桥危桥，有苦难诉”的【半云飞】高腔曲牌，同时要在高架独木桥上完成“大劈叉”“前滚翻”“金鸡独立”“三起三落”等高难度动作。饰演刘氏的女主角是湖南祁剧团的青年演员，曾凭借祁剧《目连救母》中的精彩演出夺得了第25届全国戏剧梅花奖。绍剧（调腔）《女吊》演绎少女玉芙蓉因家境贫寒，父母冻饿双亡，无钱埋葬，被逼卖入勾栏。她因不堪鸨母毒打、嫖客欺凌，投缳自缢，魂魄不散，每晚出现，感叹身世，愤怒呐喊，立志复仇。鲁迅先生在《女吊》一文中誉之为“一个带复仇性的，比别的一切鬼魂更美，更

①本文为2018年重庆市社科项目《巴蜀目连学源流研究》项目阶段性成果。

强的鬼魂”。那一袭殷红的水袖，凌厉的水发，刺耳的调腔音乐让人在炎炎的夏夜中背脊发凉，汗毛竖立。川剧目连演出的是《大开五荤》，又作《刘氏四娘开五荤》，原定于由四川省川剧院演出，但因为四川省川剧院临时接到重大演出任务，改由四川庞氏文化传播有限公司民中川剧团演出。《大开五荤》讲述的是刘氏四娘在金奴、李狗的唆使之下，杀生开荤，大摆筵席的情节，其中以猜谜的方式报菜名的情节充分展示了巴蜀地域的饮食和民俗文化，而节奏明快、气氛闹热的川剧锣鼓代入感很强。这个折子戏的演出内容与在1993年绵阳国际目连戏研讨会上现场演出的《大开五荤》相同，且已经经过了精心的舞台编排。

展演结束后还召开了专题研讨会，邀请了一些国内戏剧研究的专家各抒己见。从与会专家以及参演的各个艺术团体代表的发言来看，目连戏的存续现状不容乐观，目连戏的整理和保护仍需要充分的关注和努力。时代变迁，社会环境也发生了翻天覆地的巨变，从封建时代绵延而来的目连戏的思想主旨似乎与当代社会已经有些格格不入了。恭王府的目连戏展演是一个非常小范围的演出，并没有作公开的报道，组办者们也有很深的隐忧，展演活动的举行筹划已久，历经重重阻挠，耗时三年才得圆满。那是因为社会上仍有很大一部分人士对目连戏的认识有限。因此，当代的目连戏不可能再出现昔日广传盛演的局面。

目连戏有没有必要恢复、重排、传承？戏剧专家、文艺工作者们分作两派，各持己见。一派认为，事物消亡必有其遵循的自然规律，无须挽留。目连戏已经无法适应当代社会的理念，当让其自生自灭。另一派则认为目连戏是中国古老戏剧的“遗存”，应该尽其所能整理、保护，应积极运用新的思想让它在新的时代产生新的意义，这会对戏剧研究产生重大启发。但严峻的现实是，即便现在全力挖掘和恢复演出，也是非常困难的事情。目连戏已经面临断代，以新中国成立为时间节点，最后一代了解和演出过目连戏的老艺人很多都已经离世，在世的老艺人都已过耄耋之年，他们很难完整而清晰地回忆出剧本和演出形态。目前全国能演出目连戏的地区主要包括福建、湖南、安徽、河南、浙江、江西，其主要以非物质文化遗产保护为依托开展资料的整理、保护，剧目的重排以及艺人的传承，但据这几个省参与具体保护工作的文化工作者说，工作的开展举步维艰。

较之上述几个地区，当代的巴蜀目连戏更缺乏关注和保护，在申遗的过程中困难重重。但目连戏是否已完全在巴蜀民间销声匿迹，也未可知，仍需进行深入的考察。相较于目连戏全盛时期，巴蜀民间演剧的生态已经发生了翻天覆地的变化。社会体制的变革，人们思想意识的巨变，迎神赛会的演剧场合基本消亡了，目连戏曾经赖以生存的土壤没有了，这似乎是一种难以抗拒的命运。当代的巴蜀目连戏走向了两极分化的形态。

一方面，目连戏的内容在民间的傩仪中有所保留。在一些偏远地区的丧葬仪式上，法师代替亡者的家属装扮为孝子目连去地狱寻母、度母是很重要的一部分。这是对目连戏仪式部分的保留，也是对目连救母孝义的一种传承。在重庆民间祭祀仪式中，有一种“救拔亡魂济度西天”的“过桥”仪式。这种过桥仪式分为两种：一种是超度男性亡魂，名为“过金刚桥”；另一种是超度女性亡魂，名为“过血河桥”。以“过血河桥”为例，仪式由两名法师完成。其中一名站坛法师头戴佛冠，身披袈裟，装扮作孝子目连。在仪式的演绎过程中，他将代替亡者的子女去地狱寻母，并将亡魂带出地狱，超度升天。另一法师着便装，先后装扮奈河桥守桥将军，以及五方地狱的狱官。仪式的运演过程主要包括请赐锡杖、明珠，营造血河桥梁，奈河桥头说情由，五方地狱寻母，地狱救母，送母过桥往西天等情节。在仪式进行当中，既有站坛法师通过唱颂的方式讲述目连救母圣绩、地狱当中阴森恐怖情景的说唱环节，又有两名法师以对话和肢体语言演绎故事的戏剧表演。整个仪式以送母过血河桥为关键，由站坛法师带领孝眷端灵位，持引魂幡相随，先后要过上品金桥、中品金桥、下品金桥。血河金桥过完，将桥上的幡伞、拐钱焚化，鸣炮。法师们唱化财赞，三震清音，过桥的仪式才算完满结束。仪式通过上述运演目连救母的程序，表达对逝者的尊重和哀思，寄托希望逝者能借此超脱、早登极乐的美好愿望。

另一方面，目连故事仍在舞台上流传。目连救母的故事仍然感动着世人，剧作家们也从不同的角度，用现代的语言和价值去解读和重构目连故事，创作和改编了一批川剧目连的新剧目。这些剧本淡化了祭祀仪式和宗教色彩，转而化身为批判现实的世俗戏剧。

较之孝子目连为救母游遍地狱、感天动地的孝行，当代的编剧们似乎更加关注刘氏四娘多舛的命运和坚忍不屈的抗争精神。在新编的几个目连戏剧目中，著名剧作家徐棻的《目连之母》，谭愫、刘少匆、严淑琼的新编川剧《刘氏四娘》，都将戏中的主角设定为目连母亲刘氏四娘。1994年，川剧旦角演员刘芸曾凭借在《刘氏四娘》中的精彩演出获得了梅花奖。

徐棻的《目连之母》完全脱去了宗教的外衣，具有很强的反叛意识。剧本分为八个段落，主要人物有刘氏四娘、傅罗卜、李华君、金奴、菩萨、傅相、益利，次要人物有堂倌、四鬼、和尚及男女仆人。与传统的目连故事相比，增设了李华君这个新的人物。李华君是刘氏四娘的表弟，常住于傅家。傅相去世后，李华君协助刘氏料理家庭，悉心照顾。刘氏病重六载，得一偏方，须以男子胸口的一块肉为药引。李华君对刘氏一往情深，愿以尖刀剜去胸口血肉为刘氏治病。刘氏四娘原本是大家闺秀，嫁入傅门之后，深受傅家影响，常年吃斋把素，简化了物欲，也淡化了情欲。对李华君的一番情谊，她虽有动容，却不敢接受，心中始终遵循着“在家从夫、夫死从子”的祖训。她来到寺庙中探望出家的儿子傅罗卜，苦苦哀求儿子还俗回家。母子虽情深，傅罗卜却严词拒绝，告诉母亲，出家之后，“便不再有家”。刘氏心灰意冷，一怒之下与儿子一刀两断，孑然一身，昏沉沉地离开了。在金奴的唆使之下，刘氏违誓开荤，是对现实的彻底绝望。她曾潜心向佛，但丈夫死了，儿子出家了，只剩自己孤苦伶仃。于是，她决定“把佛堂撤了，供品摔了，香蜡灭了，神像丢了”，还要“开五荤！办酒席！全家上下打牙祭！”不仅如此，她决定摆脱世俗的束缚，接受李华君追求，与之建立幸福的家庭。这样的剧情设置颠覆了郑之珍本《劝善记》所推崇的“忠、孝、节、义”之“节”，而强调了人性的回归。作者以刘氏四娘的自述表明了自己的观点，也塑造了不同于以往目连戏中刘氏四娘的鲜明个性。“刘氏我乃人一个，命运不济也要争。还我真情和本性。”剧中的神、鬼也脱去高人一等的属性，同凡人一样，具有贪图钱财、假公济私的弱点。刘氏开荤、再嫁，大胆妄为，被鬼使捉拿到阴间受苦。傅罗卜前去救母，劝说母亲立下字据，诚心悔过，答应来世投胎为女，定要吃斋念佛，守寡尽节，以补今生之过。刘氏却怒斥人鬼清浊难分，宁愿入铁围城中受刑，绝不悔改。全剧在刘氏被鬼使拖入铁围城，傅罗卜央求母亲悔过的哭喊声中结束了。故事一改传统目连戏“母慈子孝”“全家团圆”的美好结局，以傅罗卜无力救母，刘氏堕入铁围城的悲剧结尾，无情地鞭挞了残酷的封建社会。编剧徐棻先生表达了对传统社会中女性命运的深切同情，以及对刘氏四娘为代表的敢于坚持自我、反抗权威的女性的欣赏和赞颂。

谭愫、刘少匆、严淑琼的新编川剧《刘氏四娘》同样以刘氏四娘为主角，塑造的是一个不惧世俗眼光的伟大母亲形象，着力描摹的是母子之间的深情。傅相去世后，儿子傅罗卜亦身染沉疴，命悬一线，唯以狗肉为药引方能治病。刘氏四娘深知杀生开荤的罪孽，却为了救儿性命，甘愿承担身堕地狱的后果。“为救儿只得言行悖，为救儿只得越法规；为救儿不怕遭谤毁，为救儿甘冒天下大不韪。”然而，杀狗救儿之事败露之后，刘氏遭到家族和世人的唾弃，甚至遭到了儿子的质疑。刘氏四娘心中愤恨，于是借请罪开斋之名宴请僧尼大开五荤，以回敬这世界的伪善与恶意。哪怕遍历地狱受尽酷刑也从未悔过，“为什么母救儿子反有罪？为什么夫妻之情冷如铁？为什么上天不察罚弱者？为什么治罪不问皂与白？……来生若往阳世去，要把那虚假伪善统统揭！”“刘氏回煞”是川剧目连戏中非常有名的一个折子戏。从前川北有个老艺人叫作刘丁丁，在“回煞”中所做的“啃蜡烛”令人叫绝。在新编川剧《刘氏四娘》中“回煞”一折摒弃了老戏阴森恐怖的气氛，将目连母子之间的深情表现得淋漓尽致。此时的刘氏面目已不复从前。“如黛秀眉成刀刃，含情杏眼变铜铃。

桃腮黄得如油浸，柔发怎会直伸伸?”她担心这般模样会吓到儿子，只得暗中为儿整理衣衫，默默地为儿祈福。当儿子目连真心向母亲忏悔，请求母亲的谅解时，刘氏将儿拥入怀中，细心叮咛，表现了一位母亲对儿子无私而真挚的爱。最后鬼卒强行将刘氏拖走，母子分离，场面令人肝肠寸断。川剧《刘氏四娘》的结尾与老本也有所区别，刘氏四娘虽得到了救度出离地狱，却因天庭的惩戒变为了一只金毛狮子狗。儿子目连救母有功，本应封为九天十地总管诸部仁寿大菩萨，却放弃了天庭的封号，选择了常伴母亲左右。刘氏终究没有得到彻底的救赎，却得到了儿子的敬重与爱戴。剧中的傅相虽已升天成神，却冷漠无情。倒是阴间那些鸡脚神、鬼卒对刘氏的遭遇寄予了深刻的同情。

进入当代，巴蜀傩戏中通过目连救母情节的仪式运演表达亲属对逝者的哀思和早登极乐的祝愿；而舞台上演绎着的目连救母故事，则淡化了仪式的内容，浓墨重彩地以戏剧的情节描摹人性，讲述故事感染世人。

浅析以大足石刻为代表的重庆古代石刻造像艺术特征

权小芹
(四川外国语大学重庆南方翻译学院东方语学院)

【摘要】古代石刻造像在中国的考古中起着举足轻重的作用,它能很好地保存历史的痕迹。重庆古代石刻造像是中国古代石刻造像的一部分,反映了西部地区政治、经济、文化的变化过程,对中国历史有一定的补充作用。本文主要分析了重庆古代各时期石刻造像发展的情况以及各时期石刻造像的艺术特征,阐述了重庆古代石刻造像对现今的意义。

【关键词】重庆石刻造像艺术

一、重庆古代石刻造像的概况

在中国历史上,石刻造像技艺源远流长,它既是一种文化,也是一门艺术。石刻造像是古代人类有意识地对岩石进行刻画,产生的刻有文字、图画的具有历史、艺术和科学价值的碑碣等石制品或石壁,主要包括石碑、画像石、摩崖石刻和岩画等。石刻造像艺术从早期的简单刻画线条发展到晚期的广泛运用圆雕、浮雕、透雕、平雕、线刻等雕刻技法,创造出了无数种类繁多、形象生动的石刻造像艺术品。古代石刻造像是考古中的遗物,现在属于美术考古的范畴,也是艺术史中的一部分,它也是雕塑艺术作品,是在石材上运用雕刻技法形成的各类艺术品。

中国古代石刻造像从功能和内容上大致可分为陵墓、宗教、民间生活石刻三类。

陵墓石刻造像指的是陵墓地上石刻造像和陵墓地下石刻造像,它是中国古代陵寝制度的一种表现,地上石刻造像的内容多是主人喜爱之物,或是墓主人的生活记录。地下石刻造像,如画像石、画像砖,除此之外还有墓主人使用的石棺、石椁等,它们除了有装饰作用还有实用性。

宗教石刻造像包括寺庙石刻造像以及民间供奉的各种宗教造像及与之相关的雕刻,以及具有宗教象征意义的摩崖石刻、石碑等。重庆地区以佛教石刻为主,佛教"以像设教"的形式更易于被人们所接受。

中国古代石刻还有很多其他实用性石刻,它们来源于民间生活,也来源于对功能建筑的需求,包括大山中的悬崖峭壁石刻、宫殿门上以及宫墙上的装饰、市井的门阙牌坊和石质灯罩、拴马桩等各种具有装饰性和实用性的建筑及其构件。

本文通过研究重庆石刻造像的发展历史,了解了其特殊性和复杂性,发现了石刻造像的一般规律,总结出了重庆石刻造像历史发展中的一些艺术共性。

（一）重庆古代石刻造像的历史背景

重庆地区的石刻造像非常丰富。早期的大溪遗址是中国新石器时代母系社会的遗址，在考古发掘中工作者发现了大量的骨器、石料雕刻制品，出土了一些珍贵的大溪文化中期双人合葬墓葬品等，清理出墓葬和柱洞等建筑遗迹。重庆地区发掘的东汉崖墓，内有画像石棺，棺盖和棺身上刻有人首蛇身的伏羲女娲图腾以及一些人物形象，造型优美，刻工精细。重庆宗教石刻造像最具代表性的有大足石刻、老君洞石刻、罗汉寺石刻等。大足石刻群以宝顶山和北山摩崖石刻最为著名，其以佛教造像为主，还有塔幢、佛龛、阴刻图、经幢、碑碣、题刻和培修记等。大足石刻历史悠久，题材丰富，涉及宗教和民间习俗等内容，反映了当时的一些民间生活信仰，很有代表性。此外，重庆地区还有钓鱼城古战场遗址中的石刻雕像等。

（二）重庆古代石刻造像的各个时期

重庆古代石刻造像的发展大致分为四个时期：一是萌芽时期；二是发展时期；三是成熟时期；四是衰退时期。

1. 萌芽时期

萌芽时期是人类旧石器、新石器时代，这一时期人类在寻找保存生活记录的载体时，通过工具在尖硬的物体上进行刻画，以在骨头、岩石等上留下标记。在重庆的大溪遗址中就发现了一些带有刻画痕迹的骨器和石料雕刻制品等。文字产生以后，人类开始大规模地进行信息记录，在实践中发现石料是较好的保存载体。

2. 发展时期

发展时期大致从先秦到宋。这一时期封建制度得以稳固和完善，汉代开始，外来宗教佛教传入并与本土宗教融合，碰撞出了丰富的石刻造像题材。例如东汉晚期的彭水山谷公园石室墓地，其墓室内阴刻有北斗七星、阙等图案。在丰都县三合街道发现的一块距今1300多年的石刻，经文物管理部门鉴定，该石刻是唐朝时期的一块地界碑。重庆大足的大足石刻始凿于公元七世纪的初唐时期，在两宋时期达到鼎盛。雕像5万余身，铭文10万余字，其规模庞大、雕刻精美、题材多样、内涵丰富、保存完好。江家嘴墓群属于宋代同穴异室合葬墓，墓室主体雕刻内容基本相同，墓葬后壁均为石刻仿木斗拱结构，后龛为妇人启门图，两侧壁为青龙、白虎图。永川区高洞子墓群，为南宋晚期较为罕见的崖墓，墓内有内容丰富的石料雕刻，除了两边柱上的石刻文字，还有石料雕刻绘画（例如龙头、羽人、白虎、玄武、朱雀、青龙、牡丹花、白鹿和仙鹤等雕刻绘画）。

3. 成熟时期

明清时期，中国石刻造像的技艺日臻成熟。石料更多地使用在墓葬当中，例如璧山区丁家街道铜瓦村墓群，该墓葬群坐落在一个山坡上，呈西北到东南的阶梯分布形势。墓中均为石材料构成，用加工好的石条和石板组成。墓室中还有纪年的石刻，如“万历二十七年”和“万历三十五年”纪年题刻。杨家坝摩崖石刻有“盐井温泉”题记、“洑江井”题记，特别是“洑江井”题记首次印证了清代文献中洑江井的具体位置。铜梁区明代青龙嘴墓群中发现有石质俑多件，其题材内容和雕刻手法大致一样，除了用于礼仪的俑有13件外，还有侍从俑4件（分别由四人抬轿俑1件、牵马俑2件、抬箱俑1件组成），骑马俑1件和持杖俑12件（除了持杖俑手中所持仪仗为中空铜质材料外，其他均为石料）。

4. 衰退时期

清代以后重庆石刻造像逐渐减少，仅在一些崖壁偶有发现，例如位于大渡口区跳蹬镇小南海水泥厂内一面崖壁上的题刻，该崖壁面朝长江，因为严重风化，“云木出秀”几个阴刻大字已经模糊，只有“云”字还能依稀看见一小部分。①

二、重庆古代石刻造像的艺术特征

早期重庆古代石刻以图案为主。渝西地区的汉代墓葬以崖墓最为普遍，多数分布于长江、嘉陵江等沿岸，在已发掘的墓葬中有较多的石棺以及少量陶棺等葬具，成为区域内汉代墓葬的一大特色。如江津区白坪村汉代石棺有着丰富的画像，其中一座墓的棺盖为四叶柿蒂纹；棺身前端为双阙，后端为凤鸟，左侧为车马出行，右侧为伏羲女娲。另有一墓的石棺画像以升天为主题，形象生动、主旨明确，是这一时期民间信仰在丧葬行为中的具体反映。彭水山谷公园石室墓为研究重庆地区古代石刻造像提供了非常丰富的历史参考资料，墓中不仅有目前重庆地区发现的结构最完整、规模最大的石室墓，还有天文图——北斗星象图，这一发现是重庆古代人类对天象进行探索及其艺术审美信仰的重要证据。

发展到中期，重庆古代石刻题材丰富，数量惊人，从考古发掘的史料来看，除了有以图案为主的画像石，还有大量的文字书法石刻和佛教造像。大足石刻是晚期石窟艺术的杰出代表，在吸收和发展云冈石窟、龙门石窟的艺术精华的过程中，它在内容、题材、技法、艺术方面都有所升华。其表明了当时重庆民族文化的特色，也成为中国独具风格的石刻造像艺术瑰宝。大足石刻还融合了儒道释的石刻造像艺术，开创了石刻造像的新篇章。大足石刻观音很有特点，众多观音面部造像的艺术美体现在眉、眼、嘴、脸上。眉采用长细眉和八字眉；眼要么露眼珠，要么瞑目；嘴总体较小；脸则多用鹅蛋脸和圆盘脸。②唐代观音女性形象大多体态轻盈、神态妩媚、端庄秀丽，表现手法上有“曹衣出水”之感和“吴带之风”之妙。③

大足石刻北山造像依山而建，龛窟鳞次栉比，其造型追求形式美、内容美。通过造像展示故事内容的形式，诱之以福乐，威之以祸苦，从而传达生活哲理，劝人向善。大足石刻在造像艺术上不仅注重中国的审美情趣，还遵循一定的客观规律，它在石刻造像上独树一帜。在内容选材上，它具有极大的包容性和创造性，源于经典而又有所超脱，巧妙地把自然、宗教及世俗生活结合起来，融于一体，用独特的雕刻技术展现出人物的性格和外貌特征。大足石刻突破了宗教雕塑的旧程式，创造性地将神像人化，通过人神合一的表现形式增强了艺术感染力，极具社会教化作用。

晚期重庆古代石刻造像呈现出线条简洁、人物形象生动的特点，如重庆沙坪坝区部分明代墓群的合葬墓两侧侧壁的青龙、白虎图。从考古发掘上看，明代的石俑特点比较突出，如铜梁区南城街道河嘴墓地。其石俑数量丰富、雕刻精美，以实物为载体，生动再现了这一时期人类的生活场景，具有重要的历史与艺术价值，同时也有助于加深对区域内明代丧葬习俗与礼仪制度的研究。

三、重庆古代石刻造像对后世的影响及意义

重庆古代石刻造像具有独特的史料价值和历史内涵。重庆地区的许多石刻都是当时有名的文人墨客以及政治要员所题，具有非常高的历史文化和艺术价值。如在一个悬崖峭壁上刻有几个朝代及各种字体的

①在清代后一定时期的重庆石刻造像，作者仍将其视为古代之物。其主要目的在于方便石刻造像的年代划分。

②黄晶.大足石刻观音面部造像的艺术美[J].芒种，2015(20)：157-158.

③王天祥，何江.大足石刻女性造像形象考察[J].民族艺术研究，2010(3)：60.

石刻文字，这些石刻与大自然融为一体，形成了巨大的艺术能量，不仅留下了历史的痕迹，还增添了独特的风景。

重庆古代石刻造像的艺术对后世的审美具有深刻影响。重庆地区最具代表性的大足石刻是石窟艺术生活化的典范。作品中传达着世俗宗教信仰，表现了各阶层的生活情形和当时的社会环境状况，体现了石窟艺术的生活化。大足石刻造像艺术在雕刻技法和题材选取上都注重把民间生活的内容融入其中。里面的人物形象都与现实中各类人物非常相像，其造像力求真实平和，其中的佛、菩萨、罗汉、金刚以及各种侍者像都衣饰华丽，身少裸露。宝顶山摩崖造像所反映的社会生活情景非常广泛，几乎涵盖了方方面面。无论是平民百姓，还是达官贵人，各类人物形象都栩栩如生，展现了当时各阶层的社会风情。大足石刻中的“五山”摩崖造像从各个侧面浓缩地反映了唐、五代、宋等时段的社会生活。大足石刻属于宗教考古和美术考古的范畴，它是中国石窟艺术的一部分，也是中国艺术史的一部分，它的题材及内容都具有中国特有的文化内涵和风格，体现了重庆先民的审美，为中国石刻艺术提供了素材，也是我国不可多得的物质文化遗存。

社会学视角下的古镇居民旅游开发认同研究
——以涞滩古镇为例

杨胜运
（重庆市文化和旅游研究院）

【摘要】古镇旅游开发既有建设性又具有破坏性，因而会影响到当地居民对旅游开发的认同情况，而目前涉及古镇居民旅游影响感知的讨论不多。本文以重庆市合川区涞滩古镇为例，通过问卷调查并利用因子分析法讨论涞滩古镇居民对旅游开发的感知状况。古镇居民对于旅游开发持比较乐观的态度。居民旅游影响感知主要体现在社会文化影响及经济影响上，根据这些影响因素总结出古镇居民旅游影响感知的形成机制。由此说明古镇居民的认同情况对旅游开发的重要意义。

【关键词】古镇居民；涞滩；居民感知；影响因素

一、研究意义

（一）研究方向

随着西部大开发向纵深推进，旅游业已成为我国众多旅游村寨的支柱产业。重庆古镇旅游业也迅速发展，旅游开发促进了古镇餐饮、住宿、运输等旅游相关产业发展，进一步吸引了众多游客，使得传统古镇有了新的活力。但开发也给古镇带来负面影响。譬如，旅游开发中引进和修建的很多基础设施和服务设施，由于主要服务对象为游客，其较高的价格定位往往使当地居民望而止步。由于游客涌入，当地居民的生活环境、生活方式也在发生变化。而这些改变会直接或间接地引起古镇居民对旅游开发的思考。但是，长期以来如何更好地满足旅游者的各种需求成为当地发展的首要考虑，目的地社区发展能力提高和社区生活改善的诸多内在需求常常处于次要地位。对于当地居民态度的研究也是旅游开发的重要方面，因此笔者选择研究古镇居民对古镇旅游开发的认同度。

（二）研究范围

目前国内古镇居民旅游影响感知研究的对象区域主要在东部地区，如卢松等的《西递旅游地居民的环境感知研究》、徐致云与陆林的《居民旅游影响感知态度及其动力因子研究——以周庄为例》、吴丽敏等人的《江南文化古镇居民旅游影响感知及其形成机理——以同里为例》等，这些研究大多选取旅游开发较为完善的地区。近年来民族古村落居民感知也成为热门话题，既有孙九霞这类学者在研究壮族古村落旅游开发的居民族群认同，也有像杨艳这样的研究生讨论苗寨东道主文化适应性问题。目前对一些规模小、发展迟缓的古镇的当地居民旅游影响感知的研究较少。为探明这些古镇的当地居民旅游影响感知情况，笔者选取涞滩古镇作为调查区域。

二、研究设计

(一)概念界定

古镇介于乡村与城市之间,是在千百年历史发展进程中逐渐形成的人类聚居地。"认同"概念最早是由威廉·詹姆斯和弗洛伊德提出的。弗洛伊德把认同看作一个心理过程,是个人去模仿、内化另一个人或团体的价值、规范与面貌并形成自己的行为模式的过程。本文研究对象为居民对旅游开发的价值认可度,即居民对于旅游影响的感知情况或者说态度。

(二)研究方法

本文采用定量研究方法,通过发放问卷获取涞滩古镇居民对于旅游影响感知的样本,利用SPSS对样本进行分析。首先,对古镇居民旅游影响感知进行描述统计分析,以期得出涞滩古镇居民的人口统计学特征。其次,通过因子分析对变量降维,提取古镇居民旅游影响感知的因子。最后,从公因子中提取相关因素作为古镇居民对旅游开发的态度的影响因素,以期构建古镇居民对旅游开发的认同感形成机制,并从中得到启示,同时说明本文局限性。

三、研究过程

(一)数据资料收集情况

1. 涞滩古镇旅游发展状况

涞滩古镇位于重庆市合川区涞滩镇,涞滩镇分上场与下场,上场为传统古镇,为主要的旅游开发区域,下场为老街居民居住区域,尚未被开发。2006年前后涞滩古镇进行了较大规模的旅游开发,修建涞园等一批新景区。古镇内景点不多,仅有瓮城及古城墙城门、二佛寺上下殿、文昌宫、古镇内明清建筑及修建的涞园。目前古镇瓮城前是一条仿古建筑商业街,周围的村庄也开发花海、植物园等景区,但开发并不理想,甚至出现烂尾状况。古镇旅游开发为当地带来了一定的经济效益,但也出现了很多的问题。

2. 样本基本情况

本次调查对象为涞滩古镇居民,调查范围包括涞滩古镇内、下场老街居民区、周边村庄二佛村等。共发放问卷130份,回收有效问卷118份,问卷回收率为90.8%。被调查者的人口统计学变量包括性别、年龄、居住地点、居住时间、文化程度、收入水平等。

表1　样本基本数据

类别	细分类	样本数量	百分比
性别	男	49	41.5%
	女	69	58.5%
年龄	18岁及以下	1	0.8%
	19~30岁	12	10.2%
	31~45岁	38	32.2%
	46~60岁	47	39.8%
	61岁及以上	20	17.0%

续表

类别	细分类	样本数量	百分比
居住的房子	租赁	22	18.6%
	祖辈留下的	72	61.0%
	购买的	24	20.3%
居住地点	古镇内	62	52.5%
	下场	30	25.4%
	古镇周围村庄	26	22.0%
居住时间	5年以下	19	16.1%
	5～10年	13	11.0%
	>10～20年	15	12.7%
	20年以上	71	60.2%
月收入/元	无	28	23.7%
	2000以下	59	50.0%
	2000～<3000	18	15.3%
	3000～5000	12	10.2%
	5000以上	1	0.8%
学历	初中及以下	96	81.4%
	高中	18	15.3%
	大学及以上	4	3.4%
工作是否与旅游相关	相关	32	27.1%
	不相关	86	72.9%

如表1所示，本次调查获得的样本中男性占41.5%，女性占58.5%，女性比重高于男性近20%；年龄在31岁以上者居多，比例高达89.0%，其中45岁以上占比高达56.8%，该古镇居民呈现老龄化特征。经过与调查者沟通可知，年轻人尤其是男性更愿意外出打工，这也是被调查者女性偏多的主要原因；52.5%的被调查者居住在古镇内，居住在祖辈留下的房子的占61.0%，居住时间超过20年的占60.2%，说明样本代表涞滩古镇居民总体的可靠性较强；没有收入的被调查者占到23.7%，其中大多数为45岁以上的女性或者60岁以上的老人，月收入水平在2000元以下者占50.0%，仅有11.0 %的被调查者月收入在3000元以上，说明古镇居民整体收入水平不高。初中及以下文化程度者占81.4%，大学及以上文化程度者仅占3.4%，说明古镇居民的整体受教育水平偏低。样本中仅有27.1%的被调查者从事与旅游相关的工作，由此可见涞滩古镇及周边居民和旅游业的直接经济联系并不强。

此次调查的样本基本涵盖了涞滩古镇各个层次的居民。样本基本统计结果在很大程度上反映了被调查对象的背景情况，基本符合涞滩古镇居民的人口学特征，为分析涞滩古镇居民旅游影响感知情况提供了较为可靠的样本基础。

（二）涞滩古镇居民的态度调查数据分析与讨论

1. 居民感知因子分析

本次对于居民认可度的调查采用了五度李克特量表，由“非常反对”“反对”“一般”“赞同”“非常赞同”组成，分值依次为1～5。采用描述统计得出各变量的均值及标准差。其中均值2.5以下表示偏度大于零，呈正偏分布，总体倾向于“反对”；均值2.5～3.5表示基本呈正态分布，总体上“一般”占多数，“反对”及“赞同”各占一部分；均值3.5以上表示偏度小于零，呈负偏分布，总体倾向于“同意”。标准差则用来反映居民对于某一变量态度的离散程度。

首先，通过可靠性度量分析，得出总体样本数据Cronbach's α信度值为0.732。一般而言，Cronbach's α值应该在0.70以上才算具有较好一致性，越接近1信度越好，说明样本具有较好的可靠性。其次，Bartlett球形度检验统计量为1089.755，相应的显著性概率Sig.为0.000（$P<0.01$），因此拒绝球形检验的零假设，题项的相关系数矩阵与单位矩阵有显著差异，调查量表的效度结构较好；同时KMO度量值为0.755，根据Kaiser给出的KMO度量标准可知给出的KMO度量值大于0.70。综上所述，原变量适合做因子分析。最后，采取主成分分析法提取因子，并令特征值大于1，以方差极大法对因子载荷矩阵实行正交旋转提取了6个公因子，各公因子的特征值全部大于1。累计方差贡献率为64.722%，并没有达到85%以上的理想效果，但依然超过了最低标准60%。多数变量的因子载荷均大于0.5，且22个变量全都落到相应的公因子中。

根据表2对公因子进行命名，依次为，E1～E4：经济效益，R1～R4：社区关系与地方认同，S1～S5：旅游开发带来的社会效益，N1～N4：社会失序与负面效应，W1～W3：对旅游开发的整体看法，C1～C2：经济成本和分配不公。

表2　旋转后涞滩古镇居民旅游影响感知的因子载荷矩阵[a]

题项	因子载荷						均值	标准差
	1	2	3	4	5	6		
居民个人收入明显改善	0.881						3.05	0.950
增加了就业机会	0.828						3.03	1.000
当地经济有很大发展	0.766						3.41	0.860
吸引了外来投资者	0.489						3.26	0.881
提高居民文化保护意识		0.780					3.71	0.741
居民观念得到更新		0.750					3.59	0.644
邻里关系更加和谐		0.731					3.64	0.675
增强了地方自豪感		0.685					3.62	0.739
古建筑得到很好保护			0.783				3.71	0.717
交通更加方便			0.741				4.04	0.529
休闲娱乐方式多元化			0.673				3.20	0.882
基础设施显著改善			0.577				3.74	0.721
当地知名度得到提高			0.446				3.90	0.646
破坏了传统古镇风貌				0.884			2.47	0.864

续表

题项	因子载荷						均值	标准差
	1	2	3	4	5	6		
破坏了本地文化				0.824			2.38	0.784
破坏了居民的生活秩序				0.675			2.51	0.903
环境污染加重				0.593			2.46	0.864
对旅游开发现状满意					0.725		3.32	0.826
对旅游未来发展很乐观					0.647		3.74	0.659
旅游开发利大于弊					0.541		3.75	0.666
物价上涨						0.816	3.58	0.709
贫富差距扩大						0.715	3.60	0.797
特征值	5.905	2.807	1.810	1.430	1.210	1.077		
方差贡献率/%	13.783	12.084	11.960	11.390	8.607	6.897		
累计方差贡献率/%	13.783	25.867	37.827	49.217	57.824	64.722		

提取方法：主成分。

旋转法：具有Kaiser标准化的正交旋转法。

a. 旋转在7次迭代后收敛。

2. 基于公因子的居民旅游影响感知维度分析

(1)经济效益。

该因子反映了居民对于旅游开发带来的经济积极影响的态度。所有变量的均值都在3.0~3.5之间，基本呈正态分布，说明涞滩古镇居民对于旅游开发的经济效益感知存在差异，尤其是“居民个人收入明显改善”“增加了就业机会”这两项与居民生活收入息息相关的变量非常接近3.0，标准差相比其他变量的标准差都大，说明居民对于个人生活水平改善的影响感知不够统一。只有协调好旅游业发展与目的地居民的利益，使二者达到适当的均衡状态，旅游业才能得到持续、健康的发展。另外，从事旅游行业的人认为旅游发展带来了较多工作机会，而没有从事旅游行业的在职人员认为旅游发展并没有使自己的收入提高。这也反映出涞滩古镇多数居民并没有从古镇旅游开发中获得期望的收益。

(2)社区关系与地方认同。

该因子所有变量的均值都大于3.5，呈负偏度分布，表明涞滩居民的地方认同感较高，并认为旅游开发没有破坏原有的社区关系，同时旅游开发本身基于涞滩的古镇传统文化，当地文化保护的意识也得到加强。在选择构建身份认同的文化内容上，旅游开发对当地居民产生了巨大影响。在主客交往中，游客对旅游地居民的思想会产生影响，呈负偏度分布则表明涞滩居民接受游客带来的思想观念上的更新。这也反映出涞滩古镇居民认可旅游开发对于社区关系及地方认同的积极作用。

(3)旅游开发带来的社会效益。

该因子反映了居民对旅游开发带来的诸如古镇基础设施改善、古镇传统风貌保护、旅游地形象提高等积极作用的评价。除“休闲娱乐方式多元化”外，其他变量均值均大于3.7，呈较为明显的负偏度分布。表明涞滩居民认同旅游开发明显改善当地交通及基础设施。居民也较为认可旅游开发对传统文化及古建筑的保护作用，并且赞同旅游开发提高了涞滩古镇的形象，这也与上述社区关系及地方认同感较强的结果相吻合。但“休闲娱乐方式多元化”均值只有3.2，基本呈正态分布，表明旅游开发带来的娱乐生活方式并没有明显地丰富涞滩居民的闲余生活。总体来讲，涞滩居民对于旅游开发带来的社会效益较为认同。

（4）社会失序与负面效应。

该因子反映了居民对旅游开发造成涞滩古镇原真性破坏和社会失序的态度。因子均值在2.5左右，呈正偏度分布，表明居民并不认同旅游开发造成了本地社会失序和古镇被破坏，说明旅游开发的消极影响还不明显。旅游开发所带来的负面影响主要是由当地居民承担。相关数值表明，涞滩古镇旅游开发带来的负面影响没有超出居民的心理承受力，没有使当地居民产生强烈抵触情绪，这也从侧面反映出当地居民是支持古镇旅游业发展的。

（5）对旅游开发的整体看法。

该因子反映了居民对于当地旅游开发的整体看法。其中“对旅游开发现状满意”一项均值仅为3.32，基本呈正态分布，且标准差为0.826，分布较为离散，反映了涞滩居民对于古镇开发现状的意见存在分歧，也说明涞滩古镇的旅游开发对当地居民的生活影响并不大。另外两项“对旅游未来发展很乐观”“旅游开发利大于弊”均值均大于3.7，呈负偏度分布，说明涞滩居民对于当地旅游未来发展持较为乐观的态度。

（6）经济成本和分配不公。

该因子反映了居民对旅游开发给来的经济成本及旅游收益分配的看法。两个变量均值都大于3.5，呈负偏度分布，表明涞滩居民认为有物价上涨的现象，游客增多导致商品需求增多，物价相应上涨。多数居民也认为贫富差距逐步扩大。分配正义是当今公民社会的伦理诉求，仅有27.1%的被调查者进行与旅游相关的工作，说明只有很少一部分居民直接参与到旅游收益的分配中。而随着古镇的进一步开发，更多外来投资者进入古镇，当地居民参与旅游收益分配变得更难，居民收益差距将会进一步扩大。

（三）居民对旅游开发的态度形成机制

1. 影响居民对旅游开发态度的因素

居民对旅游开发的态度是一种心理活动，影响因素主要是一系列客观条件。旅游地居民对旅游的感知受多种因素的影响，不同旅游地居民对旅游影响感知不同，同一旅游地居民，不同的社区间以及在同一社区内的不同群体间也存在差异。上述除了整体看法以外的五个公因子既是衡量居民态度的因子，也可以看作影响居民对于旅游开发态度的客观条件，可以作为影响居民态度的因素。因此，根据上述因子特征对五个因子进行分类，分成经济因素及社会文化因素两类因素。

（1）经济因素，包含了个人就业机会与收入、当地经济发展状况与外来投资、旅游收益分配公平与否、物价房价水平等四个方面的因素。

（2）社会文化因素，包含了以交通设施为代表的基础设施、古镇传统文化与风貌、环境保护与污染问题、社区关系问题等四个方面的因素。

2. 居民对旅游开发态度的形成机制

（1）形成机制的理论基础。

社会心理学上关于态度如何形成有2种理论：一种是“自下而上”法，另一种是“自上而下”法。“自下而上”的态度形成机制认为，人们对某事物态度的形成是建立在对该事物认知的基础之上的。就居民对旅游开发的态度来说，“自上而下”是指居民对旅游开发的态度由居民自身对社会文化、经济等的价值判断决定，这些价值判断以收益感知和风险感知为标准。

(2)形成机制模型。

居民对于旅游影响的感知可以看作居民态度的形成基础。而最终的感知结果由社会效益、经济效益、社会失衡及经济成本等四个方面的价值判断组成。经济因素主要影响居民对于经济效益及经济成本的感知,社会文化因素主要影响居民对于社会效益及社会失序的感知。

图1中,各个客观因素都可以归属于经济、社会文化两大类,而两大类客观因素基于居民价值判断表现为感知到收益或者感知到风险。居民感知到收益的旅游影响会形成居民对旅游开发的积极态度,即对旅游影响的感知产生正面作用;而感知到风险会降低居民对旅游开发的整体看法,即对旅游影响的感知产生负面作用。最终居民基于价值判断对旅游影响感知因素进行认知,从而形成对于旅游开发的整体态度。

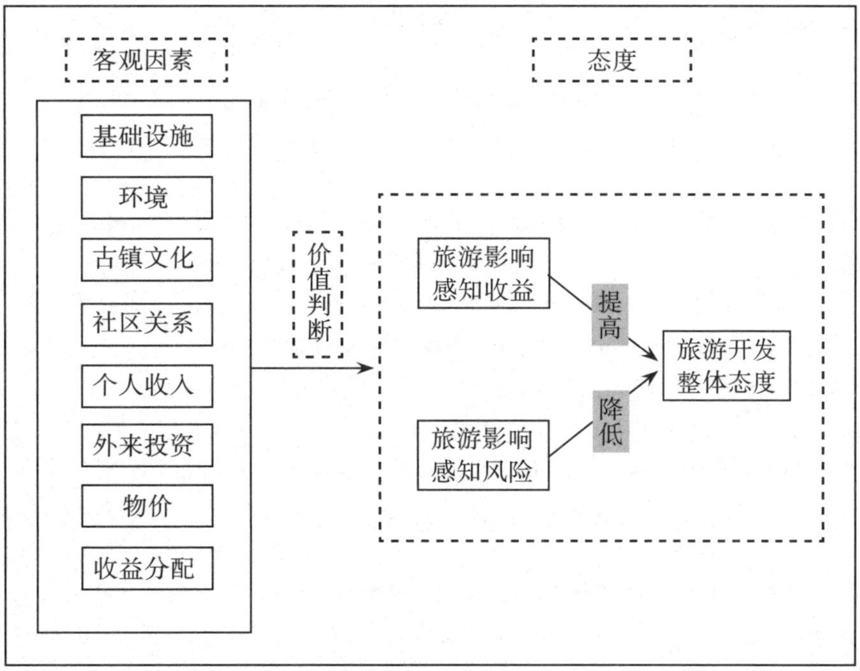

图1 居民对旅游开发的态度形成机制图

四、结论及局限性

(一)居民对古镇旅游开发基本持支持态度

综上所述,涞滩古镇多数居民对于旅游开发持比较乐观的态度,基本上赞同旅游开发带来的诸如设施改善、古镇得到保护等社会效益,也认同开发带来的文化保护意识提高等正面效益。对于旅游开发导致的消极影响,如环境污染、古镇风貌破坏等,大多数居民不认同有该现象。居民并没有对旅游开发现状感到非常满意,同时旅游开发并没有给当地居民带来明显的经济实惠。

(二)居民对旅游开发的态度基于居民对于收益与风险的判断

从旅游开发认同形成机制上看,居民感知的收益与风险共同决定了居民的态度。而受益与风险的判断取决于客观因素。影响居民感知的因素众多,而古镇旅游开发顺利与否与当地居民的态度有着密切关系,如何处理当地居民的经济利益关系、社区关系以及如何切实保护古镇文化风貌和环境是古镇旅游开发必须重视的课题。

(三)局限性

首先,由于问卷设计的质量和样本数量还不够,回收的问卷在分析过程中不得不剔除部分变量,使得从问卷中提取的信息量减少。其次,某些数据分析只能达到最低要求,所以造成结果处理上的不完善。最后,受笔者能力所限,建立的形成机制模型有诸多不足,性质机制模型的可靠性还不够,还有较大补充和完善的空间。

参考文献:

[1] 孙九霞,刘相军.地方性知识视角下的传统文化传承与自然环境保护研究——以雨崩藏族旅游村寨为例[J].中南民族大学学报(人文社会科学版),2014(6):71-77.

[2] 孔瓔红,廖蓓.古镇旅游开发中利益相关者理论的运用研究[J].广西社会科学,2013(10):87-90.

[3] 卢松,张捷,唐文跃,等.基于旅游影响感知的古村落旅游地居民类型划分——以世界文化遗产皖南古村落为例[J].农业经济问题,2008(4):69-75.

[4] 孙九霞.旅游对目的地社区族群认同的影响——基于不同旅游作用的案例分析[J].中山大学学报(社会科学版),2010(1):170-177.

[5] 杨艳."民族村"东道主文化调适的社会学研究——以贵州省西江苗寨为例[D].贵阳:贵州民族大学,2013.

[6] 张述林,胡科翔.古镇文化与旅游的融合途径研究[J].重庆师范大学学报(哲学社会科学版),2010(1):122-127.

[7] 张旭.城市居民社区认同感和社区满意度对社区归属感的影响研究[D].银川:宁夏大学,2010.

[8] 唐晓云.古村落旅游社会文化影响:居民感知、态度与行为的关系——以广西龙脊平安寨为例[J].人文地理,2015(1):135-142.

[9] 高园.旅游目的地居民主观幸福感的外在影响因素研究——基于海南国际旅游岛的实证调查[J].生态经济,2012(11):86-90.

[10] 卢天玲.社区居民对九寨沟民族歌舞表演的真实性认知[J].旅游学刊,2007(10):89-94.

[11] 黄洁,吴赞科.目的地居民对旅游影响的认知态度研究——以浙江省兰溪市诸葛、长乐村为例[J].旅游学刊,2003(6):84-89.

[12] 庄晓平,朱竑,邓素球.居民旅游感知实证比较研究之制度伦理分析——以世界遗产地开平碉楼与村落为例[J].旅游学刊,2012(3):18-26.

[13] 王忠福,张利.旅游地居民旅游影响感知及影响因素研究综述[J].经济地理,2010(9):1563-1568,1579.

[14] 程培堽,卢凌霄,殷志扬,等.消费者对转基因食品态度的形成:理论与量表设计[J].华中农业大学学报(社会科学版),2011(3):6-11.

中国现代艺术的开拓者
——吴大羽的艺术思想探析

黄剑武
(重庆市文化和旅游研究院)

【摘要】吴大羽的艺术思想涉及中西方文化。他探寻哲学、文学思想与艺术的融合,是一个具有国际学术视野的画家。他生前命运多舛,却以顽强的意志探寻中国艺术的现代性命题,为中国现代艺术的发展起到了重要的开拓作用。

【关键词】吴大羽;现代艺术;思想;绘画

对于中国美术界来说,吴大羽的知晓度至今还是比较有限的,他的艺术思想直到现在也没有得到深入系统的研究。他曾被林文铮誉为"中国色彩派之代表",被吴冠中誉为"杭州艺专的旗帜",但生前始终未受到关注得到认可,最后孤独而终。由于各种原因,他存世的绘画作品十分有限,除了诗歌较多之外,留下的有关艺术理论的文字也比较少,这给吴大羽的专题研究形成了一定的难度。我们试图通过吴大羽的学生的书信,吴大羽子女中的回忆和有限的文字资料,结合他的绘画作品的形式和特征,去进一步探析他的艺术思想。他生前为人低调不计名利,很少参加社会活动,从所处的时代来说,他的思想却比较前沿,他充当着先锋艺术家的角色,是中国较早开始实践现代艺术的画家之一,他的艺术涉及东西方两个艺术体系,却出其左右,他默默探索着中国艺术的现代性命题,为中国现代艺术的发展起到了重要的开拓作用。

《吴大羽作品集》执行主编、辅仁书苑学术总监李大钧曾说道:"吴大羽家属曾表示愿意捐献给美术馆,但没有美术馆愿意要。这些画作被认为一点儿价值都没有,甚至有人说,这些画就是调色板。"我们难以想象吴大羽这样一位重要的现代艺术画家,在死后会面临这样的窘境,他的艺术如此不被认识,不免让人心生感伤。这种境况和吴大羽生前的个性特征、知识背景有关,也和当时中国的主流思想、艺术共识有关。20世纪80年代,上海美协曾准备为他举办展览,被他婉言拒绝,他的所有作品甚至连一个签名都没有,这令很多人疑惑。朱膺曾在文章中说:"一次我问道:'为什么你的画上,从不签名?'你却反问我:'为什么必须签名!我认为重要的让画自身去表达。见画就是我,签名就成了多余的了。'又说:'画是心灵感应的自然流露,感受的瞬间迸发,自由自在。任何人也无法去再现,连自己也不行。我是画了就算,从不计其命运。'"[①]深入研究吴大羽的艺术思想,可以从他特立独行的艺术观念和独辟蹊径的艺术创作开始,这或许是打开他绘画艺术大门的密码。

① 朱膺.飞光嚼彩云:纪念吴大羽师百年诞辰[N].文汇报,2003-12-10.

一、吴大羽的研究与创作和西方现代艺术

吴大羽(1903—1988)出生于江苏宜兴,于1922—1927年留学法国,在法国巴黎高等美术学校留学期间,师从鲁热教授(Prof. Rouge)进修油画,后又转入法国著名雕塑家布德尔的工作室中学习雕塑。布德尔是著名雕塑家罗丹的弟子,他具有大胆创新精神,不拘于时代的观念,亦不完全承袭前师的范式。吴大羽作为布德尔的学生,和老师一样反对保守思想,崇尚艺术革新,主张形成自我独立的创作思想。吴大羽在欧洲学习期间,欧洲正处于现代艺术画派兴起的时期,各种风格流派层出不穷。他目睹了后印象派、野兽派、立体派、抽象派等风格流派的发展和更迭,此后吴大羽更加坚定了自己的艺术革新思想,不走前人的老路,要在前人的基础上进行突破和超越。欧洲留学的经历对吴大羽艺术思想的形成起到了至关重要的作用,也打开了吴大羽的国际学术视野。

当时西方新潮现代艺术的绘画创作观念主要有几个方面特征:一是平面性,摆脱立体视觉真实,弱化明暗关系和体积空间,具有构成关系特征;二是可以从不同的角度观察对象,平面化处理对象,分解甚至重新组合所要表现的物体,如毕加索的立体主义;三是色彩对比强烈,讲究装饰性效果,注重线条的运用,省略过多细节的刻画,色彩建立在直观感受基础之上,强化对象的直观感受,形成用色方式,如以马蒂斯为代表的野兽派。吴大羽早期研习的油画受到这几个方面影响,并尝试努力探索和实践,研究已呈现出初步成果。

据吴大羽晚年回忆:"当时在学习中(指在巴黎留学),对印象派后的东西有兴趣,因为印象派以前的艺术已有人总结了,而印象派后还在发展中。要使自己的艺术处在游离状态,不断地变化发展,我崇尚毕加索、马蒂斯,他们不断地在创造,他们也决不喜欢停留在他们的水平上,他们是后来者前进的踏脚板。我崇敬他们的创造力。"吴大羽推崇毕加索、马蒂斯等现代艺术的推进者,是推崇他们的革新精神,而并不是仅仅着眼于他们的艺术观念和语言。他早期的油画有明显学习塞尚、马蒂斯的痕迹,注重画面的面积分割、几何形成关系和色彩的强烈对比,但这仅仅是寻找自己色彩和造型秩序的开始。如20世纪20年代末至40年代的作品《裸体》(约1929年)、《窗前裸妇》(1932年)、《女孩坐像》(约1934年)、《寿崇宁像》(约1945年)等作品。其中《女孩坐像》(图1),在形体上可以明显看出他受塞尚形体结构的影响,多处采用了方形等几何形的处理,在色彩运用上大胆浓烈,人和背景对比色强烈,在笔触上更加自由笃定,开始呈现书写的意味。由此可见,他在学习吸收现代画派思想的基础上是具有自己的独立思考的,也流露出他学习西方大师但不盲目跟随大师的敏锐判断力和自信,他明确表示前面的大师只是前进的踏脚板,学习他们最终是为了超越他们。

图1 吴大羽《女孩坐像》布面油彩 1934年

与他一同留法并一同任教于杭州国立艺专时，任教务长的林文铮，深谙当时西方现代艺术的现状，他曾在《色彩派吴大羽氏》一文中，对吴大羽大加赞誉，他在文中指出吴大羽真可以称为中国色彩派之代表，并且达到"使色彩吟哦"的神妙之境。①在吴大羽写给吴冠中、朱德群等学生的书信中，也流露出了他对西方现代绘画大师的艺术见解和艺术革新的强烈感想。"早年旅外习画的日子里，已能接触到毕加索艺术风格的点滴。随着疏远学院教育上的束缚，能领略虔汲感觉的探索精神。实是如此，在整个人类文化史上着眼，艺术正应循着历史前进而创造新鲜。因为艺术有推动历史长流动力的任务。从真善美各个角度，衡量到整个真理的面貌时，不可缺少艺术居乎其中的新创。"吴大羽并不满足留欧学习的状态，他是一个具有国际学术视野和勇于开拓现代艺术的画家。

吴大羽归国后，1928年受聘于国立西湖艺术院（1930年改名为国立杭州艺术专科学校，简称杭州艺专）并任西画系主任，学校开放的学术氛围使他心情愉悦，全身心地投入到对西方现代绘画的研究和实践，以及对中国油画未来发展的思考和探索中，他的作品和教学思想受到学校师生的热烈欢迎，为他赢得了早期的声誉。在杭州艺专执教时期，吴大羽的艺术思想是开放自由的，他集中精力投入到教育和创作中，培养了一批中国美术的新生力量，他教过的学生有王式廓、丁天缺、朱德群、艾青、吴冠中、罗工柳、祝大年、赵无极等人。他为中国近代美术教育做出了积极的贡献，也为中国现代艺术的启蒙和发展奠定了深厚的基础。1936年10月，"中国艺术运动社"成立，吴大羽担任"中国艺术运动社"的评议员及绘画专门委员会主任②。可惜的是好景不长，因受当时学校的人事变动和国内环境等各方面的影响，他的研究受到干扰，创作受到阻碍。

1938年至1950年前后，他两次经历国立杭州艺专的聘用和解聘，历经坎坷波折。后在"文革"中又被扣上"形式主义祖师爷"的帽子，精神备受折磨，生活极为窘迫。这期间，中国正处于全面向西方写实主义绘画学习的阶段，国内各地美术院校的教学也基本是以写实观念为主。吴大羽现代艺术的思想在当时的艺术环境下，并不受到关注和认可。20世纪20年代至50年代也是西方抽象绘画的发展和成熟时期，吴大羽在"文革"前创作的油画作品多已不存，从仅存的几幅油画可以看出已明显具有抽象意味，同时反映出他的艺术思考是和当时西方现代艺术的发展趋势接轨的。他坚持站在国际艺术发展的学术前沿，尽管备受冷落仍不改初衷，在艰苦的环境和生活条件下，依然坚持思考和探索中国油画的出路。只可惜1950年至1960年整整十年间，吴大羽几乎失去工作，没有经济来源，创作几乎停滞，仅仅留下《红花》（图2）等几幅油画作品。

图2　吴大羽《红花》布面油彩　1959年

"文革"期间，吴大羽备受欺辱并失去人身自由，绘画也被迫中断，几乎没有作品留世。这既是个人的不

① 顾之.色彩派吴大羽氏[J].亚波罗，1929(8)：27-28.

② 彭飞.林风眠与"中国艺术运动社"[J].美术观察，2002(9)：56.

幸遭遇，也是中国现代艺术的遗憾。国内当时从事现代艺术实践的艺术家寥寥无几，从当时中国美术的整个发展状况看，他的艺术实践在当时仍具有前瞻性。

二、道家思想对吴大羽创作的影响

一直以来，中国传统绘画受道家思想的影响较深。道家思想的核心是道法自然、天人合一、致虚守静、无为而治。人的行为要取法于“道”的自然性与自发性，崇尚自然，遵循客观规律。道家主张身心和谐的生命超越，追求个性解放和自由。道家思想是古代文人心灵的慰藉，促使了中国古代文人、士大夫的独立人格和人格超脱思想的形成。老庄的“逍遥游”“有无相生”“素朴”等思想对中国绘画观念和审美情趣的影响深远，在文人画中的渗透非常明显。这些思想在吴大羽的作品中也有所表现，在其油画作品《公园的早晨》（图3）中，朴素的语言和简化的表达方式，是“素朴玄化”“复归于补”“复归于婴儿”的体现。他弱化甚至取消传统透视关系，简化对象，不受定点约束，不受自然形体束缚，强调了主观的本真感受；他“复真”“还淳”的创作思想，也正和道家所主张的精神自由如庄子的“逍遥游”相契合，道家的思想直接影响了他的创作方式。老庄思想宣扬死而不亡的理念，即人的思想可以超越生命而存在。吴大羽一直坚信富有活力的美来源于不断的创造。他以新的创作突破旧的桎梏，来表明他坚信“我是不死的”，他对作品精神的超越性理解和老庄死而不亡的理念具有一定的相似性。

图3　吴大羽《公园的早晨》布面油彩　1970年　上海油画雕塑院藏

吴大羽生前曾推崇陶渊明的文人精神，并践行“生活即修行”的人生观和创作理念。进一步了解吴大羽的精神世界，有助于了解他的艺术思想和创作动机。我们可以从他的诗《我不如渊明》及他的《由陶渊明说到画家——答人书》获得些许答案。“我不如渊明，不是说我身边没地耕种；我不如渊明，不是说我吃不来苦。我不如渊明，是说我没有他的主见；我不如渊明，是说我有了先见也不中用；我不如渊明，是说我没生在渊明之前，虽还存着渊明的缱绻，无以示露其心胸于人间。我不如渊明，但我与渊明有着牵连。”①从这首《我不如渊明》以及他的《由陶渊明说到画家——答人书》中，我们可以看到吴大羽对陶渊明的独到见解，他还原了真实的陶渊明。

“古来真能知道渊明人品的人，也不见得多，譬如比他为隐士，称他为田园诗人，他那里来这许多闲情。

① 吴大羽．羽诗[M]．辅仁书苑，2016：57．

说为避世者呢，他也未尝寻仙问道；说他晋室遗老，耻事二姓呢，也不见得就恰合他的身世。人对于人的评断之难，往往不下于人的自知，而在艺术不离道德的原则下面，画人的制作不能说和他的人格没有关系，渊明虽不是画家，而值得画人取法……”

这段话说明了吴大羽对陶渊明的“仕”和“隐”的理解有着自己的视角。他认为陶渊明是一个不违己心，听从内心的召唤，不慕名利和权贵，有血有肉的人。陶渊明是他推崇的人，他淡泊名利甚至孤芳自赏，作品完成后不签名不展览也不计其后果，以修行的人生存在，和陶渊明多有相似之处，所以他会以陶渊明自况。但他积极面对现实的一面又和道家思想有所区别，此方面我们可以从他在书信中对学生入世的勉励和他早期革命现实题材的创作中窥见一斑。

据吴大羽的儿子寿崇宁回忆说：“父亲一天到晚都在阁楼上工作，从来不让我们进去帮他整理东西，画的画也不让看，说没有必要让人家看。”吴大羽认为“一个艺术家把内心的感觉通过眼睛，然后要靠思想，靠想法把它画了出来，任务也就完了，至于作品展览也好或派什么用场，不是艺术家自己的事了，是批评家的事了。”[①]吴大羽创作的作品不愿示人，一方面缘于他创作态度的严谨，觉得自己画得并不成熟，如1982年，中国美协准备为其举办展览，他则以“不成熟”为理由屡屡推辞；另一方面是他的创作态度和观念使然，是他“常耘于空漠”，为自己画，不带任何功利目的，听从内心的召唤，崇尚无为的表现。虽然吴冠中曾评价其师：“他曾涉猎古今中外的哲学，探索儒、释、道的真谛，但他不是基督教徒，不是佛教徒，也非老庄门下，他只是生命的宗教徒。”[②]但是他的生活态度和艺术思想受到老庄思想潜移默化的影响，因而不自觉地影响到了他以质朴率真为特征的绘画创作风格。

三、吴大羽艺术创作中诗歌的抽象追求

吴大羽既是诗人也是画家，他的诗歌创作深深影响了他的绘画思想。他热爱文学和诗歌，生前留下600余首诗歌，既有古体诗，也有新诗。其中他的一段关于诗歌语言的阐述表达了他对诗歌深刻而独特的感悟和理解。他说：“自然无语言，光引人笑，热使人喜暗与冷，反之啼笑之用，一如语符，一如文字，无非人类语言工具。啼笑之情为喜为悲，无非人类语言之原料。人类使用啼笑工具，在完成高尚意识的思维，诗才是人类正式语言。”他极力推崇诗的语言，认为是诗才是对美的歌颂，诗歌是无形的抽象的，是一种抽象意识的思维，也可以用来表现美术、音乐、舞蹈。而绘画相对于诗来说，则具有一定的局限性。他通过对诗歌思想和语言的理解，为他的绘画的抽象思维找到了出口并奠定了深厚的思想基础，所以他说，人世无话可说才作诗，心思无处可放才作画 。

艺术并不是关于美的一门学问，而是关于思想的一个领域。绘画创作、艺术评论，都是关于思想的一种梳理与呈现。这样美的作品，固然是一种严谨的逻辑，而许多不美的作品，却包含着艺术家本人深邃的思想，所以艺术更近似于一种复杂的精神活动，确然不只是对美的赞颂。吴大羽的艺术追求，特别注重思想性，并把思想放在了第一位，他明确提出艺术并不只是创造美，为了思想的创新可以突破传统美的藩篱，甚至不惜离经叛道。因此，他提倡在思想的高度上引领创作，寻找艺术本体的突破。他从20世纪40年代左右开始，便把目光投向了具有抽象意味的中国书法以求艺术革新，这是他艺术思想引导艺术实践进行的横向

① 吴承融．吴大羽抽象绘画及思想研究[D]南京：南京艺术学院，2017:11.

② 吴冠中．吴大羽：被遗忘，被发现的星[J]．美术观察，1996(3):32.

跨越，而并非仅仅是技法层面的关注。这种艺术的横向跨越，也得益于诗歌抽象思维的启发。

吴大羽在《由陶渊明说到画家——答人书》一文中提到他对中国书法的认识，他认为，绘画艺术的境界本不像我们传统见解的“那末迫迮”，关于形相学术我们还“全不瞭然”，故我们为传统的性心之学所窘住了，性心之学已曾“引进我们到虚无之境”，而我们画人只常反复颠倒于儒释道的阴影之中，仅据有细小而有限的角尖，犹且为“语符书法的故园觳觫着”，摸索复摸索，正如向土地庙里抽谶词，搜括不出奇特的幸运语句，终莫知所以改迁，也没法改迁来。形相艺术自埃及希腊以至近世已开过几千年的火花，有千百种的芬芳这类结构，却也是人的心血所造作而成，而我们无视类似瞎子。他主张向传统书法学习，但又不囿于传统书法，亦未受困于儒释道的哲学思想束缚，而导致虚无之境。他强调书法的抽象思维在绘画中的作用，以书法突破绘画具象的格局，势象主要是客观物象和主观心象的结合，并非笔墨技巧的外在语言借鉴。“这势象之美，冰清月洁，含着不具形质之重感，比诸建筑的体式而抽象之，又像乐曲传影到眼前，荡漾着无音响的韵致，类乎舞蹈美的留其姿动于静止。”①势象不具有形质，是运动力量的感受，是理性和感性的结合，通过内心的关照，回归自我，走出自我之路。他在20世纪80年代创作的花卉系列体现了其对内心的关照，形体概括，构图平面化，通过色彩提纯强化构成关系。此时期他的画作色调以蓝黑为主，通过动感的线条笔触，抓住对象强烈的感受，经过主观重新组合，弱化物像的具体形体，而趋于心像的呈现，如《色草》(图4)。

图4　吴大羽《色草》布面油画　1984年 现藏中国美术馆

1984年，吴大羽的《色草》系列参加第六届全国美展并获荣誉奖，受到广泛关注，后被中国美术馆收藏。吴冠中评价其作品：“色在流转，形在跳跃，冲出了窗前，飞向寰宇，又回归知音者的怀里！是一种印象，是感受的捕获，是西方的抽象，是中国的意象……”②吴冠中的这一评价，是将吴大羽的绘画放在中国本土文化和现代艺术共同探索思考的范畴里的。与其说吴大羽的这些作品是绘画的抽象和写意，不如说它们是诗歌的抽象和写意，正如吴大羽自己所言，“一切艺术趋向于诗”。

四、国内对吴大羽绘画思想的再认识

1937年，抗日战争全面爆发，后国立杭州艺专南迁，校领导更换，吴大羽被解聘，林风眠和原国立艺专的老师相继辞职离去，“中国艺术运动社”也随后被迫解散。抗日的硝烟让很多艺术家投入到抗日战争的洪流

① 上海油画雕塑院．吴大羽[G].上海：上海教育出版社，2003:26.

② 吴冠中．吴大羽：被遗忘，被发现的星[J].美术观察，1996(3):33.

中，革命和宣传的需要大大激发了绘画的实用性，艺术本体审美趋向写实，现代艺术观念受到质疑和抵触。诚如徐悲鸿所言“吾国因抗战而使写实主义抬头”①。当时中国正处于救亡图存的时期，为政治、革命服务的现实主义文艺作品受到社会的重视，林风眠、吴大羽等的具有现代抽象艺术特征的作品还难以得到认可。吴大羽关注国家和民族的命运，早期也画过革命题材的画以揭露侵略者的暴行，鼓舞中国人民无畏地抵抗侵略，如《岳飞班师》、《井》、《国土不容侵犯》（又名《血手》）等作品。其中作品《血手》题款为：“我们的国防不在北方的山岗，不在东方的海疆，……而在我们的血手上”。这些作品现均已不存，在当时没有发表也未留下任何图像资料，没有起到应有的社会影响，但从作品名称、题材、他的学生吴冠中等人的口述和回忆中，可以确定这些作品反映了吴大羽的民族意识和社会责任。因此一些理论家认为他完全是为艺术而艺术的人，这一看法并不十分准确。

1949年新中国成立前夕，吴大羽几经周折终于留下来执教。可是不久，学校开始了扫除“新派画”影响的教学活动，只给吴大羽排很少的课。1950年春季开始，学校便没有再给吴大羽排课了。此外，吴大羽的创作也难以符合此时的艺术评判标准，他的作品成了被批判的对象。1950年9月学校以“教员吴大羽，因艺术表现趋向形式主义，作风特异，不合学校新教学方针之要求，亦未排课；吴且经常留居上海，不返校参加教职员学习生活，绝无求取进步之意愿”②为由开除吴大羽，他成为新中国成立后第一个遭解聘的国立艺专教授，这却是吴大羽个人的第二次被解聘。吴大羽因此事曾向教育部申诉，但始终没有得到回复，最后吴大羽辗转来到上海，后定居于此再没有回校。“从1949年到1979年的三十年是羽师艰苦的沉默期。一是杭州艺专不发聘书给他，又传出了一顶‘形式主义祖师爷’的帽子，对抗‘社会主义现实主义革命文艺’的罪名。在这样的压力下的羽师又如何能不沉默呢？知识分子心灵最大的创伤，就是对他的曲解。从此羽师与外界断绝了任何联系。”③由于政治原因，后来的美术史学家谈到中国第一代油画家之时，对吴大羽极少提及，尤其是对这一段历史讳莫如深，吴大羽的作品和思想随着他的人一起被大家渐渐遗忘。这种情况直到20世纪80年代才开始有所好转，但也只限于美术专业圈。

1981年，中国美术家协会会刊《美术》杂志第12期刊载作品《滂沱》。1982年，中国美协曾准备为其举办展览，他以“不成熟”为理由屡屡推辞。1984年12月，吴大羽的油画《色草》系列参加第六届全国美展并获荣誉奖，吴大羽的作品开始被美术界注意。1987年《中国美术报》第30期刊发陈创洛《“海夫纳”代表访吴大羽》一文，从艺术的境界、艺术创作中的个性、艺术作品的时代性、中国美术的发展等方面对吴大羽进行深入的访谈，为今后研究吴大羽的创作和思想提供了弥足珍贵的文献资料。④

吴大羽去世8年后，其个展在台北举行。1996年1月13日至2月6日在台北未来画廊举办的“吴大羽师生展”首先引起轰动。同年夏，“吴大羽先生学术研讨会”在北京国际艺苑召开。此后，《中国油画》《文汇报》又刊发纪念文章，吴大羽的艺术成果慢慢被大家认识并推介。2003年，纪念吴大羽一百周年诞辰活动举行，吴大羽油画艺术回顾展同时展出四五十件油画作品，对吴大羽的油画创作作品做了一次相对完整的呈现，吴大羽的艺术成就再一次走进美术界的视线。

吴大羽对现代绘画艺术的坚持是孤独的，是深沉的。对于时代而言，他的坚持也是令人振奋、令人欣慰的，他的坚持为几乎缺位的中国现代艺术的发展起到了关键作用，为中国美术史增加了精彩的一页。他培

① 徐悲鸿.西洋美术对中国美术之影响[M]//中国文物学会.新中国捐献文物精品全集：徐悲鸿、廖静文卷（中）.北京：文津出版社，2015:242.
② 黄文中.吴大羽研究[M].厦门：厦门大学出版社，2015:31.
③ 黄文中.吴大羽研究[M].厦门：厦门大学出版社，2015:250.
④ 黄文中.重新发现吴大羽艺术及其价值[J].南京艺术学院学报（美术与设计），2013(2)：111.

养了赵无极、吴冠中、朱德群等一批具有现代艺术特征的艺术家，为中国现代艺术的启蒙和发展奠定了深厚的基础。如果没有命运多舛的人生经历，吴大羽坚持他的教学和绘画研究实践不中断，他个人应该会有更大的突破，中国现代艺术的发展可能还会呈现另一番景象，然而遗憾的是，历史不可以挽回也不可以假设。我们现在能做的，只能是通过已有的文献资料去研究他，尽量去接近他的艺术思想，去了解那一段曾被人遗忘的艺术史。

参考文献：

[1] 朱膺.飞光嚼彩云：纪念吴大羽师百年诞辰[N].文汇报，2003-12-10.

[2]吴大羽.师道——吴大羽的十封信[Z].辅仁书苑，2015.

[3]顾之.色彩派吴大羽氏[J].亚波罗，1929(8)：27-29.

[4]彭飞.林风眠与"中国艺术运动社"[J].美术观察，2002(9)：54-56.

[5]吴大羽.羽诗[N].辅仁书苑，2016.

[6]吴冠中.吴大羽：被遗忘，被发现的星[J].美术观察，1996(3)：32-34.

[7]上海油画雕塑院.吴大羽[G].上海：上海教育出版社，2003.

[8]中国文物学会.新中国捐献文物精品全集：徐悲鸿、廖静文卷：(中)[M].北京：文津出版社，2015.

[9] 黄文中.重新发现吴大羽艺术及其价值[J].南京艺术学院学报(美术与设计)，2013(2)：111-114.

重庆北碚区蔡家草把龙造型工艺恢复与传承的思考

巫大军　邓丽娟
（重庆大学艺术学院　重庆市沙坪坝区文登课外培训学校有限公司）

【摘要】龙的图形、图案以及造型是中国龙文化的重要体现，蔡家草把龙是重庆地区传统农耕文化与民间艺术有机结合的一个代表，有其深层传统文化的特性，但被城市化进程的繁荣所遮蔽，日渐式微。对重庆北碚区蔡家草把龙道具的传统手工艺本体性研究，是研究龙舞文化的一个重要组成部分。本文基于田野考察，结合民俗学、艺术学以及社会学，对蔡家草把龙的起源、材料运用、表现形式、造型原则、审美意蕴进行分析，探寻其保护、传承及发展的机理，对于探究传统美学、民俗观念，弘扬本土文化具有现实意义。

【关键词】草把龙；造型工艺；审美特征；传承

龙是我们的祖先创造的图腾，是力量、尊荣的象征。人们敬畏龙，祈求龙的保佑，并借助于自然界中某些实物原型，创造了龙的形象、造型及符号。龙的各部位都有特定的美好寓意，如：兔眼、鹿角、牛嘴、驼头、蜃腹、虎掌、鹰爪、鱼鳞、蛇身合而为一的龙的形象，象征着聪明智慧、长寿威严、勇猛英武、高贵善良和勤劳灵动等。龙舞及其道具则以其独特的民族风格流传至今，成为中国历史悠久的祥瑞文化发展历程中重要的图腾式呈现。庞进先生在《中国龙文化》中说，龙是中华民族的广义图腾、精神象征、文化标志和情感纽带。①它是古人融合了众多的动物和天象等元素而创造出来的神物。通过“龙”这一道具以龙舞的形式来祭祀或祈求吉祥、富贵、安康，世代相传，成为传统农耕文化中极受欢迎的一种活动。重庆更是龙文化民间艺术的故乡，龙舞形式丰富多彩，按龙的造型与舞动方式分有火龙、布龙、草龙、纸龙、荷花龙、板凳龙、扁担龙、滚地龙等等，而草把龙无疑是其中一个典型代表。

一、草把龙的历史沿革

据《梁平县志》记载：从民间祈雨活动中演变而来的重庆梁平县礼让镇草龙距今已有1000多年的历史。②舞草把龙原是一种祈神驱瘟、防火、降雨活动，后演变为一种节庆娱乐活动。重庆北碚区蔡家舞草把龙的习俗，始于清朝蔡寡妇搭戏台开埠（建蔡家场），或者更早。③蔡家草把龙因稻草编织而得名，其造型与编制方法不拘一格，呈现出活泼浪漫的形式特征，质朴优雅的民俗韵味，具有浓郁的乡土气息和地方特色，因而备受人们喜爱。2013年被蔡家草把龙被列入北碚区非物质文化遗产名录，被誉为是继铜梁龙、澄江板凳龙之后的“重庆第三条龙”。蔡家草把龙的独特之处有五：一是取材容易，经济环保；二是编织简易，易于

① 庞进. 中国龙文化[M]. 重庆：重庆出版社，2007：295.
② 陈松，张丹媚. 梁平草把龙与铜梁龙的比较[J]. 神州，2013(15)：22.
③ 据民间草把龙艺人刘映升、民间石匠艺人吴正民口述。

传承;三是利用稻草纯手工“编织”,工艺别致,形态精巧,深受人们喜爱;四是可塑性强,可在传承中不断创新;五是可大可小,适用人群广泛,除了节庆龙舞之用,更多的是作为儿童的节庆游乐玩具。蔡家草把龙原本也是在儿童与成人一起玩火龙中创造出来的,成人与儿童一起,用稻草扎成草把龙,在春节期间进行玩耍,于今已演变为一种独特的寓教于乐的儿童游戏与民间艺术活动。

二、重庆蔡家草把龙造型的解读

(一)草把龙造型的生成机制

草把龙盛行于重庆,离不开当地丰富的稻草、竹子等原材料资源。蔡家位于巴渝丘陵地带,三面临嘉陵江,背靠中梁山脉,土地肥沃,盛产稻谷,中梁山脉竹林随处可见,为制作草把龙提供了充足的原材料,蔡家人独特的扎制工艺,更为草把龙的产生及发展提供了得天独厚的条件。扎制草把龙采用纯手工编制的工艺方式,据草把龙民间传承人刘映升介绍:“草把龙的制作需要几十道程序,其龙头制作就有将近二十道工序。”其制作过程全面体现了艺人的编、扎、塑技术。

(二)草把龙的制作前准备

准备编制草把龙的工具及材料。

(1)稻草。稻草是龙头、龙身、龙尾的主要材料。宜选取当年晒干的、色泽金黄的、无霉烂虫蛀的稻草,去草衣(编制大的草把龙可以不去草衣,去草衣可列入编制工艺的预备程序)。

(2)慈竹和斑竹。每条龙备4～10根斑竹竿(1～1.5米长)做龙把,慈竹做龙珠,竹竿要求竿直,剔除节疤。

(3)竹麻。竹麻是用慈竹制成的,慈竹竹质细腻,能撕成细如发丝的竹篾丝,用于编制龙的胡须。竹麻市场有售。

(4)乒乓球。备用三个,用于制作龙眼和衔珠。

(5)硬纸板。用于制作眼眶。

(6)针线。用于缝制龙衣。

(7)黑色的墨水笔。用于画眼仁。

(8)红布、黄布。用于制作龙衣或装饰龙珠。

(9)电钻。在斑竹竿上端、距端口1.5厘米处钻孔,用以穿钢丝固定龙把。

(10)篾刀。用以将慈竹劈成篾条,制作龙珠。

(11)剪刀。用于修剪稻草、裁剪布条。

(12)钳子、铁丝、扎丝。用扎丝做触须,固定龙眼、龙角、龙牙、衔珠等,用铁丝组装龙头、绑扎龙把等。

(三)草把龙的制作过程

草把龙的制作工艺独具特色,采用纯手工制作,有很强的亲和力。相对来说,其工艺(编制)较简单,但流程较复杂(组件多),造型的优劣取决于编织的精准度,其形可以通过精心的构思和巧妙的组织来表现。在实地考察时,刘映升老人用稻草给我们示范了草把龙的制作工艺流程,以下是以稻草为材料进行制作的工艺记录。

1.龙头

(1)上颚、下颚、舌头稻草的根数比为=3:2:1。

编舌头:首先取去草衣的稻草2根,在地上架成“十”字,横上竖下;左手按横草与竖草交叉点,右手将竖草下折成30°，夹住横草；再压一根稻草，与第一根横草平行；用左手压住，用右手下折第一根横草右边；用右手压住，用左手下折第一根横草左边；（图1）用同样的方法编到第七根左右开始内收，再编七根左右，束紧，完成后成梭镖或舌头的菱形（图2）；按稻草的根数比用同样的方法编出上颚、下颚。

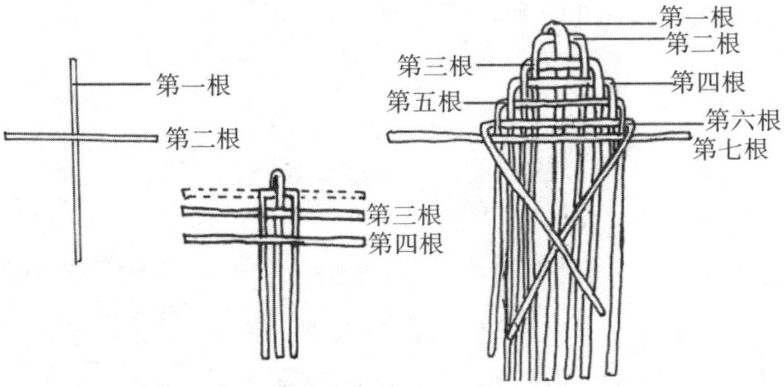

图1

图2

（2）对上颚进行造型：制作鼻头、额头、鼻翼和脸庞，分别取两束（每束三根）稻草，从上颚尖端两旁的小孔穿过，对折夹住第一横稻草（一横有一束稻草，即三根稻草），编成草辫，其长度约为60厘米。再取六根稻草，分为两组，用同样的方法，分别夹住第二横稻草左右两侧，编成2根草辫，长度约为90厘米。（图3）

（3）弯成弓形，绑扎在上颚中间，在第四根稻草处，前面是鼻头，约为15厘米，后面的是额头，长度为48厘米。即鼻头与额头比约为1:3。用同样的方法，把两边的草辫编成弓形绑在上颚两侧，前面是鼻翼（13厘米），后面是脸庞（38厘米）及龙鳍。

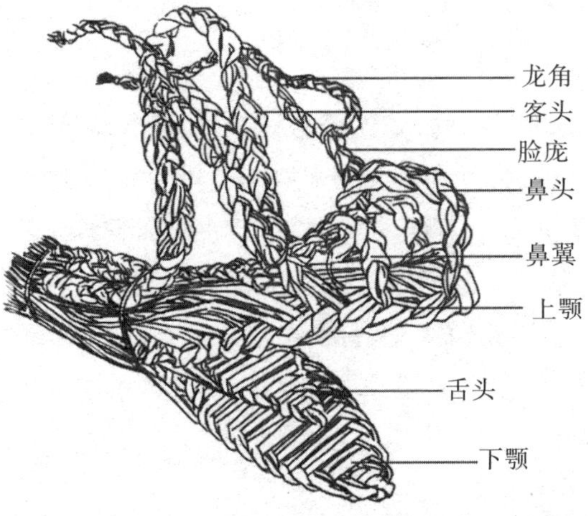

图3

图4

（4）把上颚、舌头、下颚绑扎（组装）在一起，在绑扎的过程中下颚比舌头前伸三至四根稻草，6厘米左右，上颚比下颚也前伸三或四根稻草，10厘米左右，将三者的长度控制好后，用稻草绑扎（暂时固定），安装龙把时再绑铁丝。（图4）

（5）前后分别用铁丝将额头、脸庞撑开，扎紧，固定造型。接着脸庞的草辫，继续延长，挽成两个大圈，扎在上颚和下颚的侧后方成龙鳍，长度为45厘米。

（6）分别从上颚、下颚两侧每束抽出1根稻草，沿上、下颚一周编草辫，即为牙齿，并用扎丝将其固定住。再取五根稻草，按编舌头的基本编法编成30°尖角，扎成青蛙状，扎四个，用剪刀减去过长部分；安装在上、下颚前端，即为獠牙。（图4）

2.龙角

(1)取九根稻草,分成三股编成草辫,长度58厘米,系紧两头。

(2)非对折,系成“凸”字形。

(3)将“凸”字草辫的下面部分的两端系在脸庞上。(图4)

3.龙眼

(1)将乒乓相对穿孔。

(2)将纸板剪成宽1.5厘米纸板条,弯成比乒乓稍大一点的圆圈,共16厘米,做成眼眶,接头穿眼,用扎丝锁定。

(3)纸板圈套乒乓,眼眼相对,穿长30厘米铁丝,两端弯曲在同一方向,夹住纸圈。

(4)将去草衣的稻草对折,按铁丝弯曲方向夹住纸圈,用棉线系牢,每隔0.5厘米夹一根,夹满后将草端束紧。

(5)将完成的龙眼安装在撑开额头、脸庞的草束上。

(6)画上眼仁。(图5)

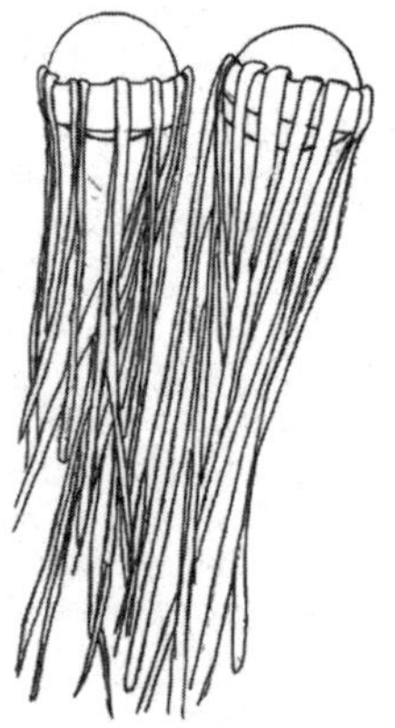

图5

4.龙须

将竹麻撕成细丝;用一束竹麻做纲绳,将若干束细丝打成活结排列在纲绳上,即成胡须。(图4)

5.衔珠

用铁丝(20厘米)挽成三个一样大小的圆圈,并将三个圆圈扎成一个笼;把乒乓装入笼中(可活动);将笼系于口中(简便方法:可直接将乒乓球系于口中)。

6.龙身

草把龙主要是为儿童制作的一款专用道具,儿童的年龄阶段不同,龙的节数也不同,整条龙3～9节不等,去头去尾之后龙身为1～7节,常见的为7节。其编法可以分为两种。第一种方法:将稻草挽成长20厘米,直径8厘米的草把,龙把120厘米,在1.5厘米处钻孔,将龙把从中间穿入草把,并用铁丝穿眼绑牢。第二种方法:把10厘米长的稻草绑在龙把有眼的一头,铁丝穿眼,草把与龙把垂直;龙把位于草把的正中间,逐渐拉起稻草编辫子,沿绑扎处旋转;编成草蒲团,编到最后一圈,留下稻草须子。(图6)

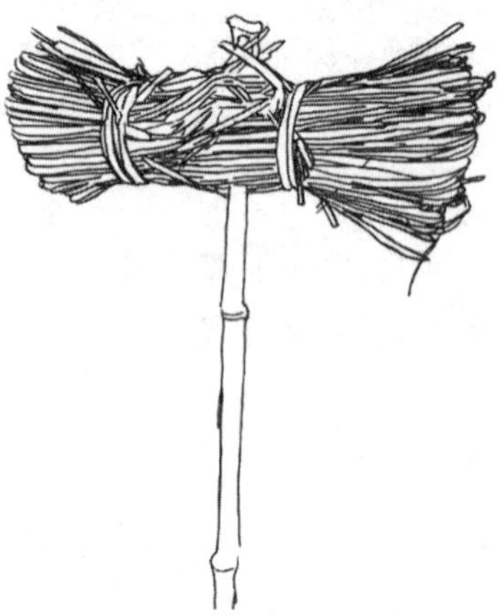

图6

图7

7. 龙尾

按上颚的编法，编两个长度减半的块，两块合拢（面面相对），取一把直径10厘米的稻草夹在中间，将其分成五束，呈鱼尾形，用扎丝将其沿边绑扎，然后在正中间安上龙把，将其固定住。（图7）

8. 龙衣

裁剪：红布宽30厘米，共九节算，首尾两节各2米，其他节长1.2米，共12.4米。黄布宽15cm，剪成三角缺口；黄布缺口镶在红布两边；缝上布条（拴在龙身上用）。（图8）如果是草蒲团龙身，龙衣则每节剪断，两端缝布条，连接在草蒲团上。

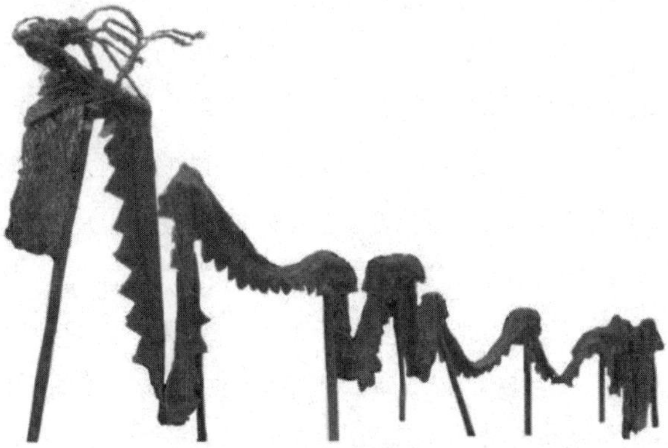

图8

图9

9. 龙珠

龙珠是这条龙的"总指挥"。起舞时，龙头龙身都跟着龙珠摆动、翻滚。挽12个直径8厘米等圆的小篾圈，把12个小圆圈连接成一个大球，球（龙珠）的直径与小圈的直径比为2:1，缠绕黄色布条，小圈之间两两相连，并用红布条装饰，最后安上龙把。（图9）

10. 草把龙的组装

（1）安置"口中宝"。又称含珠，用铁丝将制作好后的"宝珠"悬挂于龙舌与上颚之间即成。

（2）安置龙须。将排列在钢绳上的细丝（长30厘米）串系一排，挂于下颚即成。

（3）安置龙把。

（4）串联。将所有已经编好的部件加以组装。

总之，草把龙以其夸张、概括和抽象的造型表现出强烈的主观性。通过了解草把龙的编织工艺、整体风貌、材料技术以及它们背后的传承历史，可对新环境下草把龙扎制工艺的恢复、研究、开发提供借鉴。

（四）草把龙的审美特征

《考工记》曾提出："天有时，地有气，材有美，工有巧，合此四者，然后可以为良。"[①]草把龙是天然材质与编制技艺的完美结合，是一种变废为宝的神奇艺术。首先，稻草的编制工艺折射出人们对水稻的某种感情，反映了"就地取材""量材为用"的原则；其次，草把龙的造型风格自然朴实，丝毫没有奢华气息；最后，稻草具有一定的柔软性，在编制的过程中，容易塑形。

①闻人军．考工记译注[M]．上海：上海古籍出版社，1992:117.

在编制工艺上，草把龙稻草相互交叉穿插，形成跌宕起伏、激情洋溢而又充满韵律的视觉效果。所用不同比例的稻草，或短粗或纤细，它们的组合构成节奏分明的韵律感，既丰富了作品的表现力，也增添了作品的感染力。草把龙编织中所运用的平行线、曲线、折线体现了一定的美学特征，弓形"起承转合"极富节奏感、韵律感，横线线条平缓，折线线条优美柔和，组合造型玲珑精巧、自然生动，淋漓尽致地体现了生命的活力。草把龙独特的编织工艺巧妙地将艺人的奇思妙想和精湛技艺融入其中，体现了古朴粗犷神秘的特征。也彰显了它的民俗性、文化性和艺术性。

三、蔡家草把龙工艺传承路径思考

首先，在草把龙传承人刘映升老先生的带领下，将蔡家草把龙发扬光大。传承人刘映升对草把龙在形式、外观上进行了改进。在龙头的造型上增加了龙齿、獠牙、龙鳍、含珠等，并且进行了放大，还为此写了诗歌："干谷草编草把龙，儿童玩龙气如虹。跟着大龙钻火海，少年自古出英雄。""蔡家乡，是粮仓，稻草编龙去游乡。过年跟着大龙跑，春游田坎粮满仓。"诗歌带有浓郁的民俗风情，唤起人们的乡愁，激发人们对家乡的热爱。可在刘映升等传承人的带领下，推广其编制技法，宣传其民俗文化，扩大其影响，从而达到传承的目的。其次，当地政府应积极支持草把龙的工艺传承事业，组织专家学者对其进行文化、美学、民俗等多方面研究，并建立完整的资料数据库。再次，要在继承传统工艺的基础上不断创新。例如，草把龙的编制可在保持古朴风格，不失其"土"味的基础上做得更加精细。一方面，原汁原味的传统玩具可以帮助儿童了解当地的文化历史、风土人情；另一方面，在当代艺术视域下推陈出新，可适应现代人的欣赏习惯，也能使草把龙呈现更加丰富多彩的形式，为草把龙的传承拓展更宽广的空间。最后，让草把龙这项民俗艺术走进学校课堂。草把龙是一项适合儿童玩耍的游乐玩具，学校可以通过儿童玩草把龙，寓教于乐，把这一巴渝民俗文化一代一代传承下去。

四、结语

重庆蔡家草把龙有着朴实的传统文化气质与特殊的艺术美感，刻印着自身的发展和社会环境的变迁所赋予的历史痕迹，体现了丰富的地域民俗文化，是人类非物质文化遗产之一，也是中华龙文化重要的组成部分。我们应该主动、有计划地承担历史赋予的责任，挖掘、探索、研究、保护、恢复它的生存系统与文化肌理。

参考文献：

[1] 陈松，张丹媚.梁平草把龙与铜梁龙的比较[J].神州，2013(15)：22.

[2] 庞进.中国龙文化[M].重庆：重庆出版社，2007.

[3] 闻人军.考工记译注[M].上海：上海古籍出版社，1992.

有关巫咸的三点是与非

蓝锡麟
(重庆市文学艺术界联合会)

考察中华巫文化，无论如何离不开巫咸。在历代的文献记述里，巫咸作为职业化、世袭化的大巫共名，反复出现在远追神农、黄帝，继经唐尧、虞舜，再经殷太戊、祖乙，直迄战国时期的两千余年间。其作为主要在于奠基筮法，先导医药，同时还精通星历和制鼓，并且辅政和用兵也都表现不凡。穿越时空而至于当今，因巫咸而得名的巫山或巫咸山，除了渝东和鄂西共有的长江三峡中段巫山，分布于晋南、济北、淮北、苏南、浙东、湘西的巫山也颇著名，这一状况在上古大巫中实堪称绝无仅有。综合这三大要素，认定巫咸为中华第一名巫，当不过分。

各地巫山相比较，当数长江三峡中段巫山的故事最多，声名最响。著名巫书《山海经》所记的“灵山十巫”，巫咸列名在首，更为其他巫神所不可比拟。行政建置还有巫山县和巫溪县，以巫双双名县，尤其在全国独一无二。凭借这些固有的优势，今之重庆人关注巫文化，尤为推重巫咸，应该说是顺理成章的文化诉求，无可厚非。

只不过，在这种关注、推重当中也泛起了一些似是而非之说。撰其大端，计有三点。一为将巫咸的“咸”认作“鹹”的通假字，从而与“盐”拉上关系，推衍出“巫盐”概念。二为臆造出“灵山十巫”当中“巫咸为首”说，混淆《山海经》区划分明的巫咸与巫载的地域和族群，硬将“登葆山”指实为“宝源山”，进而为“巫盐文化”张本。三为将《山海经》里关于巫载民生存状态的一段描述，张冠李戴于巫咸民，并主观夸饰为远古先民的乐和至境，鼓吹“重现巫咸国”，引领巫溪、巫山、奉节金三角旅游文化。这三点均已超越学术讨论范畴，一定程度影响到了公众认知和社会实践，所以不宜等闲视之。

前两点是非，集中呈现于《巫溪县志》附录的《巫溪及巫咸、巫载国名考》。其文直白地判断：“以‘巫咸’名国，这个‘咸’，就与‘盐’有关。《说文》云：‘盐，鹹（咸）也’……任乃强《华阳国志校补图注·说盐》：‘鹹字，古原作咸。加心，为感觉之感；加水，则味减，为减退之减。故可设想，咸，即古用以表示食盐之字。’”由之进一步推论：“呼盐为‘咸’，古今相通。由是可知，‘巫溪咸泉’所在地的今巫溪县，在唐尧时为巫咸国本土；‘巫溪咸泉’所出之宝山（‘登葆山’），即‘巫咸国’首会（或曰部落）所在地。看来巫盐开发始于巫咸国之时。继唐尧巫咸国之后，巫溪、巫山属‘巫载国’。”乍一看言之凿凿，有据有理，实则全都靠不住。

先说第一点，查证《说文》以辨明是否确如其说。《说文》的原文是：“盐，鹹也。从卤，监声。古者宿沙初作煮海盐，凡盐之属皆从盐。”一眼便可以看清，原文只有“盐，鹹也”，加括号的“咸”是引述者硬加上去的。在上古字中，“鹹”属卤部字。《说文》说：“卤，西方鹹地也。”鹹地即盐碱地，是为卤的本义。用其引申义，古代也指盐，合称盐卤。清人段玉裁《说文解字注·盐部》指明：“盐，卤也。天生曰卤，人生曰盐。”其意思就是，统而言之盐即卤，分而言之自然状态的盐水叫卤，经过人工煎煮形成的结晶叫盐。与盐密切相关的“鹹”字，《说文》界说为：“鹹，衔也，北方味也。从卤，咸声。”卤为其义符，咸为其声符，咸并不是鹹的原字。如《字汇·卤部》所说“鹹”，作“盐味”时，鹹的读音为xián（阳平，音咸），声母和韵母都与咸一致。当鹹义指卤水时，则读音为jiǎn（上声，音碱），与咸声母不同，韵母相同。显而易见，咸绝不是“古代用以表示食盐之字”，鹹才真是义指盐的字，其读音为jiǎn，而不是xián。

在上古，咸不仅不是鹹的原字，而且还从来不是通假字。《说文》说：“咸，皆也，悉也。从口，从戌。戌，悉也。”皆和悉，意谓全都或普遍。典型的用例莫如咸阳，其址在北山之南，渭水之北；山南为阳，水北为阳，于山于水皆阳，所以取名咸阳。成语“少长咸集”“咸与维新”的咸，也是用的这个本义。咸也可以用作姓氏。《广韵·咸韵》即已指出：“咸，皆也，同也，悉也，亦姓。”宋人邓名世《古今姓氏书辩证·咸韵》更明确说：“咸，出自商贤相巫咸之后，以字为氏。”所以“巫咸”之称中，巫为世袭化职业，咸为大巫家族姓氏，此咸与鹹毫不相关。在后世认同的上古文献中，咸字确曾与另一些字同音假借。当其读xián（阳平，音贤）时，与“諴”通假为和睦的意思，与“函”通假为箧藏的意思。当其读jiān（阴平，音尖）时，与“缄”通假为封闭的意思。当其读jiǎn（上声，音减）与“减”通假为减损的意思。在迄今中国收字最多、辨字最精的《汉语大字典》中，咸的上述四种通假尽列于其间。然而，咸与鹹不在通假之列，理当不是《汉语大字典》疏漏所致。说穿了，任乃强和《巫溪县志》那样说，乃是以今例古，简单照搬了1956年《汉字简化方案》第一表用“咸”代“鹹”的结果，靠不住，信不得。

咸不通鹹，与盐无关，非特文字音韵训诂了然分明，抑且有晋南盐池以及巫咸山、巫咸河为实证。北魏郦道元《水经注·涑水》记述：“涑水又西南迳监盐县故城，城南有盐池，上承盐水。水出东南薄山，西北流迳巫咸山北。”监盐县故城在今山西省运城市所辖夏县，经郦道元考证，灵山、巫咸国、巫咸山均在其境内，古今学者多从其说。北宋沈括《梦溪笔谈·辨证一》专有一条考察实录：“解州盐泽方百二十里。久雨，四山之水悉注其中，未尝溢；大旱，未尝涸。卤色正赤，在版泉之下，俚俗谓之‘蚩尤血’。唯中间有一泉，乃是甘泉，得此水然后可以聚。又其北有尧梢（梢音消）水，一谓之巫咸河。大卤之水，不得甘泉和之，不能成盐。唯巫咸水入，则盐不复结，故人谓之‘无咸河’，为盐泽之患，筑大堤以防之，甚于备寇盗。原其理，盖巫咸乃浊水，入卤中则淤淀卤脉，盐遂不成，非有他异也。”解州故治在今山西省运城市盐湖区，东与夏县连。这里的盐泽，即上述盐池，是中国古代最著名的内陆盐湖和池盐产地。按沈括所述，周长百二十里的盐池天然汇集大量卤水，水呈大红色，不能供人直接饮用。多亏盐池中部间隔生成了一道甘泉，亦即淡水泉，人依凭淡水才得以聚居。人工煎煮含卤浓度极大的盐池水，必须加入甘泉淡水与之相混合，才能结晶成盐。盐池北部另有一条巫咸河，河水颇浑浊，一旦混入盐池的卤水，就会导致卤素淤块沉淀，再也不可能结晶成盐。所以当地人筑堤以防巫咸河，比防盗寇更加在意。由之可见，即便在巫咸故土（是为一说，不加讨论），以巫咸命名的河都与盐池以及成盐相悖相克，更遑论其余。

视野再放宽广些，广搜历代的文献记述，根本找不到巫咸与盐沾边的踪迹。若从历时性的功业看，《路史·后纪三》谓神农使巫咸主筮，《归藏》谓“巫咸为黄帝作筮”，《世本·作篇》和《吕氏春秋·勿躬》均谓“巫咸作筮”，表明巫咸第一功业当是筮法开创者和奠基人。其次，《御览》卷七二一引《世本》宋衷注谓巫咸“以鸿术为帝尧之医”，晋人郭璞的《巫咸山赋序》谓“盖巫咸者，实以鸿术为帝尧医师”，《离骚》句“巫咸将夕降兮”的王逸注谓“巫咸，古神巫也，当殷中宗之世”，表明巫咸第二功业当是医术极高超，在医药领域位尊如神。殷中宗即商王太戊，《史记·封禅书》谓殷太戊时“巫咸之兴自此始”，加上《书·君奭》“在祖乙时，则有若巫贤”的说法，则表明巫咸及其子巫贤，世袭性地在殷王朝相继担任商王太戊及其孙祖乙的辅佐重臣，以星占书历充任上帝与下帝之间的媒介，此其第三大功业。但是，从先秦至于民国，从来没有只言片语涉及巫咸与盐有所关联。

即便是在《山海经》里，“咸”与“盐”两个字，也是各有其用。除了几处出现的“巫咸”已如上述之外，《北山经》里有“小咸之山”、“大咸之山”和“少咸之山”，三个咸一概与盐绝缘。《海内经》有“大皞生咸鸟，咸鸟生乘厘，乘厘生后照，后照是始为巴人”的记述，咸鸟与大皞、乘厘、后照一样，都是传说中的巴人先祖的名号，没有任何文献依据，可以实证如某些人所说的咸鸟得名于食盐的鸟。这在《吕氏春秋·古乐》中有个旁证，即“帝喾命咸黑作为声歌”。咸黑又作“咸墨”，《文心雕龙·颂赞》谓“昔帝喾之世，咸墨为颂，以歌《九韶》”。《辞源》注释，径称“人名”。至于“盐”，《山海经》里凡两见。一是《北山经》谓“南望盐贩之泽”，郭璞注“即盐池也，今在河南猗氏县”，清人吕调阳《五藏山经传》说“盐池在夏县西南”，可见《山海经》的撰述者是知道盐池的，是确用盐字的。二是《海内经》记载：“有盐长之国。有人焉，鸟首，名曰鸟氏。”《太平御览》“盐长”，只说了“一作监长”，咸与盐了不相关，昭然甚明。

再说第二点，因为其说是借《山海经》的几段文字错综杂取生发出来的，所以需要详审比对相关原文。其间的关节，在于“灵山十巫”的出处，即《大荒西经》所述：“有灵山，巫咸、巫即、巫肦、巫彭、巫姑、巫真、巫礼、巫抵、巫谢、巫罗十巫，从此升降，百药爰在。”灵山即巫山，学界有共识，没有问题。十巫从巫山上天下地，通达天人，各种各样的药物都在那里生长，学界的解释大同小异，也不算问题。要挑明的只有一点，巫山若认准确指三峡巫山，那么它就是南及三峡、北抵大巴山的一列山脉，而不是指一座山峰。而问题则是出在十巫之间，尽管记述文字是将巫咸列第一，但他们究竟是并列关系（有如今之所谓排名不分先后），还是先后关系或统属关系？是否意味着，巫咸比其他九巫出现得早，或者十巫本是以巫咸为首？第二点说法正是偏向于后一种解释，因而引生出是非。

如前所引，《巫溪县志》所说的，“继唐尧巫咸国之后，巫溪、巫山属‘巫载国’”云云，是以上古传说中的唐尧年代划分巫咸与巫载的存在先后的。有人更由一个巫载而及于另外八巫，合共九巫，全划在巫咸之后，从而表述作“巫咸为首”。这在《山海经》的全部文本中，仅有《大荒南经》“有载民之国”一段的“帝舜生无淫，降载处，是谓巫载民”等言聊可为据，关于巫咸及另外八巫并无存年识别。说巫咸先于巫载，诚然尽可以旁引其他文献，例如引《路史·后纪三》认定巫咸在神农年代，引《归藏》认定巫咸在黄帝年代，那当然要比唐尧后的虞舜年代早得多了。但是，排开不同文献的不同说法均可存疑不论，仅止看巫咸封于巫山，郭璞《巫咸山赋序》在“巫咸以鸿术为帝尧医师”之后就说的是“生为上公，死为贵神，封于此山，因以名之”，即足以见巫咸死后封于巫山并不比所谓“帝舜生无淫”早多少。因此，以唐尧年代为界，指认“‘巫溪咸泉’所出之宝山（‘登葆山’），即‘巫咸国’首会（或曰部落）所在地。看来巫盐开发始于巫咸国之时”，推测的成分太重了。

究其实，首倡其说和附庸其说的人，出发点都在一个现实的功利诉求，那就是巫溪县宁厂镇有座宝源山，山麓的宝源盐泉乃是生成年代久远，迄今仍涌卤水的渝东最大天然盐泉，全国第一，环球罕见，极富文物保护和旅游开发价值。他们想把盐文化和巫文化融合为一，标举为“巫盐文化”，希图将宝源盐泉树为巫溪“巫盐文化”的样板。于是乎，找出了《海外西经》的一段文字作为开门钥匙，那就是：“巫咸国在女丑北，右手操青蛇，左手操赤蛇。在登葆山，群巫所从上下也。”抓住登葆山的“葆”字与宝源山的“宝”字同音的因素，不顾作为山名的“登葆”与“宝源”的那个同音字所处构词次序不一样（“葆”在后，“宝”在前），甚至为避难堪故意将宝源山简称为宝山，就将巫咸与巫溪的宝源盐泉，进而与盐连在一起了。平心而论，其情虽可悯，其操作方式却不足法。

小而言之，不论是无视构词字序，还是有意为之的减字用词，都不足以支撑在登葆山与宝源山之间画等号。《大荒西经》所提到的登葆山，《大荒南经》又作"大荒之中"，"又有登备之山"，郭璞注为"即登葆山，群巫所从上下者也"。"登葆"与"登备"构词字序一致。两处的"群巫"，当是巫咸部落的大小众巫，他们都在其山上下、采药或者履行其他巫师职事。登葆山当是巫山山脉当中的一座山峰，在巫咸部落的聚居地特别受重视。说宝源山即是登葆山，需要文献可稽的证据，决不适宜笼而统之简而单之想当然。

大而言之，依据《山海经》文本，巫咸与巫载的族群特征和聚居地域也分明不相同。上文所引《海外西经》的那段文字，"右手操青蛇，左手操赤蛇"两句十个字即已显示，巫咸部落的图腾为蛇，颇与其他文献所记的后之长蛇巴人相近。"巫咸国在女丑北"，则是巫咸部落聚居地域的一个方位标志。同一经当中，那段文字的前一段记的是"女丑之尸"，后两段记的是"并封在巫咸东"，"女子国在巫咸北"，其南、东、北三个方向的邻居部落都标明了。至于巫载部落，《海外南经》在记述"三苗国在赤水东"以后，紧接着记述了"载国在其东，其为人黄，能操弓射蛇。一曰载国在三毛东。"再继后，又记述了"贯匈国在其东"，"交胫国在其东"，以至于"不死民在其东"。十分明显，巫载部落的"射蛇"习性，与巫咸截然相反，注定他们之间容易产生纷争。其聚居地域尽管只有单向方位，却已经足以表明，巫载与巫咸不相邻近，更不会在同一处。要出现《巫溪县志》所记述的那种状况，除非是两个部落发生争斗，巫载赶走了巫咸取而代之，但《山海经》及其他文献绝无此种印记，所以他们先后在宝源山开发盐泉的假设形同天方夜谭。

更深一层看，《山海经》所称的那些"国"，无非上古部落而已，根本不可能拥有今之巫溪、巫山两县的上千平方公里土地。中国历史上，早有"虞夏万国，春秋八百国"之说，说法源自《汉书·高惠高后文功臣表第四》："昔唐以万国致时雍之政，虞夏以之多群后飨共己之治。汤法三圣，殷氏太平。周封八百，重译来贺。"巫咸国或巫载国那种"虞夏之国"之一，所据土地充其量方圆三五十里罢了，大不过当今一个自然村。这可以引《孟子·公孙丑章句上》孟子所言"汤以七十里，文王以百里"创立王业作为佐证。后来建立了国家雏形的商汤王、周文王尚且如此，巫咸或巫载的"国"土绝无可能超过他们。以之看"灵山十巫"，显然指的是巫山山脉大范围内十个著名的大巫家族统领的部落，任何一"国"都无可能据有整个巫山山脉。参之以上文所举《海外西经》和《海外南经》分别与巫咸、巫载邻近之"国"，还可以推定，虞夏时期及其以往居处于巫山山脉的上古部落不限于"灵山十巫"，巫咸与巫载甚或不曾有交集。进一步参以《离骚》所云"巫咸将夕降兮"，则不难推定，巫咸所据之地是在巫山山脉南端迫近长江三峡一带，今属巫山县，而巫载所据之地是在巫山山脉北端某处（比如宝源盐泉一带），今属巫溪县，各是各，不相混。

如果切入渝东地区盐业发展史，那么，是非就更明白了。据相关专家研究揭示，在今之渝东地区，盐矿大约沉积于距今2.2亿年至2亿年前，历经长期的地质变动，三叠系中部的含盐层位渐次抬升到了地平面以上。地表岩层受风雨剥蚀，导致含盐层暴露于地表，或有裂隙贯入其中，能使雨水渗入含盐层，于是乎卤水就有了来源，或得到补充。在河流切割低处，含卤层即有可能贯通裂隙，暴露地表，从大约距今3500万年前开始，逐渐形成了若干盐泉。范围广，数量多，盐泉分布于河畔，人类开发利用颇简单易行。历代文献确有记载的渝东盐泉，合计达400余处，宝源盐泉仅为其一。在虞夏时期以前，盐泉只会比后世更多，不会更少。因此，在巫山山脉范围内，上古存在的盐泉决然不止宝源盐泉一处，不同的部落尽可能就近开发利用天然盐泉。也因此，既然任乃强在《四川上古史新探》中业已判定巫载国以盐业兴，采信其说者就毫无必要再拉来巫咸，硬把两者凑于一处。即或定要讲"巫盐"，有巫载承担已足够了。

至于第三点，现实功利性诉求可谓更强，距学理也相去更远。受制于硬拉来了巫咸，臆称过“巫咸为首”，并且知道巫咸历来名声最著，竟将巫载的“张冠”挪借给巫咸“李戴”。前引《大荒南经》“是谓巫载民”那段文字，紧承其后原本写的是：“巫载民朌姓，食谷，不绩不经，服也；不稼不穑，食也。爰有歌舞之鸟，鸾鸟自歌，凤鸟自舞。爰有百兽，相群爰处。百谷所聚。”有为学者公然不遵循为学规矩，引用这一段文字技术性地掐去其头，不顾巫载，而将“食谷”以下的记述全部归于巫咸。进而解释说，在“巫咸古国”治下，“宝山”先民仗“巫盐”之利，运销食盐于洞庭一带，换来充足的衣食用品，过着自由自在，与鸾鸟、百兽“乐和”相处的美妙生活，简直就是上古和谐、富裕范例。有为政者不审其详，接过来加以发挥，公然以政务提议形式极力鼓吹“重现巫咸国”，以之为文旅融合的突破口，引领当今重庆所属巫溪、巫山、奉节旅游金三角的旅游文化。其说本不足为训，但确曾对巫溪县的文化旅游选题造成了些许迷茫，因而也得略辨是非。

中华传统训诂学历来讲究务实严谨，忌讳对文献本文擅动手术，改头换面，移花接木，这条好规矩不应当丢弃。《大荒南经》那段文字的记述主体明明白白乃是巫载，与巫咸毫无粘连，白纸黑字，改易不了，所谓“巫咸古国”无由从兹冒出。对于这一点，犯不着多费笔墨厘清，明眼人一看心里便有数。确需据实识别真伪的，当在“食谷”以下的所有文字所固有的内容，是不是真像鼓吹者们夸饰的那般美妙，上古有之，今该“重现”。

单从语句注释看，其说并不是悉为新编，毫无依据。郭璞当年的《山海经传》，注“服也”是“言自然有布帛也”，注“食也”是“言五谷自生也”，后来人多从之。转换成现代白话，今注一般将“食谷”以下文字释为巫载民不绩麻，不织布，却自然而然有衣服穿，不栽种，不收藏，也自然而然有食物吃，大体上是通达的。可是，他们虽然也部分依据郭注，却故意动了两个手术。一是硬性植入了“巫盐”因素，渲染衣服、食物都是用盐交换得来的。二是无视郭注当中“自然有”和“自生”两个关键用语，遮蔽或弃掷了其间所独具的衣食取自大自然界的精准意涵，以为凸显“巫盐”设置伸说空间。殊不知弄巧成拙，非但掩不住杜撰之嫌，而且难以契合“爰有歌舞之鸟”至“百谷所聚”云云，那一系列上古前期人与自然和谐共处的形象描述。

在上古前期，中华先民曾长期处于采集渔猎生存阶段，进入农耕文明方才大为改观。郭璞身为晋代哲学家，独具只眼发现了这样一个上古奥秘，揭櫫了巫载民所“服”悉为“自然有”，所“食”亦靠“五谷自生”，委实非常了不起。微瑕仅在于，他以魏晋之今例虞夏之古，于“服”使用了“布帛”一词，给后来人引申为“衣服”留下了可能。实际情况是，尽管虞夏前后的上古先民渐次学会了绩麻制褐（棉布宋代才有）和养蚕织绸，却并不是连下层庶民，特别是山野小民全都有“布帛”穿。《诗经·豳风·七月》里“无衣无褐，何以卒岁”，写的是比虞夏更晚一千余年的周人奴隶境况，即可以作证。由之看虞夏时期及其既往，靠采集渔猎为生的先民们，大多无可能有布帛穿，而是要么赤身裸体，习以为常，要么随寒暑变化，用采集得来的草茎、藤萝或树皮，以及狩猎得来的兽皮，遮掩身体的某些部位。至于食物，更是要拜大自然的慷慨赐予，采集到什么谷物、瓜果、野菜，渔猎到什么鱼类、兽类、禽类，就用什么果腹。无论天气有什么变化，他们都同飞禽走兽们共生共处于特定的大自然环境中，自由自在，为常为乐。“爰有歌舞之鸟”至“百谷所聚”，描述的便是那样一种真实存在。

谓予不信，可看旁证。《孟子·滕文公章句上》里有一段概述：“当尧之时，天下犹未平，洪水横流，泛滥于天下。草木畅茂，禽兽繁殖；五谷不登，禽兽逼人。兽蹄鸟迹之道，交于中国。”对这段文字，通常只视作举舜敷治，以及大禹治水的由头，诚然非误读。但同时，从“草木茂盛”到“交于中国”，也确乎是那个年代人与自然共生共存的真实写照。中原地区尚且是那样，僻远在巫山的先民所处生态环境又怎么能有所例外？及至千余年以后，如《左传》及《史记·楚世家》所记，楚国王室的先人犹自“辟在荆山，筚路蓝缕”，处在由采集渔猎向农耕文明缓慢过渡的艰难跋涉中。此荆山在湖北省南彰县西部，邻近神农架和长江三峡，农耕文明开发略早于巫山地区。因此尽可判定，《山海经》文字虽多怪异难解之处，但关于巫戴民的那些描述并非玄虚乌有。

事实上，并非仅《大荒南经》记巫戴民才有那样的描述，及于他“国”的类似描述虽然有繁简之别，却并不鲜见。最相近的莫如《海外西经》所述：“此诸天之野，鸾鸟自歌，凤鸟自舞。凤凰卵，民食之；甘露，民饮之，所欲自从也。百兽相与群居。在四蛇北。其人两手操卵食之，两鸟居前导之。”不仅其间“鸾鸟自歌，凤鸟自舞”如出一辙，而且，诸天之野的先民“所欲自从”，亦即随心所欲，就地取材地食凤凰卵，饮甘露水，把他们仰承自然、利用自然的生存法则展现得淋漓尽致。“百兽相与群居”的“相与”对象包括了人，也包括了鸟，则诠释了习以为常，和谐共处。特别是其人两手拿着蛋吃，两只鸟还在前面引导，真正堪称活灵活现，妙趣无穷。《大荒东经》所述“有司幽之国……食黍，食兽，是使四鸟”，“有白民之国……黍食，使四鸟”，“有困民国……有人曰王亥，两手操鸟，方食其头”，以及《大荒西经》所述“沃之野，凤鸟之卵是食，甘露是饮，凡其所欲，其味尽存”，莫不是显示随心所欲、就地取材乃是先民觅食的普泛常态，并且是生食。由这种朴野的自然生存状态，进化到农耕文明，也见于《大荒西经》的记述：“有西周之国，姬姓，食谷。有人方耕，名曰叔均。帝俊生后稷，稷降以百谷。稷之弟曰台玺，生叔均，叔均是代其父及稷播百谷，始作耕。”这就不纯全是颇富神话色彩的传说了，其进化轨迹，颇与历史真实相合。

“食”如此，“服”又如何呢?《山海经》文本没有提供具体的描述。不过至少有两起真实存在，可以作参照。一为广西花山岩画，成画于距今4000年至2000年前，其时间上限接近传说中的虞夏时期。其中最为惊世骇俗的画面情境，表现的是一群先民在巫师的率领下，对着太阳，敲着铜鼓狂歌劲舞。所有的人形都由粗放线条描摹，张扬的四道线条代表四肢，两腿之间的一道线条代表勃张的男性生殖器，显示出当时已是男权中心社会，还讲生殖崇拜，并且所有人一概赤身裸体。太阳下群体开展巫术活动犹自如是，当不难推定，赤身裸体在当时当地是一种常态，生活中，生产中，大家一样，毫不足怪。顺应天气的变化，随心所欲、就地取材地用草茎、藤萝、树皮或者兽皮遮掩身体的某些部位，详情度理也是可以的。进一步推定，距今4000年前的巫戴民当是与之一样的，肯定不属奇谈怪论。

二为屈原辞赋所述。屈原生活于距今2300年左右，出生地在三峡中段巫山南麓的秭归，童年、少年和青年前期均在那里度过，对当时当地的民物风情必定相当熟悉，且颇恋络。其《离骚》有句：“扈江离与辟芷兮，纫秋兰以为佩”，“揽木根以结芷兮，贯薜荔之落蕊”“进不入以离尤兮，退将复修吾初服。制芰荷以为衣兮，集芙蓉以为裳。”而且《九章·惜颂》一开头便写的是：“余幼好此奇服兮，年既老而不衰。”对这种“初服”“奇服”自述，古人诠释为“善鸟香草以配忠贞”，今人指认为浪漫主义情怀表达，当然都对。但除了这些寄托之外，着眼文艺创作的源于生活，还应当确认其间固有写实的基因。质言之，屈原作为贵族公子，日常衣服夏有帛、冬有裘自不在话下。但他往来于山野，目睹男女众庶习用草叶、藤萝遮蔽身体的某些部位，如《九歌·山鬼》所描述的“被薜荔兮带女萝”，激发起了诗性灵悟和猎奇诉求，便不顾礼俗，尝试模仿，并且自幼及老一直独有所好。那种事，一般的人或难以想象，但诗人屈原确可以做到。由屈原辞赋追溯生活源头，推定距今2300年左右巫山地区还存在着那样的民风民俗，事理逻辑当毋庸置疑。进一步往古远推，距今4000年前的虞夏时期，包括“灵山十巫”在内的所有巫山先民都是那样“服也”的，就再自然而然不过了。

那样的“食”与“服”，尽可验证于今。时至于当代，在非洲的西南部荒僻地区，仍存在几个广为人知的原始部落。他们聚处在灌木丛中，居无定所，逐水草维持生计，仍然过着不绩不经、不稼不穑的朴野生活。不但男性习惯于赤身裸体，而且连女性都习惯于不穿衣服，喜欢将红泥涂抹在身上，冬天只用茅草随便遮盖一下。外界文明社会的人给他们送去衣物，他们仍不喜欢穿，往往将衣服像茅草一样遮蔽下体便怡然了。所有的食物悉皆取自所在的自然环境，就地采薪垒灶，煮熟了以后用手抓食。同一生态场当中，还有多种多样的禽兽活动，也是一种自由自在，和谐相处。若有人怀疑，上网去百度一下便释然了。以之为参照，遥想距今4000年前的巫山先民生存状态，决然不会再惊叹为匪夷所思。鼓吹“重现巫咸国”的人，何妨设身处地地想一想，其情其境，真应该重现吗？真可能重现吗？

三点是与非，在认知取向上不完全一样。前两点，尽管受制于现实功利考量，但主要还是学术见解差异的反映，尽自可以继续“奇文共欣赏，疑义相与析”。就像对于巫咸山那样，尽管古今学术界指认最多的原乡乃是晋南巫咸山，其次才是三峡巫山，但今之重庆人仍然有理由坚持认定该当是后者，并且引经据典决不限于《山海经》。须当注意的，要在不拘泥于陈说，浅尝辄止，而是不惮寻根究底，务实识真，由存异而达致求同。第三点却是虽然也有学术问题，但已更多地关涉学风，乃至政风。说大固不大，说小也不小，要害在于是否秉持实事求是之意，是否摈斥哗众取宠之心。唯有切实地做到风正，才能让讨论坚守正道，回归学术，通向文献，古为今用，其中包括有助益于文旅融合。

蜀汉壮烈将军严颜考略

陈仁德
（重庆市文史书画研究会）

一、严颜之史料

严颜在《三国志》中无列传，仅附见于陈寿《三国志·关张马黄赵传》中的有关记载，文字非常简略："（张飞）至江州，破璋将巴郡太守严颜，生获颜。飞呵颜曰：'大军至，何以不降而敢拒战？'颜答曰：'卿等无状，侵夺我州，我州但有断头将军，无有降将军也。'飞怒，令左右牵去斫头，颜色不变，曰：'斫头便斫头，何为怒邪！'飞壮而释之，引为宾客。"

常璩的《华阳国志·公孙述刘二牧志》也提及严颜："……入巴郡。巴郡太守巴西赵笮拒守，飞攻破之，获将军严颜，谓曰：'大军至，何以不降，(而)敢逆战?'颜对曰：'卿等无状，侵夺我州。我州但有断头将军，无降将军也！'飞怒曰：'牵去斫头！'颜正色曰：'斫头便斫，何为怒也！'飞义之，引为宾客。"

两段文字略有出入，但情节相同。最明显的差异是，《三国志》称严颜为"巴郡太守"，《华阳国志》中"巴郡太守"为赵笮，严颜则为"将军"。成书稍晚的《华阳国志》当有所本，否则岂敢擅改。任乃强先生在《华阳国志校补图注》中亦认为应该以《华阳国志》为准。

此外，《华阳国志·公孙述刘二牧志》还有一段文字提及严颜："刘主至巴郡，巴郡严颜拊心叹曰：'此所谓独坐穷山、放虎自卫者也！'"（"放虎自卫"在《三国志演义》中为"引虎自卫"，似更贴切。）

以上文字，就是严颜见于史书的全部记载。

《三国志》作者陈寿和《华阳国志》作者常璩都是四川人，他们笔下的严颜也是四川人。严颜的故事发生在公元214年（建安十九年），此后19年即公元233年（蜀汉建兴十一年）陈寿即出世。陈寿出世时，严颜应该去世不久。而陈寿去世时，常璩已经七岁。从严颜到陈寿再到常璩，时间相距都不是很久远，可以推测，陈寿的时代，许多和严颜同时代的人还健在。常璩的时代，严颜同时代的人可能均已谢世，但是获得翔实可信的资料还是比较容易。因此他们笔下的严颜应该是比较真实的。

又过了1000多年，《三国志演义》的作者罗贯中出世，他在《三国志演义》中根据前述史料对严颜进行了再创作，形成很深远广泛的影响。明朝以后对严颜的认知多半是从《三国志演义》中来的。

二、严颜之影响

但是在《三国志演义》问世之前，严颜的巨大影响早已存在，兹举数例于后。

唐代贞观八年（634年），严颜的故乡临江郡改名忠州，就是因为该地"以地边巴徼，意怀忠信"，出现过巴蔓子、严颜那样的忠勇之士。南宋王象之《舆地纪胜》、明代曹学佺《蜀中名胜记》等，皆持此说。古郡易名是极慎重之事,此说应可置信。同时,唐王朝还追赠严颜为“壮烈将军”并追封忠州刺史。

唐代安史之乱时的忠义之士张兴,其壮烈之举几乎是严颜的再现。据《新唐书·张兴传》:张兴者,束鹿人。长七尺,一饭至斗米,肉十斤。悍趬而辩,为饶阳裨将。禄山反,攻饶阳……兴擐甲持陌刀重十五斤乘城。贼将入,兴一举刀,辄数人死,贼皆气慑。城破,思明缚之马前,好谓曰:“将军壮士,能屈节,当受高爵。”对曰:“昔严颜一巴郡将,犹不降张飞。我大郡将,安能委身逆虏?今日幸得死……”思明怒,锯解之。

北宋大文豪苏轼苏辙兄弟过忠州,写下了凭吊严颜的诗篇。苏轼《严颜碑》诗:“……严子独何贤,谈笑傲砧几。……何人刻山石,使我空涕泪。吁嗟断头将,千古为病悸。”苏辙《严颜碑》诗:“……相传昔者严太守,刻石千岁字已讹。严颜平生吾不记,独忆城破节最高。……临危闲暇有如此,览碑慷慨思横戈。”

南宋民族英雄文天祥在他著名的《正气歌》里将严颜奉为“哲人”“典型”,“为严将军头,为嵇侍中血。……是气所磅礴,凛烈万古存。”

以上例子不多,但却分量极重,分别为中央王朝之诏令,正史《新唐书》之记载,大文豪与民族英雄之诗句。只需一例,便胜过许多野史杂记。

三、严颜是否投降

近年来学界部分人对严颜颇有贬损之词,他们认为严颜虽然高喊“我州但有断头将军,无有降将军也”。但是在张飞的义气感动下,最终还是投降了,归根结底还是“降将军”。

其实大谬不然!

此说所持证据乃是《三国演义》中的描述:“群刀手把严颜推至。飞坐于厅上,严颜不肯下跪。飞怒目咬牙大叱曰:‘大将到此,何为不降,而敢拒敌?’严颜全无惧色,回叱飞曰:‘汝等无义,侵我州郡!但有断头将军,无降将军!’飞大怒,喝左右斩来。严颜喝曰:‘贼匹夫!砍头便砍,何怒也?’张飞见严颜声音雄壮,面不改色,乃回嗔作喜,下阶喝退左右,亲解其缚,取衣衣之,扶在正中高坐,低头便拜曰:‘适来言语冒渎,幸勿见责。吾素知老将军乃豪杰之士也。’严颜感其恩义,乃降。”

但这只是演义,并非正史。《三国志演义》中的许多情节,比如温酒斩华雄、三英战吕布、张飞鞭督邮等精彩情节,都是虚构的。同理,严颜投降亦属虚构,不足为据。

我们来看正史《三国志》和《华阳国志》是怎么记述这一情节的。《三国志》称“飞壮而释之,引为宾客”,《华阳国志》称“飞义之,引为宾客”。这里有两点值得注意。一是“飞壮而释之”或者“飞义之”,都只是张飞单向的主动作为,并不代表严颜有什么作为。二是“引为宾客”,关键字是一个“引”字,依然是张飞单向的主动作为。引为宾客,也只是说张飞对严颜以礼相待,当成宾客而已。张飞单向作为后,严颜有什么反应,是否互动,并不见于记载。不能因为张飞的“义释”就推出严颜必然投降的结论,义释和投降相去何止万里。总之正史中只见严颜的大义凛然视死如归,而不见严颜投降,即使“引为宾客”,也不是投降,严颜依然无愧于“断头将军”的称号。

还有一种说法是:既然严颜没有投降蜀汉,后世怎么称之为蜀汉壮烈将军?我对此的理解是,凡是跨越两朝的人,其断代均靠后,这里的蜀汉是指时代而非政权。而且壮烈二字恰恰证明严颜为“断头将军”而非“降将军”。

张飞义释严颜后,严颜还有什么活动?他是怎么死的?正史无一字记载。有一种说法是,建安二十四年(219年)严颜得知刘璋死讯后,为报故主之恩拔剑自刎。此说有明显演义痕迹,似不足信,就我浅学所及,尚未找到可靠出处。

四、严颜故里遗迹

严颜是东汉临江人，临江即今重庆市忠县。忠县老城之东有严颜故里，树有“蜀汉壮烈将军严颜故里碑”。1944年陈德甫先生所撰《忠县志》(下同)载：“蜀汉壮烈将军严颜故里碑在东门外严家桥，清同治十二年知州庆征立。石高约一丈、阔三尺。乌程邱宝德书，隶字体，字大约一方尺，旁书小字约三方寸。笔势古朴遒劲，拓者甚众。今渐剥缺。”此碑我少年时经常瞻望，印象极深，至今犹历历在目。1966年“文革”破四旧时，忠县大量文物(包括此碑)被毁。

严家桥又叫严颜桥，《忠县志》记载：“严颜桥，桥建于东涧上。相传为汉严颜故里，故名。桥阔一丈，长约五丈有奇，望之俨若长虹。”桥上历代文人题咏甚多，比较著名的有明代舒容的《严颜桥》：“城东流水响潺潺，构屋横遮碧玉环。忠郡几番更太守，桥名依旧匾严颜。挥毫有客工吟咏，乘驷何年任往还。千载忠魂昭不泯，独留壮烈在人间。”(《重庆的科举》, 2008)也有清代黄之骥的《严颜桥》：“白沙翠竹映清渠，壮烈将军此旧居。一语断头能就刃，几人题柱欲停车。依刘已引穷山虎，扶汉终看得水鱼。万古巴台同不朽，忠忱长与卫州闾。”

忠县为了纪念严颜，还将一条街命名为“严颜路”，《忠县志》：“严颜路，治城下南门外沿半边街直抵严颜碑，至马王庙止。”

严颜故里与严颜桥、严颜路，在三峡工程蓄水后，已全部为江水淹没，其方位在今忠县滨江路之下江底。

至于近年一些人将忠县乌杨镇将军村宣传为严颜故里，则纯属无知炒作，可笑之至。将军村只是将军墓所在，与故里毫无关系。

五、严颜墓之真伪

忠县乌杨镇将军村有严颜墓，《忠县志》：“蜀汉壮烈将军严颜墓在治西南二十里乌杨镇将军溪。明万历中知州尹愉重修，清道光五年知州吴友篪又重修，有记，是时墓碣犹有‘汉严’二字可辨。”

关于严颜墓，吴友篪重修时就已经有了两种说法，其《重修严将军墓记》称：“闻巴州有严将军墓，州民奉祀惟谨。”巴州即今四川省巴中市，亦有严颜墓。吴友篪并没有武断判定忠州(忠县)墓与巴州墓之真伪，他认为：“忠(州)为将军故里，生于斯，讵必哭于斯，则巴州有严将军墓，信也。”又说：“(忠)州南二十里将军溪，有严将军墓在焉。溪以将军传，访诸父老，墓为前明尹刺史愉所修，今墓前石碣犹存‘汉严’二字可考。或者严氏之祖若父葬于此，未可知也；或将军之子若孙奉衣冠葬于此，亦未可知也。”他主张两说则两存之，谓信以传信可也，谓疑以传疑亦可。

除了巴州严颜墓之外，仪陇也有一座严颜墓。《大清一统志》称蜀汉将军严颜墓在仪陇县。《忠县志》在提到仪陇严颜墓时采取了慎重态度，称：“未敢臆断。想忠、仪两地，必有其一为衣冠墓者。”

与仪陇相邻的蓬安，也有一座严颜墓。《舆地纪胜》载：严颜墓，“今墓在(蓬安)州北三十里，绝崖上刻石为识”。

这样一来，就有了忠县、巴中、仪陇、蓬安四座严颜墓，到底谁是真墓呢？

忠县从清代吴友篪到民国陈德甫，均极慎重，因缺少证据，未曾断论。今天我们来考证这个问题，难度更大。

目前见于记载的四座严颜墓，出现的时间依次为：蓬安墓最早见于宋代，忠县墓最早见于明代万历年间(刺史尹愉重建)，巴州墓确定建于明代崇祯十五年(1642年)，仪陇墓时间无考，大约与巴州墓同时。

这里有两点要指出。第一，见于记载的时间并不等于建墓的时间，也就是说，记载在后的，也可能建墓在前。第二，见于记载的早晚不能作为判断真伪的依据。最早的记载是在宋代，那时离严颜去世已经八百余年了，严颜不可能等到宋代才下葬建墓。所有见于记载的墓都只能是重建的墓。也就是说，记载最早的不一定是真墓，记载较晚的不一定是假墓。所以，判断真伪不能以建墓记载为依据。

那么，怎么来判断严颜墓的真伪呢？可以肯定地说，目前没有哪一种方法可以判断绝对真伪，最多只能做些推测。

总观四墓，忠县墓是真墓的可能性是存在的，其理由有二。

其一，古人归葬故乡乃是传统礼法。古人若埋骨异乡，其子孙有不孝之嫌。"何必马革裹尸还"从反面证明了"马革裹尸还"是一种常态。历代典籍均有"归葬"的记载，如《史记·管蔡世家》记载"悼公死於宋，归葬。"《汉书》记载"孝文时，……皇太子引博局提吴太子，杀之。于是遣其丧归葬吴。"有少数死后埋骨他乡，日后其子孙都会将其归葬故里。《后汉书·独行传·温序》载，东汉光武帝时的护羌校尉温序被叛将劫持，自刎殉节，葬于洛阳。其子温寿夜梦其父言："久客思乡里"，遂将温序尸骨运回故里，葬于祁县祖坟。《后汉书·廉范传》里扶棺归葬的故事更为感人："廉范字叔度，京兆杜陵人也……范父遭丧乱，客死于蜀汉，范遂流寓西州。西州平，归乡里。年十五，辞母西迎父丧。蜀郡太守张穆，丹之故吏，乃重资送范，范无所受，与客步负丧归葭萌。载船触石破没，范抱持棺柩，遂俱沉溺，众伤其义，钩求得之，疗救仅免于死。穆闻，复驰遣使持前资物追范，范又固辞。归葬服竟……"

最有说服力的是，与严颜同为临江人且几乎同时代的文立。据《华阳国志·文立传》载，"（文立）咸宁末卒。帝缘立有怀旧性，乃送葬于蜀，使者护丧事，郡县修坟茔。当时荣之"。文立死在洛阳，距离临江何止迢迢千里，依然归葬故乡。《忠县志·茔墓》："晋·散骑常侍文立墓。按常璩《华阳国志·文立传》……，是立已归葬无疑。县人相传墓在治南文家溪。但历年过久，迄无确址可寻。"

严颜死于何时何地已无考，但死于四川应无可置疑，死地离临江不会太远，似应归葬故里为是。如此，则忠县墓或为真墓。

其二，忠县乌杨严颜墓出土文物可以支撑这一观点。从2000年开始，在忠县乌杨将军村严颜墓一带进行了大面积的考古发掘，成果甚多。首先是轰动考古界的乌杨汉阙被确定为墓前阙，其次是发现了30余座汉至六朝的墓葬及大量随葬品。墓葬的封土包和墓室的大小以及随葬品的精美程度，都显示着墓主人高贵的身份。据考古队队长李大地先生推断，这个墓群极有可能就是严颜及其族人的墓地。汉代的等级制度极严，没有高贵身份的人是不可能僭越等级在墓前树立巍峨庄严之汉阙的。彼时之临江人，具有此等身份之人唯严颜一人而已。何况这里从古到今都叫严颜墓，溪水叫将军溪，村庄叫将军村。认定为严颜真墓，可能性极大。

个体生命、自由伦理、人的文艺
——邱正伦诗书画艺术中的介入性

周彦华
（四川美术学院）

邱正伦，男，汉族，西南大学美术学院教授。著有《四十九种感觉》、《手掌上的风景》《冷兵器时代》等多部诗集，《艺术美学》《审美价值取向研究》《审视现代艺术》《艺术价值论》《重返东方：全视角审视当代艺术的价值谱系》《大足石刻的人类学密码》《身体的镜像：中西人体艺术价值踪迹》等多部教材与专著。

文学艺术天生就具有介入现实世界的意义。只是在不同的时期，面对不同社会矛盾的时候，介入的对象和方式有所差异。我们可以看到20世纪初的巴黎、柏林或者是莫斯科那些以先锋派出场的介入，它们激发社会底层，挑战权威，提出对新世界的构想。我们也可以看到斯大林时期以社会主义现实主义出场的介入，它以国家干预为手段，以社会主义意识形态为引领，以制度为其保障，呈现了一种与先锋派截然不同的自上而下的介入模式。事实上，以上的这两种介入模式，在中国新民主主义时期和社会主义建设时期是彼此涵盖的。无论是五四时期和新文化运动提倡的文艺要介入时政，左翼文化运动倡导的文艺要介入大众，延安时期提倡的文艺要为工农兵服务，还是新中国成立后对延安文艺的延续等，介入都曾以一种群众参与的样态出现，勾勒出一幅20世纪中国复杂的文学艺术图景。20世纪80年代，萨特的"介入文学"被引进中国，自此，"介入"正式成为一个专有名词，用以解释文艺和社会的互动关系。萨特的存在主义文学在20世纪80年代的风靡，为反思"介入"提供了思想平台。在十年浩劫之后重提"介入"，并不是回溯群众参与的"人民文艺"，相反，它意味着重塑"人的文艺"。这是一套不同于集体化时代的政治规划和审美想象。袁可嘉对"人的文学"的概括可以一并用于这里的"人的文艺"。在袁可嘉看来，"'人的文学'的基本精神，简略地说，包含二个本位的认识：就文学与人生的关系或功用说，它坚持人本位或生命本位；就文学作为一种艺术活动而与其他的活动形式对照着说，它坚持文学本位或艺术本位"①。换言之，以"人的文艺"为宗旨的介入就是要回归文学艺术的自律性，用文学艺术讴歌个体生命，伸展个人的生命感觉，用一个个具体而偶然的个体生命的叙事，来构筑文学艺术的自由伦理。

① 袁可嘉.论新诗现代化[M].北京：生活·读书·新知三联书店，1988:113.

成长于20世纪80年代的诗人几乎都是“人的文艺”的倡导者。邱正伦也并不例外，他的诗书画作品坚持文艺的本位，其中充满了对时代的反思，对个体生命的敬畏，对自由伦理的歌颂。这一切的前提就是他总是积极地介入到复杂的社会现实中，同时又积极地介入到诗书画的形式经验中。换言之，邱正伦诗书画艺术中的介入在内容上呈现为现实的介入，在形式上又展现出经验的介入。前者主要体现在邱正伦的诗歌内容中，后者则体现在他在诗书画经验的一以贯之间。因此，邱正伦的诗书画艺术带有一种在经验的共振中，披露现实、反思时代、歌颂个体生命和自由伦理的介入性。

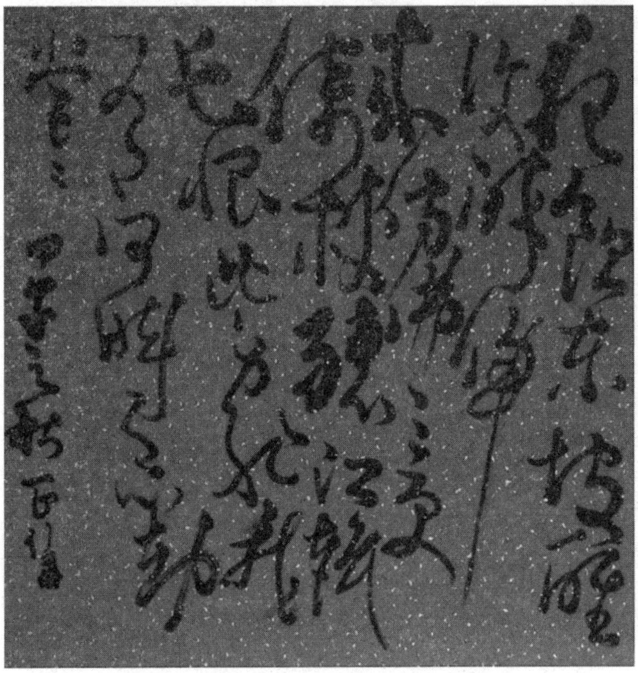

图1　邱正伦书法之一

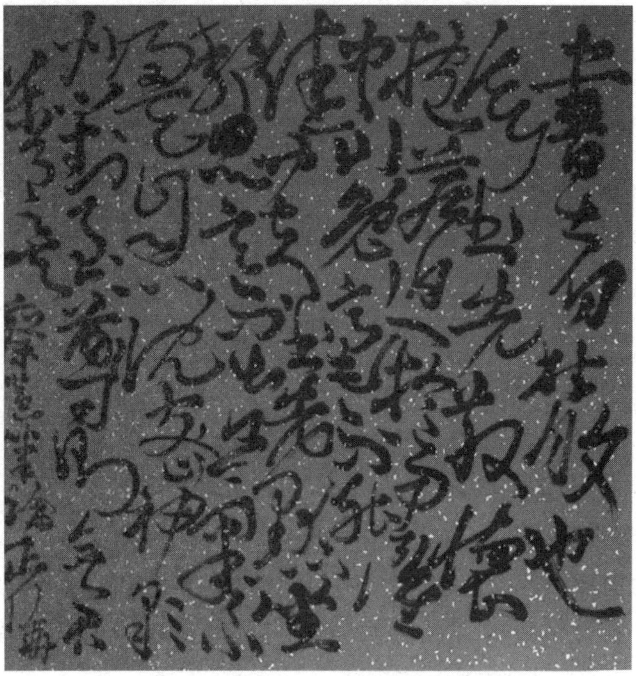

图2 邱正伦书法之二

一 现实的介入：个体和景观

20世纪80年代初的西南地区出现了乡土现实主义流派，这个流派以人道主义为出发点，客观真实地描绘乡村世界，表现乡土风情，表达乡土情怀。我们通常认为乡土现实主义仅属于中国油画在20世纪80年代的一次集体创作转型，但实际上，乡土现实主义在文学创作上也曾激发过一次思想震荡，它与“寻根”思潮相互交织，在“伤痕—反思—改革”的总体文学背景下，凸显出一种自发而又深沉的文化反思意识。邱正伦在20世纪80年代的诗歌创作则充分体现出这种创作意识，他的整个写作全沉浸在乡村贫穷而又唯美的情景之中，形成了一个短暂的乡村经验时期。他把感情寄托在乡村的流水、稻谷、庙堂的意象之间。在《水庄》系列中，邱正伦写道：“母亲把你生在河边，流水使你的命运不可琢磨。”流水既是隐喻又是转喻。诗人用流水将对乡土的怀念和个人命运的浮沉串联起来，表达了他远离家乡，初入社会的兴奋和迷茫。

20世纪90年代的中国，城市化进程加剧，消费主义盛行，整个社会成了居伊·德波笔下的“景观社会”。现代生产条件将社会生活中直接存在的一切转化为了一个表象。从90年代开始，邱正伦的诗歌写作便转入了以都市经验为主的写作领域。诗人开始捕捉都市景观。他认为，这种由景观庞大堆积的都市社会是一个物质主义、消费主义的乐园，在其中，物欲横流、疾病缠身，精神成为荒原。从《人生经验》到《城市风暴》，再到《生肖》《非典时期的报告》《哲学白皮书》等，邱正伦的诗歌写作越来越陷入都市现实之中。他将其称为“密不透风”的都市现实。它“既丰富多彩又残酷无比，但你始终无法躲闪与逃离”。的确，邱正伦90年代之

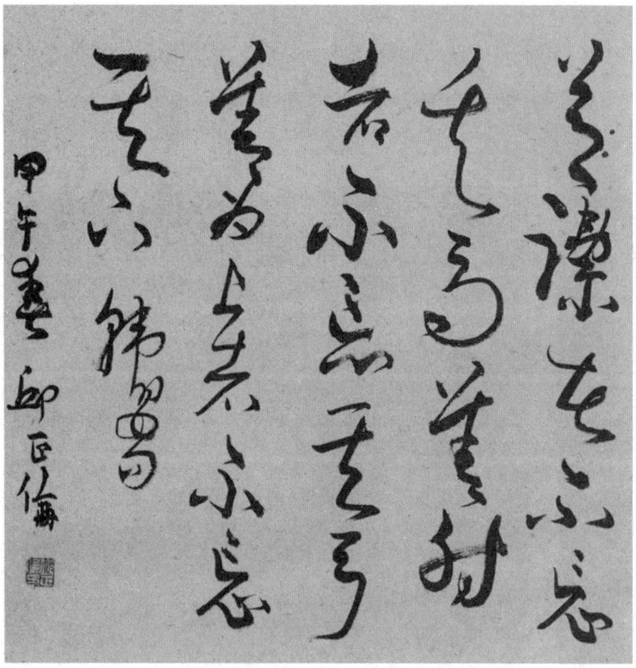

图3邱正伦书法之三

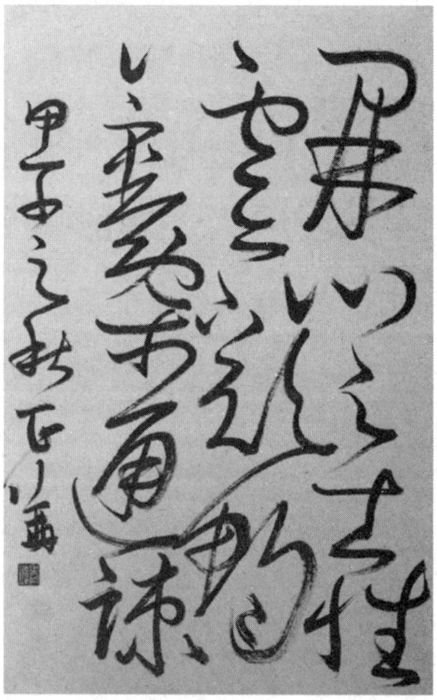

图4 邱正伦书法之四

后的诗歌勾勒出的是一幅幅后现代生存的景象。它是后工业社会、消费社会和技术社会的结合体。面对这些复杂景象，邱正伦和大多数诗人一样悲观。但这种悲观却加剧了诗人的批判意识，为诗人批判性地介入现实提供了原动力。

图5 邱正伦绘画之一

在《重水时代》组诗中，邱正伦将批判的视角聚焦在污染上。他的诗歌便是对这个污染时代的介入。邱正伦认为，我们这个时代已经步入了全面污染的时代。他以“重水”作为了这个污染时代的浓缩象征。重水，是工业生产的废水，这种水含有大量重金属元素，如果任意排放将严重污染我们的生存环境。但在这组诗歌中，“重水”显然成了这个时代各种病灶的代名词。在后工业时代，城市化和消费主义盛行的今天，重水实际上还指涉了从生存环境、人际关系到社会的各种溃烂。正如邱正伦自己所言：“我们生活的方方面面，都已经被重水所浸润。人与自然，人与社会，人与自我，这一切都被重水时代所改变所污染，包括天空与大地，包括每一片细小的花叶都弥漫着重水的气味。”在《我一大早起来写诗》中邱正伦写道：“很快，重水成为我们这个时代的一切/发育成我们时代繁荣的病根/成为一种基因，成为一种风尚/成为一切事物最庞大的家族”。重水成为这个时代的代名词，它本身应该是需要小心处理的社会生产剩余，但我们这个急躁的时代却来不及处理它，也来不及研究剩余，就一股脑儿地将它混杂进了社会生产的表象之中，以至于它的毒性瞬间散发，将原本干净的秩序扰得一团糟，“这时的重水分子/蹑手蹑脚潜伏在黑夜的土壤里/成为大地的癌细胞/随时都将扩散”（《一粒水分子》）。在这样的重水时代，人类的生存几近麻木。在《活着》中，邱正伦写道：“在重水时代/我们虽然活着，但四肢麻木/对事物熟视无睹/只看见鲜花在荧屏上闪烁/爱人的脸像窗花贴在别处/我们和机器猫一样用餐/发出骨折的声音”。这是一种全新的“活着”的状态。和过去那个高压体制之下的“活着”不同的是，这种新的“活着”状态，并不是个体与时代命运的矛盾共存，也不是被动地忍受现实给予人的幸福、苦难、无聊和平庸。相反，它是个体主动选择被吸入到那个光怪陆离的表象世界之中，从而将自己变成一种没有思维的整齐划一的生命体。这种生命体只被某一种逻辑操纵。这种逻辑意味着语言的表意链条断裂，没有深度没有中心；也意味着情感的消逝、批评距离的消逝和历史意识的淡化。在这样的一种逻辑中，文化生产被“再生产”甚至是“后生产”所取代。在技术爆炸的语境中，人类不生产文化，而变成了文化的租用者。过去人们苦苦追求的那个乌托邦烟消云散，整个世界由一种反乌托邦的意识形态构成。

图6 邱正伦绘画之二

进入21世纪以来，数字媒体、人工智能遍布我们生活的方方面面，形成了一种围绕技术而组织生产生活的新型社会秩序。技术社会的繁荣重新诠释了“人造物”的意义。按许煜的话来讲，它不是单纯征服自然的工具，而是建构影响人类经验与存在的动力系统。换言之，人造物、自然物、技术和实在物在技术社会得到了前所未有的统一，技术作为本体的实在论正在被广泛讨论。但邱正伦对这种技术社会却并不乐观。在《机器人时代》组诗中，邱正伦将他的悲观用一种反讽的手法呈现出来，传达出诗人对当今技术普遍性的深刻质疑。“机器人造型独特/马力十足/加上润滑油/它们的速度惊人/它们善于钻营算计/总是以大数据处理生活/立大项目，搞特大工程/一天赚上千万”（《与机器人打交道》）。诗人用一种反讽的手法，强调机器人的工作效率如何优于人类。接着诗人话锋一转写道：“就在一群机器人蜂拥而上的时候/我反身用手摸了一把它们/天啦，它们全身冰冷/没有血脉/更没有人味”。诗人对这种没有“人味”的人造物产生了一种高度质疑。这种质疑与其说是对技术的质疑，毋宁说是对技术社会的人的情感、情绪、欲望的质疑。在《我们总是情绪用事》中，邱正伦以谷歌机器人AlphaGo击败职业围棋手为背景写到“比如阿尔华下棋的时候/往往不考虑家庭负担/不承担情绪波动/计算越来越精确/在围棋高手陷入低谷时/阿尔华面无表情/直至胜利”。在邱正伦看来机器人的胜利也许就在于他的非人性。而对于我们人来讲，要达到机器人般的胜利恐怕要费一阵工夫，更有可能得不偿失。其实，诗人在这一组诗中关心的并不是技术可不可行，技术社会可不可有，而是想探讨作为个体生命的人是否在技术中丧失了人的尊严，成为没有人性的机器。

邱正伦的诗歌是介入的诗歌，也是关注人的诗歌。他随时准备着介入这个时代，发掘时代浪潮下的一个个具体的人的日常，伸展个体生命，谱写个体情感。也正是在介入现实的时候，邱正伦的诗歌创作完成了由抒情性写作向观念性写作的根本变革。

二、形式的介入：图像、书写、语词

邱正伦诗歌创作变革表现在其对诗歌的语词组合上进行了调整，还表现在诗人将其书画的图像经验和书写经验引入诗歌的语词关系中。那么，诗人是如何将图像经验引入他的诗歌创作中的呢？邱正伦自参加中国国家画院沈鹏书法精英班的时候就开始涉猎书法和绘画。他的书画作品极具浪漫主义色彩，笔墨如同鲁本斯笔下动荡的构图。这种动荡性是对书画原本意义的解构，它消解了文本的可读性和叙事性，从而凸

图7　邱正伦绘画之三

图8　邱正伦绘画之四

显了作品在图像意义上的多义性。邱正伦将自己书画创作上的图像经验引入他的诗歌创作中，他自称他的诗歌“不用过分光滑的语言”，这实际上意味着诗人主动与诗歌的文学性脱离。翻阅邱正伦20世纪90年代后期至今的诗歌，就会发现诗中纯抒情的语词逐渐减少，取而代之的是平实的话语和图像化的语词。比如“每一间房屋”“每件家具上面”“花朵的深处”“秘密的呼吸时刻”，甚至“癌细胞”“水分子”“易拉罐”“核弹头”“雾霾”等表述，它们构成了一幅幅图像。这些图像以蒙太奇的方式叠合在一起，增强了诗歌的形式关系，同时也削弱了语词的固定意义，让诗歌的意义更为多元。可见，邱正伦诗歌图像经验的获得正是在于他用图像的多义性取代了文学叙事的单一性，通过在诗歌中营造一种图像关系，逐渐削弱诗歌的语图对应，从而使诗歌意义增值。

邱正伦还将中国书画中的书写经验引入诗歌创作中。这种经验的切换要归功于“水墨”这一独特的媒介。水墨是邱正伦常用的媒介。他认为，水墨和抒情诗相似，因为水墨是书写性的。中国画中惯用水墨。水墨这种媒介的使用使中国画和西洋绘画产生了巨大的差异。西洋绘画的核心是图像，而中国画除了图像特质之外，还具备书写特质。高建平先生以“表现性动作”这一概念来诠释中国画中的书写经验，探讨书法对中国画，特别是对文人画创作的重要影响。中国古代文人讲究琴棋书画样样精通，如此一来，他们在书法上的追求也转移到绘画之中，从而形成了中国画重视线条、水墨等特点，这实际上也肯定了中国绘画的时间性和施行性。书写是动态生成的过程。书写除了包含书写的踪迹之外，还包含书写这个行动本身。按照德勒兹的造词方式，书写应该是“生成一踪迹”。时间在书写的踪迹中绵延，就如同诗歌意象在叙事的时间中绵延一样。因此，诗书画在古代中国艺术中高度统一。甚至在观看空间中也遵循时间的绵延。比如中国画的卷轴就遵循了一种时间的观看方式，即观看者必须在一种时间的展开中才能完全把握卷轴中的内容。

正因为邱正伦在诗歌创作中引入了书画的书写经验，所以他的诗歌文字是 富有流动性的。“雪花带着整个冬季的刀伤/在天空中发动政变”（《今年的落雪》）雪花这种纯洁柔和的物象，在邱正伦的笔下突然演变成一场“政变”。“雪花”和“政变”这两种意象瞬间的切换，打破了叙事的连贯性，使意义陌生化。这种陌生化增加了审美的难度，也延长了审美时间的长度。就像中国画中的留白，或者是中国书法中的枯笔，它延长了审美与对象之间的到达途径。同时，这种意象的切换也传达出了诗人写作这个行动本身。因为，在审美时间被延长的情况下，作者写作的施行性才能体现出来。总之，邱正伦把书

图9　邱正伦绘画之五

写经验引入他的诗歌创作中，造成一种诗歌意象的瞬间切换，使诗歌意义陌生化，它延长了审美的难度与长度，增强了诗歌的时间感，也突出了诗歌创作的施行性，使诗歌具备了一种书写的特质。

一方面，图像经验和书写经验贯穿于邱正伦的诗歌写作中；另一方面，邱正伦的诗歌写作也影响着他的书法和绘画。在邱正伦的书画作品中，我们可以看到，诗歌语言的多义性为他的书画作品构筑了一个超越现实的虚构情景。他画中的房屋似房屋又似树枝，他的书法似书法又似绘画。笔下的景象总是在真实和虚构中不停转换，在诗歌、绘画和书法间不断切换。因此，邱正伦的诗书画是视觉、图像、艺术与语言、文本、文学经验的交流和共振。这种经验相互交织、相互借鉴的目的并非用陌生化的形式来引起观众的注意，而是希望通过这种陌生化来传达作者的观念，表达他对社会的担忧和对人性的反思。介入的语言是为介入的行动做准备，邱正伦要介入的是更广阔的现实和人性。

三、自由伦理：介入的语言和行动

20世纪80年代，萨特的“介入文学”被引入中国，不仅在文学界兴起了一场关于“人的文学”的讨论，也带动了艺术界85新潮的产生。对于萨特来说，“介入”首先意味着话语的力量。在《什么是文学?》中，萨特认为话语的力量一方面来自语言本身，另一方面来自伴随着语言的行动。因此，当一位作家、诗人开始写作，一位画家开始进行艺术创作的时候，就意味着他借助媒介语言的力量，开始了某种行动。这里我们可以看到，文学艺术的介入实际上涉及形式和内容两方面，并且两者是相辅相成的。没有内容只有形式的介入往往并不存在，没有形式只有内容的介入则会将文学艺术和政治行动混为一谈，从而失去文学艺术审美经验的自律性，不能对现实世界展开真正的批判。邱正伦的诗书画艺术在语言和行动、形式和内容上延伸了介入，充分体现了文学艺术介入时代的意义。对于邱正伦的艺术创作来说，介入就是要回归人，回归人的文艺，传递自由伦理。

刘小枫先生将现代的叙事伦理分为：人民伦理的大叙事和自由伦理的个体叙事。人民伦理让民族、国家、历史目的变得比个人命运更为重要，而自由伦理只是对个体生命的叙事。自由伦理不提供国家化的道德原则，而只提供个体的道德境况，让每个人从叙事中形成自己的道德自觉。邱正伦的介入是为了声张某种时代、某种体制之下的自由伦理，这些恰恰是政治的介入无法完善的，因为政治解决不了人性的问题，而文学艺术可以。这也许就是邱正伦诗书画艺术中“介入”的真正意义：它没有宏大的叙事，相反，它往往随意攫取日常的语言、形式、动作、观念，一方面描画着日常的个体生存状态，另一方面又试图质疑、斥责、批判这些个体和时代交织的生命状态。

我与马识途先生二三事

陈明忠

我与马识途先生都是忠县人，我家到马识途先生家过去走山路也只有十来公里。所以，只要一提起马识途先生，我心中便有一种浓浓的同乡之情。马识途先生今年已经105岁高龄，而我只有66岁，他整整比我长约40岁，是我尊敬的长辈，故此，我常称他为马老。

记得在我小学毕业时，我家有一位叫余朝林的表叔常到我家走动，每次来他都要讲一些马老的故事，有的故事还十分惊险，像小说里、电影里讲的一样。余朝林表叔与马老都曾在当时的精忠中学也就是现在的忠县中学上过学，且年龄相近，马老稍长一点而已。再加上余朝林表叔的媳妇，即我的表婶马淑珍，与马老同是在马家大院长大的，所以余朝林表叔所讲的故事我一点都不怀疑，还给我留下了深刻的印象。

我第一次主动走近马老，还是20世纪70年代的事，当时我在忠县县委工作，一直有一种愿望，想读一些马老的书。于是便经常到忠县新华书店里去找。那时我特别想买一本马老的长篇小说《清江壮歌》，结果只买到了他所写的《找红军》这本小说，好在总是马老的书吧，也是可以慰藉我的心灵的。这本小说没有几天我就读完了，可以说是我学生时代至工作以来读书最认真最用心最投入的一次。四十多年后的今天我仍然记得书中的情节，仍还回忆得起当年读书的场景。一本《找红军》让我看到了马老当初的革命精神和传奇岁月。后来，我又零零散散地读了一些马老的书，特别是由马老的小说《盗官记》改编成的电影《让子弹飞》红遍中国时，我忍不住去看了多场。2018年年底，我还买了一套《马识途文集》。现在我已经退休了，没有公务缠身，身心特别轻松，时常拿出马老的书来读，每当此时心中便有一种亲切感。

真正第一次与马老直接接触，还是2001年的事。当时，我在忠县任县长，兼任着忠县长江大桥建设领导小组组长。2001年9月，县里决定要在刚竣工的忠县长江大桥北桥头建一座城市雕塑，并策划要有一篇经典的《忠州赋》刻于其上。当时我与时任县委的主要领导商定了一个原则：这个《忠州赋》必须由忠县人来写，而且赋的内容要能概括忠县古今，写出来的词句要富有文采，内容要有思想深度，经得起文学推敲，能够传之久远。经过多方了解，得知当时县里有一位叫陈仁德的中年人，有一定的古体诗创作基础，出版过诗集，马老还为他作过序，于是我推荐陈仁德来写，同时还另找了一个人，以便写出两篇稿子来进行选择。不久，两篇稿子都写出来了。经过比较，大家认为各有千秋，但总是觉得味道不够，最后形成一个共识：还是到县外去请忠县籍的高手来写。当时我就向县委主要领导推荐了马识途先生，县委主要领导也表示赞同，并决定由我负责联系并到成都去拜访。于是，我抽出时间与忠县长江大桥建设指挥部指挥长乐邦元一起，前去成都恭请马老为家乡写《忠州赋》。

马老的家住在成都市锦江区指挥街离退休老干部小区。马老热情地把我们迎进家里，让我们直接进了书房。马老的家并不宽敞，书房也略显拥挤。靠墙的两组书柜装满了文史类的书籍，写字台上放着几本书和常用的放大镜、近视眼镜、三五支毛笔。马老的左眼已完全看不见了，右眼要借助放大镜阅读。写字台中间靠墙放着电脑。原来，这位文学老人从1987年开始就使用电脑写作了，可谓是有些“潮”的。电脑旁边放着他一生的创作成果《马识途文集》。

我首先向马老汇报了家乡的发展变化，并热切地邀请马老在适当的时候回乡访问。马老笑着对我说：“好啊，我一定要回去的，那是我的家乡啊！我离开忠县的时间太长了。虽然我曾经回去过，但我还是要回去的，我要回去的。”马老说到后来，眼眶都有些湿润了。

话到正题，我简要地介绍了创作《忠州赋》的想法和情况，马老一边听着我的介绍，一边阅读我带去的两篇文稿。我的话音刚落，马老就直接谈出了他的意见。他认为陈仁德写的作品像赋，但内容不全面，要充实。另一位作者写的内容较全面，但整体结构及文字又不像赋。不过两篇文稿已经为《忠州赋》的写作打下了基础，可以在此基础上修改完善。

马老平易近人，是一位蔼然仁者。我们倾耳以听，生怕有遗珠之恨。他说：“我是一般不敢写赋的，现在有的人到处写赋，我看就不像赋，有的写得像戏剧台词。当年都江堰维修竣工，有人要我写赋，结果我还是只写了一个‘题记’。”他还打趣地给我讲：“本来家乡父母官来找我写赋，理当亲自操刀，但我眼睛刚在北京做了白内障手术，看文字不行了，只有请我的学生陈仁德到我这里来，还是由他撰写，我来指导，待写好后我再做修订，将来成稿后，落款就写忠州人陈仁德撰稿，马识途修订并书。”马老说陈仁德是他的学生，是因为马老为陈仁德创作古体诗做过指导。他还讲：“陈仁德是我的学生，他的这篇赋稿已经有了很好的架构，再经过改写，由我修订好后，等你们县委、县政府审定，认为可以了，我就亲自将《忠州赋》用隶书书写出来，也算我为家乡做的一点贡献。”听完马老的话，我深切感受到一位远离家乡的老人对家乡的情感之深。后来，马老便通知陈仁德去了成都，在他的指导下完成了《忠州赋》的写作。

《忠州赋》完稿后，我与县委主要领导取得一致意见，又请忠县师范学校的张继康老师进行斟酌，以防失误。张老师看后，指出文中的“泊乎晚明”一词可能是“洎乎晚明”的笔误，提出了修改建议。我电话向马老报告这一情况，马老特别谦虚地讲：“是的，是笔误，这个‘洎’字我印象中有四种意思。”马老一一向我解释。等到解释完了，马老在电话中还特别嘱托我，要我转达他对张老师的谢意，并一定要讲，张老师是他的“一字之师”。听了马老的这些话，我对马老由衷地感到钦佩！

现在呈于忠县长江大桥北桥头雕塑上的《忠州赋》就是马老精心修改的文稿，同时也是他精美书法作品的展现。《忠州赋》共有625字，用隶书书写，一气呵成，规整易读而不失书法之灵动，线条流畅而凝重，一幅长长的书卷成了这座雕塑作品的亮点。人们每到这里观赏，无不为之赞叹。这篇赋，这件书法作品，后来又被镌刻在了忠州博物馆的大厅，随忠县千年累积起来的文物一道，流传下去。

马老一直关心忠县的建设和发展，他在任四川省人大常委会副主任时回过忠县，对忠县的工作尤其是县域经济社会发展提出过宝贵的意见。2003年国庆节，马老带家人专程回忠县。此时我已调到长寿区政府任副区长。经马老和时任忠县领导的邀请，我回到忠县陪同马老。马老在忠县一共停留了4天，他不顾年近90岁高龄的虚弱身体，首先去了他小时候住过的坪山坝马家大院。由于长江三峡工程的缘故，曾经的马家大院现在已搬迁到了石宝镇，这里只剩下了一座古碉楼。他十分感慨地说，三峡工程是世界奇迹，百万移民，三峡人的贡献巨大；这个碉楼是马家大院的标志，它一直引导着我努力。我说，是的，马老从这里走出去，几十年了还记忆犹新，对这里感情至深啊！接着马老又去了石宝寨，现场观看和了解了石宝寨文物的保护情况。他说，石宝寨建筑是一个奇迹，真正体现了中国人传统的“天人合一”思想，现在保护得很好，我作为一个老忠县人感谢你们。最后，马老还去忠县长江大桥北桥头观看了城市雕塑，当看到他亲自修订并书写的《忠州赋》时，他的脸上露出了发自内心的笑容。他激动地讲述着关于《忠州赋》的事情，有一种作为忠县人能为忠县做点贡献的满足感。

为了加强地方文化的建设，长寿区从2010年开始建设菩提山文化旅游综合体。2014年10月，长寿古镇建设已经基本完成，与长寿古镇融为一体的菩提山文化旅游景区也完成基本建设任务。就在这个时候，我与时任长寿区委书记的周勇一起，专程去了马老的家，拟请他为菩提山文化景区题字。马老见到我们，如见久别的故人，抑制不住喜悦的心情(还特地请来了他103岁的三哥马千毅陪同我们聊天)。马老也谈兴很浓，他侄儿马万信几次招呼我们不要谈话时间太长了，怕影响马老身体，结果还被马老批评了一顿。我和周勇书记很快转移话题，进入我们请求马老为菩提山文化旅游景区题字的正题。马老听了周勇书记的介绍，十分高兴地答应了我们的要求，立即提笔为景区大门牌坊写下了“秀拔苍雄”四个隶书大字，其字与内容一样，真有一种苍劲雄拔之感啊。随后马老又为菩提圣灯塔题写了笔力遒劲的隶书“菩提圣灯”。马老一边书写一边话着家常，轻松而自如，笔笔见艺术。最后他又完成了“灯照万年天佑万代佛光无限耀寿乡；江流千里凤鸣千山气象更新开生面”的楹联。现在马老的字镌刻在菩提山文化旅游景区的显眼处，成为景区的文化风景，让很多游人驻足欣赏，拍照留念。

马老是著名的书法家，其隶书具有独特的个人风格，在全国书法界影响颇大，能求得一字算是幸运。2001年9月我去成都恭请马老为忠县写《忠州赋》的时候，马老不仅赠送给我他的诗集、书法作品集，还为我书写了“庶民为本，百业兴旺”的隶书作品，这件墨宝不仅是我珍贵的收藏品，更是鼓励我努力工作的座右铭。后来我了解到，2004年初，马老年近90岁高龄，还举办了个人书法作品展，书法作品展所得收入全部捐给了贫困大学生。2014年1月，马老还举行了书法义展义卖，所得收入230多万元，都捐给了四川大学文学与新闻学院。2015年是马老的百岁生日，他没有搞任何庆祝活动，我专程去成都看望了他，并向他赠送了两件书法作品，以示祝贺。一件是由九十九个同一“寿”字篆刻印章组成的一个大“寿”字，长寿区人称之为“百寿图”，也是长寿区的一个重要的文化礼品；一件是我自己书写的“百岁长乐，福寿无疆”四尺条幅。马老见了我送的礼品，非常高兴，当即回赠我了一本《马识途百岁书法集》。2019年1月8日，是马老的104岁生日。马老书写了一个行书体的“福”字，表达出了浓浓的喜乐之气。虽然这次我没有参加马老的生日活动，但生日那天他却没有忘记我这个远在重庆的家乡人，托他的侄儿马万信给我带回了他书写的“福”，至今我都感觉福缘不浅啊！

重庆石柱民歌
——《太阳出来喜洋洋》央视正名亲历记

童中安

1992年11月至1997年12月，我任石柱政协秘书长。其间，我无意中看到解放前夕，曾经在石柱搞地下工作的蓝河先生写给石柱政协领导的一封关于"石柱土家民歌啰儿调"的经典代表作《太阳出来喜洋洋》原产地的亲笔信。

蓝河先生的亲笔信大意是说：他在石柱中学以教书作掩护搞地下工作期间，就曾无数次听到过石柱民歌啰儿调。新中国成立后，他在西南文工团工作。一次偶然机会，路过一位首长家时，门口一个勤务兵，在边劈柴边哼啰儿调。由于其曾经在石柱听到过啰儿调，倍感亲切，感觉曲调特别优美，就请勤务兵从头到尾完整地唱了几遍。蓝河先生把词曲仔细地记录下来后，问他是什么地方的人。勤务兵说是石柱悦崃人，石柱解放后参的军。后来，蓝河先生对词曲进行了整理，以原歌词中的"太阳出来喜洋洋"命名，并经人介绍，再请当时在重庆沙坪坝教中学的金鼓老师对歌词做了适当的修改。然后，蓝河先生将歌谱直接报给时任西南文工团的领导蔡绍序老师。蔡绍序老师当时在音乐界已经很有名气，他看了曲谱后非常高兴，决定亲自演唱。蔡绍序老师的演唱很受欢迎，轰动山城。之后，西南文工团将歌曲录入磁带后送中央人民广播电台播出，歌曲立即受到全国各族人民的喜爱。《太阳出来喜洋洋》从此唱响神州大地，成为响彻环宇的世界经典民歌。蓝河先生在信的最后说，当时在确定是什么地方的名歌时，有人建议说石柱地方太小，没有知名度，就定为川东民歌吧，蓝河先生就采纳了这个建议。但此事一直是他放不下的一件心事，他要在有生之年，为这首民歌的出处正名。这就是蓝河先生亲笔信的大意。

看到这封信后，这件事也成为我的一桩心事。人们早已根深蒂固地认定《太阳出来喜洋洋》为四川民歌（或川东民歌），而真正的原产地石柱却没有沾上边，怎样才能把蓝河先生的这件心事告知天下呢？怎样才能让这首世界经典民歌真正"回归故里"，正名为"石柱民歌"呢？

也许是上苍格外眷顾这首如"游子"般"漂泊在外"的民歌，也许是巧合，我于1998年3月被组织安排到当时的石柱土家族自治县文化局任局长、党组书记。从那时起，我就一直在思考怎样运作才能为《太阳出来喜洋洋》的出处正名，但长期找不到突破口，理不出个思路来。

正当我感到悲观的时候，机会再次降临到这个"游子"的头上。县上在新一轮机构改革中，在全国率先组建全新的文广新局，并任命我担任文广新局局长、电视台台长、广电网络公司经理（两年后兼任文广新局党组书记）。这时我想到，要为《太阳出来喜洋洋》正名，必须运用最权威的宣传平台媒体——央视，来实现蓝河先生的夙愿和我的心愿。于是，我结合自己的工作，随时留心央视的宣传动态。功夫不负有心人，机会终于来了，央视四套正在做有关中国经典民歌的节目，我从中看到了希望。

然而，这一线希望很快又变成了绝望。我多方找人，四面出击，始终无法与央视相关节目组联系上。

就在我感到走投无路之时，我于2002年初到市广电局参加年终工作会时，主持人在会上介绍到一位英俊潇洒的先生时说："这位是中央电视台副台长刘顺发同志，现下派到重庆挂职锻炼，任重庆市广电局副局长、重庆广电总台副台长"。我的眼前顿时一亮：《太阳出来喜洋洋》衣锦还乡有希望了，这就是我前面说的上苍对《太阳出来喜洋洋》的特别眷顾和厚爱了。这也是解决蓝河先生的夙愿和我的心事的最后一根"救命稻草"了，我必须抓住这次机遇！

原本开完会后，我应立即赶回石柱参加县委常委扩大会议。为了《太阳出来喜洋洋》回归故里，我只好向当时的县委书记刘宝亚(后曾任重庆市南岸区委书记)亲自请假。在说明我要留下来找刘顺发局长汇报情况的缘由后，刘书记非常支持，并嘱咐一定要把事情办成功。在吃晚饭时，我千方百计不顾一切礼仪地举着酒杯到刘局长那里敬酒，并说："我受县委书记刘宝亚的委托，来向刘局长敬酒，并请求安排时间让我代表县上汇报一项非常重要的工作。"刘局长当即表态："欢迎，欢迎，我是下来学习的，请童局长多多指教，晚饭后到我的办公室，我们好好谈一谈。"

我草草吃完晚饭就在餐厅外等候刘局长，然后到刘局长办公室汇报了我的想法，并强调说：这是县上领导委托我专门找刘局长汇报的，也是全县五十多万土家人的共同请求和心愿，希望通过央视，让多年漂泊在外的"游子"早日衣锦还乡。

刘局长听完汇报后非常重视，当即与央视有关人员联系，说了个大概，并说详细情况他周末回京再当面沟通。打完电话，刘局长叫我等他的回音。这个时候我才感到从来没有过的轻松。

大约一周后，刘局长亲自给我打电话，说事情已经落实妥当，央视相关编导组及摄制人员一个月内到我县，要求我们到时候要全力支持和配合。我接完电话马上到刘书记那里做了汇报，刘书记还特地邀请岳中焕县长来一起听汇报。由于这是我县首次上央视近一个小时的专题节目，县委政府领导都非常重视。刘书记亲自拍板，由文广新局全权负责牵头，涉及的人、财、物等各个方面，县上大力支持，有什么情况，立即向县上汇报后第一时间给予解决。

后来的许多情况，当时的市、县领导及文广系统的多数同志都很了解，央视编导组和摄制人员到石柱前，我们已从全县抽调文艺骨干30多人开始编排《太阳出来喜洋洋》《太阳出来红满坡》等歌舞。央视编导组和摄制人员到后，按照他们的要求又增加了一些内容，拍摄了石柱的土家风情外景。经过一个多月的紧张工作，一切就绪，只等央视工作人员回去后期制作后，正式现场录制。

2003年3月初，我委托当时的石柱县文广新局党组书记李光奎带队，率领50多名演职人员进京，到享誉全球的央视进行时长45分钟的节目录制。随后中央电视台《魅力12》栏目在黄金时段播出了重庆石柱民歌、文艺音乐专题片《太阳出来喜洋洋》，在海内外产生了巨大影响。从此，《太阳出来喜洋洋》正式正名为重庆石柱民歌。

首播当天，正逢重庆市人民政府市长王鸿举到石柱视察工作，在征得县上同意后，我局制作了当天晚上的电视节目播出单，分时段看石柱新闻、重庆新闻联播、央视新闻联播，特别推出央视四套《魅力12》播出的《太阳出来喜洋洋》，同时在石柱电视台提前一周拉字幕预告央视四套《魅力12》栏目《太阳出来喜洋洋》的播出时间。特别值得一提的是，王市长看了节目后，当即找刘书记了解石柱文化广电事业的发展情况，充分肯定我县文广事业的发展成绩，文广合并、整合优势资源的经验值得推广，之后全市文广系统都借鉴我县的模式进行了改革。绝大多数区县参照石柱模式，将原来的文化局和广电局，以及新闻出版、文博、非遗等行政业务资源整合，组建为文广新局。

还有一个插曲值得一说。此次节目录制，我县演职人员到北京后的所有费用是央视负责的，其余费用由我们自行承担。最初，县上表态给我们20万元，但前期节目排练、服装道具制作、人员差旅等经费预算在

25万元左右，后领导决定县上拨款不足部分由石柱文广新局自行解决。因财政确实很困难，在正式划款前刘书记给我打电话，当时我正在去重庆开会途经涪陵的路上，驾驶员秦军怕开出涪陵后手机信号不好，就在涪陵的一个转盘转圈，等我和刘书记通完话后才开出涪陵。刘书记把20万元最后减少至8万元。我向分管文化的党组书记李光奎和文化馆馆长秦泽兵表态：你们只管大胆地做，演员生活要保障好，服装、道具都尽量做好，经费我负责想办法解决。县上只给8万元，剩下的17万元我可说是想尽一切办法才圆满解决。其中的甘苦，其他人是不会知道的。很多人知道，我们附近一个县的民歌为了上央视四套《魅力12》花了县上75万元，因种种原因，打了水漂，至今仍然是该县人民心头抹不去的一个遗憾和阴影。

最后要说的是，《太阳出来喜洋洋》在央视播出，既了了蓝河先生想为《太阳出来喜洋洋》原生地正名而长期忧积在心的一段心事，同时，还为我后来负责组织申报“石柱土家民歌啰儿调”国家级非遗保护项目打下了坚实的基础。

这项工作，得到央视、市局和县委、县政府的高度重视，得益于石柱文广新局全体同志顾全大局、精诚团结，得益于文化馆班子及工作人员的艰辛付出。感谢央视给我们提供了一个那么好的机遇，让《太阳出来喜洋洋》回归故里，让石柱重现“太阳故乡”的荣耀。

2014年04月14日初稿

2020年06月03日修改

太阳出来喜洋洋

石柱 民歌

艺苑

《新妆有锦》 中国画 李明(重庆)

《透过阳光》 水彩 石联敏（重庆）

《大山》 油画 肖亚东（重庆）

《威尼斯印象》 水彩 邢清辽（重庆）

《雅园之一》 水彩 阎云泉（浙江）

《蔡元培与光复会》 油画　章仁缘、尹骅、童雁汝南、李根（浙江、上海）

《玫瑰的样》 油画 张冬梅(重庆)

《边际》 油画 徐腾杰（浙江）

《大学城熙街甜园阁》 水彩　严光伟（重庆）

《雨前》 油画 肖家墨(湖南)

《静物》 丙烯 杨兴雅（辽宁）

《古城之外》 纸本色粉 黄益平（浙江）

《黄葛晚渡》 水粉 侯耘（重庆）

《谢尔盖小镇》 油画 吴本新（重庆）

《远方来客》 水彩 王海涛（浙江）

《杂花图卷之望蜀》 油画 王磊（山东）

《战地黄花分外香》 国画 方凤富（重庆）

《橱窗之二》 油画　赵康(江苏)

《启示.殇之一》 油画 边宁(河北)

《生长的代价》 雕塑 杨春生（广西）

《旧物新样》之一　不锈钢雕塑　陈浪华（广西）

《城市景观之四》 数码影像 张亚平(广东)

微信朋友圈的那些事

王美木

微信朋友圈在2012年就有了，近年来自从抢红包功能开通后，朋友圈的普及率猛增，有部分人已到了晚上睡觉前不看下朋友圈就难以入眠的程度。

一、“九宫格”的一点分享

大部分朋友发朋友圈时，九宫格的排列运用较多，但也出现了这样那样的审美上的缺憾。有的朋友发圈的时候很自信，九宫格里全是自己的照片，并且景别都差不多，比如九格里，都是半身，变化也不多，这样的朋友圈别人看着会疲劳的。就算你是大美女，九格里全是你的大头照，或者全是你的全身照，别人看了都会有审美疲劳的。

试想一下，我们吃火锅的时候，同样是九宫格，你不会把每一格都煮同样的菜吧。朋友圈的九宫格图片和吃火锅用的九宫格有相似之处。火锅九宫格中，正中间那一格很重要，我们一般留着烫毛肚、腰片等，朋友圈九宫格正中间那格一般放最重要或者你最喜欢的一张图。

发朋友圈时，形式上可以风景、人物、美食等混搭，这样在视觉上会比较舒适一些。

图1

九宫格图片排列有个很通俗易懂的方法——麻将式排列法。即把九宫格想成麻将中的“一筒”“三筒”“四筒”“五筒”，进行麻将式排列，这样便于理解，更不用死记硬背。

“一筒”就是把人物放置在九宫格的中央(图1)，周围8张图都是风景，或者都是你最爱的8张美食图。也可以反过来，8张人物照，正中间那张是美食或风景等。

麻将式“三筒”排列可以加强九宫格整体的动感效果，在九宫格里，自然形成一个对角线构图(图2)。只要这三张照片选好了，整个九宫格看上去会很有节奏感。按“三筒”排列的时候，建议先选“三筒”的3张照片。如图所示，充满节奏感的“三筒”的3张照片由明到暗进行排列，下重上轻，感觉人物像从早到晚跳了一天。正中间那张不用说自然是亮点。

为什么先选“三筒”的3张？因为其余的6张要做这3张的陪衬。剩余6张主要是为了烘托这3张，不能抢了这3张的风头，所以并没有把最好的风景照选入，使这9张照片形成一种协调一致的感觉。

图2

麻将式“四筒”排列，一般显得平稳流畅，可以制作成人应景的视觉感。如图3所示，在排列的时候第一幅和第九幅（即左上和右下），人物视觉有呼应，第三幅和第七幅也有一定的呼应，五张景物照，将唯一一张表现公路的放在了画面中央，让其凸显出来。

图3

麻将式排列可以灵活切换，这里只是举例而已。“四筒”相对可以表现景多一点，“五筒”则可以更加突出人物，关键是看九个格子里景物之间、人物之间、人景之间如何能够有呼应、有联系，或者相互凸显独立。可以根据你自身的喜好来排，只要不排列得太混乱就好。

一般黑色、深色视觉感较重，可排在下方；白色、浅色视觉感较轻，可排在上方。人物朝向可以朝内也可以朝外，看你想表达什么，也可以全部朝向同一方向，这可以表现九宫格整体画面的韵律感。

麻将式“五筒”排列方式算是一种较为稳定、人景分配很均匀的九宫格排列方式。“五筒”跟“四筒”不同的是，“五筒”中间摆放的人物可以是视觉中心点。图4四个角落的人物全部面朝内，这是为了突出九宫格正中间的那张图。

图4

假如我们将“五筒”这张图用一种开放式的方式来构图（图5），又会怎样呢？你会有什么不同的感受？分裂？延伸？没有刚刚和谐了？还是你更喜欢这样的排列？

图4九宫格正中间那张照片中的女孩会不会因为四周都有人在看着她，她感觉有些不好意思，所以她才有个遮着头的姿势？不过她看起来很开心。

图5

而图5九宫格正中间虽然是同样的人物同样遮着头，有没有感觉四周的人物都背对着她、不理她，甚至要离去，让她感到有些头疼，而不是不好意思了？

当然，这样的排列，各有各的看法、感受。

再组合一次(图6)，你看看会不会感到凌乱。

这样可能真的会“头疼”了。

至于人物朝向布局，看你想表达什么样的感觉，图7是两种相反的组合，以便对比。上面两幅图的视觉是两人相向而行，会带给人相聚相遇的一种较为舒适和谐的心理感受，而下面两幅图在视觉上会给人以背道而驰较为伤感的离别心理感受。在九宫格排列时，可以将两个有明显相向朝向的人物放在第四和第六图，正中间第五图可以是一个有纪念意义的景或者是特殊的人物。

图6

这样微妙的心理变化在对比中就可以感受出来了。那么我们在发图的时候，可以根据想表达的情绪，自行选择构图方式，当然还要结合好文字的搭配。

九宫格的运用方法很多，你可以将一张照片正方形构图后，裁剪出九个小的正方形，然后拼接起来构成一个九宫格。也可以将“一筒”“四筒”“五筒”设置成黑色、白色或者其他颜色。

九宫格全部都是人物照也不是不可，这种排列方法即“九筒排法”，但更多时候还是建议将人物或按景别，或按背景，或按服装的不同，用“一筒”“三筒”“四筒”“五筒”的方式来排列。

图7

这里简单介绍一下人物照的景别：

远景(气势)：人物全身在画面中较小。表现气势，忽略细节，强调整体与氛围。

全景(全貌)：显示人物全身，主体明显。

中景(关系)：半身照，可以是小腹以上也可以是膝盖以上。擅长表现人与人、人与物、物与物之间的关系，以情节取胜。

近景(刻画)：胸部以上，刻画神态、面貌。

特写(传神)：面部、手脚局部等，多用于刻画人物。可集中突出某一局部。

图8景别从左至右依次为：远景、全景、中景、近景、特写。

图8

如果9张图都是工作照，自己不好出镜，比如会场会议照，那么九宫格最中间那张较为重要，排列时，其不能受到周边图片的视觉干扰。简而言之，在预览九宫格的时候，你需要注意周边不太重要的图是否太抢眼。如果有这样的情况，就重新调节组合，实在不行，那些不重要的图就不要发在九宫格里。影响主图的有光影、景别、色彩等因素。

有的朋友喜欢发5张、7张、8张的朋友圈图，对于一些有强迫症的观者来讲，这些视觉上的“残缺”难以忍受，建议这三种形式少用。

二、精致“经营”

不要让太多的烂“片”（照片）耽误你和你朋友的时间。烂“片”太多，朋友看久了会烦的，虽然嘴上不说，但会选择不看你的图，甚至不看你的朋友圈了。

特别是那些很差的图，就不要发了，朋友圈不是每天必发，注重质量比数量更重要。你得保证你的精致，不放弃对精致的追求。朋友圈的图片一定要精致，为什么？因为图片越精致，朋友看的时间就会越长，甚至是细品，这就是精致的魅力。

只有把粉丝们像上帝一样去对待，你才能设计出很用心、很精致的朋友圈九宫格。

如果近段时间内实在没什么精致图文可发的，那就停下来，跟朋友喝下午茶聊一聊，不过最好的选择还是读书，聊天也好读书也罢，多思、多问、多行，才有真进步。当你的综合素养上了一个台阶后，你对朋友圈九宫格自然也会有新的见解。

你实在没什么可发的时候，宁可选择“饥饿销售”，保持神秘，宁缺毋滥。

1.选好自己的头像

我们搜索一下名人、明星等，他们的微博头像几乎全是自己，一般以近景景别（半身照）居多。

我们并不是要跟风，用自己的形象作为微信的头像，首先这就是自信的体现——“不怕给人看”，另外这也会给人以亲和力，识别度也很高。女性也可以选一张像自己的卡通头像或者自画像，男性朋友建议就用自己的样子作为头像。

2.删除一切负能量

当你认真地挑选照片发朋友圈后，假如有个别人在圈里捣乱，比如一些人发了一些诋毁性、消极性、贬低性的评论，你可以私底下告诉他没必要这样做，同时把这些“没有营养”的垃圾评论删除。如果此人还是一而再、再而三地把负能量“垃圾”“倾倒”在你的评论里，你可以将此人从好友中删除。如果不把这些评论删除，会对你造成不必要误会。这些负能量的东西，会给你身边的朋友造成不舒适、不愉快的感觉，他们在真实生活中可能会因此慢慢远离你。

3.关于朋友圈内容的建议

（1）“心灵鸡汤”类。

如果你想提升以后社交圈子的质量，建议不要发“心灵鸡汤”类的东西，尤其是转发的。“心灵鸡汤”看似有文化内涵其实缺乏文化底蕴，这类东西读多了，会让人腻味。

（2）“到此一游”类。

少用“到此一游”的图片。那些20多年前的“到此一游”的拍摄方式，今天真没必要再继续，除非你发的图正好有一张多年前同样地点的照片，能和今天的对比，这倒是个不错的主意。但单独拍摄一张“到此一游”就没必要了，你怕别人不知道你去了哪里吗？朋友圈可以发定位的。

旅游类拍摄可以边走边拍，尽量呈现自然状态。旅游人物照可拍一些非正面照，甚至一个动作、一个背景，都可以，没必要每张都是大头照。修图是个技术活，手机上修图的软件很多，有些还自带美颜功能。适当修图能达到很好的效果，只要不夸张到自己都认不出自己了就行。

(3)美食类。

首先注意尽量不要拍摄餐后的图，这一点大部分人都做得比较好，餐后的图给人的感觉很不舒服。

餐前与餐中的图片，从“吸引人”到“惨不忍睹”，给人的视觉感受会有很大不同。

可以观察一下光影的明暗对比，有明暗对比的图片更具视觉冲击感。不少餐饮店有射灯或者聚光灯，明暗对比的拍摄是很容易的。

大部分手机相机都有微距功能，可突出美食的局部，拍特写照时一定要注意图片的清晰度。手机相机没有微距功能的话，应尽量靠近食物拍摄，局部取景即可。这样拍出的照片视觉冲击力会更强。

拍摄时，点击屏幕对焦，对焦框旁边有一个像“太阳”的符号，可以上下滑动，以改变画面的明暗。

4.你才是朋友圈的主体!

哪些照片的内容是常受关注的？你！你自己！一个很精神的你，服饰、妆容搭配精致的你！到现在还有很多朋友对发图有误解，有的从不发自己本人的照片，要知道你朋友圈里基本上都是你的朋友、同学、同事、亲人，这四类人占的比例并不低，为什么不能发自己的样子?！有的喜欢发朋友或朋友小孩的照片，但发出后评论和点赞往往都较少，这样的朋友圈“经营”有些问题。尤其是一些想谈恋爱、想成家的未婚人士，竟然喜欢发自己的侄子或者别人的孩子的图，这很容易让人误认为你是已婚人士。发一些与异性好友“亲密合影”的图，也容易让人对你产生不必要的误解。比如有人想为你介绍对象，他们看了这些图后很可能会“望”而却步。

愿意主动看你朋友圈的人，最关注的肯定是你，发的图中有你或没有你，关注效果会大不一样。不信现在就可以试一试，发一些有自己模样的图，你会发现点赞和评论数都会明显增多。道理很简单，假如你关注了某位明星的微博，他每天就发些衣服、包包、化妆品，或者车子、风光、首饰品，就是没有他本人的图，你会满意吗？估计时间长了，你都不会再看他的微博了。

所以，如果以九宫格的形式发图，图中没有一张你的样子，时间长了，你的关注度会下降。如果你的朋友圈没有自己的内容，只是一些转发或推销，是很容易让别人屏蔽你的信息的。

5.朋友圈的分组功能

朋友圈可以分组发出，只让某群人看得到或只让某群人看不到你发的朋友圈消息。

分组的优势在于，在短期内，你可以“投其所好”地获得更多人的关注与互动。你可以建立一个运动群体，建立一个旅游群体，建立一个美食群体，建立一个读书群体……通过互动交流，的确可以在短期内让不同的人群喜欢你。

但长期而言还是很累的，这样的“累”就看你自己觉得值不值了。从长远看，建议不要经常使用分组功能。

若实在不懂如何经营好自己的朋友圈，你可以看一下别人的朋友圈中，什么样的图和什么样的文字让你感到舒适，你可以试着去模仿。

三、文字是“看不到”的说明

千万不要低估了发朋友圈时文字的重要性。它能弥补图片中难以表达的内容；它能分享你的思想、你的快乐、你的感伤；它更能唤起别人的共鸣。

文字功底需要长期积累，但是可以马上避免的就是说废话。什么是废话？有些图一看就知道作者想表达什么，但还要用文字重复一次，这些文字就是废话。

文字需要表达图片背后看不到的那些东西，比如拍照时一些突发的难忘的经历，你对照片的一些看法、想法……图片肯定有信息量不足的地方，所以文字就是对这个信息量的补充。有时候文字可能比你的图更精彩、更有看点和评论点。

配图的文字若是能够有效拉近朋友之间的关系，实现相互的欣赏，就会变得非常有意义。所以，还是在图文的搭配上花点心思吧！

若你的文字写了跟没写一样，别人顶多点个赞；或者文字的内容把一件事说“死”（方言，不能变更的意思）了，别人看了就算想和你对话，也不知道从哪里谈起；尤其是分享了一些负能量的东西，别人就更不好说什么了。

假如不知道怎么写，可以结合一些中性话题，比如热点、体育、天气、服装、饮食、旅游……

过度谈论自己的生活、事业、规划等，很可能会显得自夸，让人感到你自满和虚荣。但过于谦虚，甚至自贬，会让人觉得你是个不自信的人。

四、“圈”外的一点分享

最后，还是得自己多充电，不论在什么样的时代，无论科技怎样进步，人性不会变。综合修养得到提升，才有高质量的内容，才能拍美图，写好文。

推荐几大类书籍，抽时间静心读，用心思。

历史类：包括任何领域的史类，你喜欢的领域的历史，你工作领域的历史，了解一下这些领域是怎么诞生的，又如何发展的，现状如何。

鉴赏类：读一读文学鉴赏和艺术鉴赏类的书籍，除了能增加你的综合审美能力外，还能增加你不少的谈资。朋友圈发图最直接相关的就是摄影鉴赏类了。

评论类：看一看名家是怎么评论别人作品的，对你书写朋友圈的评论或者自己给九宫格配写文字非常有帮助，至少能教会你如何引导别人欣赏你的九宫格。

理论类：对你的进步来讲，这一类的帮助最不明显，但却非常重要。理论类书籍表面上看似乎没有直接的帮助，看着还很累，但这是你在今后几次质的飞跃中，必不可少的东西。

摄影技法类，这里没有列举，其是拍好照片的基础，赶紧自学吧！

金桥吹打：青山唢呐如马嘶

简云斌

绵延的青山深处，一声高亢、明锐的马嘶声兀地响起，俄而万马齐鸣，声震云霄，其间又伴以雄浑清脆的“得格斗、得格斗”的马蹄声，那是马群在扬鬣奔驰。古老的大地被震荡得血脉贲张，山与水在这阳刚十足的野性鼓舞下，竟也似情不自禁地旋转起来……然而，走近了细看，那场景不过是十几个粗犷的农家汉子正站在空旷的山地上，如醉如痴地吹着唢呐，击打着锣鼓。

大地是舞台，群山是听众，生命的原动力被他们宣泄得如此淋漓尽致。这，就是国家级非物质文化遗产、巴渝“十大民间艺术”之一——重庆市万盛经开区金桥民间吹打的魅力！

田野间的鼓吹声

沿路千家响唢呐，连村十里传鼓声。

从万盛城区出发，向北六七公里，就来到金桥镇境内。这里丘陵起伏，山清水秀，农事发达，是万盛唯一的纯农业镇。近年建成的青山湖湿地公园更是波光粼粼、白鹭翩翩。金桥吹打就诞生在这片青山绿水之中。

据考，金桥吹打起源于宋末元初，距今已有七百多年的历史，原称“青山吹打”，因发源地为青山乡，故名。1992年，青山乡与金桥乡合并为金桥镇，“青山吹打”改名为“金桥吹打”。

以前，金桥镇有吹打乐班七八十个，从艺者近700人，尤其是在青山村、马头桥村，很多男女皆擅此道。山乡生活清苦、文化单调，村民们通过吹打来自娱自乐，把寻常日子摆弄得有滋有味。

金桥吹打植根于这方朴素的土地，乡风古韵浓郁，原生态特征明显。金桥吹打从吹打仪式上，可分为婚庆、寿庆、丧礼、祭祀、节会、农事等类别；从演奏技艺上，按吹法和打法的不同组合，可分为品打、刁打、散打、干打、夹打、刁散打、竹叶吹奏、口哨等形式。吹打曲牌丰富，共有1000多个，许多曲牌是口口相传的传统调子，如《鸡公调》《采桑调》《将军令》《上天梯》《朝牌》《宫堂》等。在传承的过程中，艺人们又自创了大量新曲牌，如《青山水落音》《疾马锣》《急马出山》《闹春耕》等。

每遇村里有婚丧嫁娶，便是艺人大展身手之时。特别是人家娶媳妇，吹打汉子们显得比新郎还高兴——接花轿时，他们给新娘吹《花大姐》《奈烦些》《花幺妹上轿》；在路上遇到另一队花轿，路窄拥挤时，就吹《九流星》《慢慢梭》，于是两方互相礼让，皆大欢喜；来到新郎家门，要吹《哪里哪里抬起来》；开席时，要吹《霸王安席》；送入洞房时，要吹《采花》《交杯酒》《贺新娘》……

一曲曲清越明亮的乐曲，温润着这方山水，让田野、村庄、禾苗与树叶在薄雾中伸长了耳朵。

山冈上创立"马风派"

金桥吹打以音域宽、音量大、力度厚、音色明快、穿透力强的"马风派"演奏风格，享誉渝南黔北。已故著名音乐家、重庆音协原名誉主席叶语先生曾经评价说："马蹄阵阵，马声昂扬；青山吹打，荡气回肠！"

"马风派"的首创者名刘多二，马头桥村漆匠沟人，大约生于清道光初年，卒于光绪中期，是一个远近闻名的吹打师傅。一天，刘多二率乐班到綦江莲花乡做了两天丧仪回家，途经马鞍山休息。时逢夏末，凉风阵阵，刘多二拿出唢呐乘兴吹奏，谁知哨管坏了，他用麦秸修好试吹，没想到发声十分清脆，酷似马叫。刘多二大感惊奇，环顾四周，发现他们正坐在马鞍山的马颈上，他灵机一动，当场决定创立一个门派，叫"马风派"！

回家后，刘多二与鼓师刘云池合作，多般摸索，终于演练出一套成熟的"马风派"风格——以唢呐声模拟马嘶声，以鼓声模拟马蹄声。如演奏《疾马锣》时，领吹者口含唢呐，抬头挺胸，手推唢呐向上，如骏马前蹄腾空，头向上昂扬，如马嘴张开怒嘶；同时，一人敲鼓，两人敲锣，鼓发"得格斗、得格斗"之音，恰似马蹄之声。曲至高潮时，竟有万马狂奔之势，其场面荡人心魄。

"马风派"经刘多二、刘汉卿、向义云、向紫钦、翁庆华五代传人的不断完善和发扬光大，产生了广泛影响。

两代宗师——向紫钦和翁庆华

金桥吹打第四代、第五代掌门人向紫钦、翁庆华二人，在曲牌创作、乐器改进、演艺创新等方面做出了重大贡献。

向紫钦生于20世纪20年代，卒于90年代，只读过几天私塾，但天分极高，集吹打、书法、刻字、漆匠、石匠、篾匠、泥瓦匠等于一身，是一个全能型乡土人才。他首创三台（次高音唢呐）与头台（次中音唢呐）合吹，再创莽台（低音唢呐）与高音、中音唢呐合吹，使金桥吹打几百年一直沿袭的两人合吹、五人合奏的单调技法，发展成为十几人合吹、几十上百人合奏的盛大局面。他还发明了"浪荡词"记谱形式。"浪荡词"与黄色无关，乃是用"啷""当""罗""底"等汉字标注吹打音符。在此之前，民间吹打都没有曲谱，只能靠师徒之间口传心授。这一发明，大大方便了吹打技艺的传授。

1957年，向紫钦率队代表重庆市民间音乐界，到成都参加四川省农村文艺调演。他们以一曲自创的《闹春耕》赢得满场喝彩，最后荣获二等奖，并被推荐进京演出。

听说要去北京，这些一辈子都在穷山沟打转的队员十分兴奋。谁知乐极生悲，在重庆集训时，主力鼓手封树勤不幸遭遇车祸，受伤住院。向紫钦挥泪决定放弃进京机会，这成了他的终生憾事。直到他去世后20年——2010年6月5日，金桥吹打终于再获进京机会，到央视参加《民歌·中国》节目录播。一曲气势磅礴的《急马出山》把"马风派"艺术演绎得尽善尽美，现场的导演也不禁竖起了大拇指。不知向紫钦在天之灵是否感到一丝安慰？

翁庆华（1927—2004年）是向紫钦的嫡传弟子。他从小就爱好吹打，但遭家人反对，唢呐还被砍烂过。他痴心不改，常常半夜跑到离家较远的石桥上苦练。20岁时，他已小有名气，被向紫钦发现，收归门下。在师傅的悉心指导下，翁庆华的技艺更加精进。

向紫钦因年老气衰退出舞台后，翁庆华主持吹打业务，他十分注重博采众长，先后向8位知名艺人学习过。翁庆华一生中，为金桥吹打改编创作了100多个曲牌，可谓集大成者，如根据传统曲牌《鸡公调》《将军令》《黄莺调》等改编的《排教》《打点子》《春到养鸡场》《蜜蜂围绕菜花飞》《三庆》等，可称代表作。

1985年，翁庆华带队为重庆市"民间器乐集成"办公室现场表演录制了300多个吹打曲牌，这些曲牌都是金桥吹打独有的艺术珍宝，后收入《中国民间器乐集成·重庆卷》。1999年11月，他被评为“巴渝优秀民间艺术家”，2004年夏天去世。

“青山莽”——天下第一唢呐

金桥吹打的乐器也别具一格。经过历代艺人的改进，吹奏乐器唢呐由以前单一的中音（普台）发展为高音（海笛）、次高音（三台）、中音（普台，又称二台）、次中音（头台）、低音（莽台，又分为小莽、二莽、大莽）等品种；打击乐器除原有的鼓、钵、锣外，增添了马锣、铛锣、小鼓、小锣、大鼓等品种。乐器搭配得体，吹打时音域宽广、音质悦耳。

2006年元旦，在重庆举办的“中国非物质文化遗产保护成果展”上，金桥吹打有31件乐器精彩亮相。最引人注目的是一支叫“青山莽”的唢呐，它体形庞大，长4.5米，喇叭口直径达1.8米，演奏时需四五名壮汉合力抬起，号称“天下第一唢呐”。1月3日，中央电视台新闻频道以“重庆：天下第一唢呐”为题，对这支“青山莽”进行了专门报道。

金桥吹打的大部分乐器都是艺人自制的。唢呐和鼓看似简单，但制作起来十分辛苦。据考证，一支普通的唢呐要经过选材、风干、切割、绞管、车圆、钻孔、编喇叭口、刮灰上漆、安气盘、装麦哨等几十道工序；一面鼓也要经过采鼓桶、削牛皮、绷绳、定音、上钉、套箍等若干工序。

目前，金桥唢呐制作高手有两位，一位叫向士林，已60岁，一位叫尚世田，30多岁。据说尚世田是在向士林那里偷师学艺的，别人问他，他只笑而不语。“青山莽”是尚世田做的，花了一个多月功夫。

走向更宽的舞台

自20世纪50年代以来，金桥吹打开始走出大山，引起世人关注。1957年，金桥吹打首获重庆市农村文艺调演一等奖，并代表重庆民间音乐参加四川省农村文艺调演；其后50多年间，参加国家级和省市级演出30多场次，经常捧“金”抱“银”。2000年，金桥吹打和接龙吹打并列为“巴渝十大民间艺术”之“巴渝吹打”。2006年，金桥吹打列入第一批国家级非物质文化遗产保护名录，金桥镇被文化部命名为“中国民间文化艺术之乡”。中央电视台多次来金桥拍摄吹打节目，播出有关专题6次，引起很大反响，金桥吹打名扬四方。

近年，由于流行文化不断冲击乡村生活，金桥吹打也遭遇了后继乏力的困难。当地政府对金桥吹打进行了抢救性保护，将之作为第一号地方特色文化予以培育。组织专业文化工作者对曲牌进行挖掘、整理，并培训队伍、编辑音像教材。

同时，金桥镇成立了专业艺术团体——“金桥民间吹打艺术团”。队员张登洋、徐才林等已成为金桥吹打新一代领军人物。2010年，张登洋被授予“国家级非物质文化遗产传承人”称号，徐才林、刘大碧、尚世田、刘正权4人被授予“市级非物质文化遗产传承人”称号。镇政府还在中小学校设立了少儿吹打培训基地，已培训8批300多名学生，其中不少孩子进入了吹打艺术团。

在政府的帮扶下，金桥吹打不断从田野走向庙堂，从乡村走向城市。2010年以来，在中国（重庆）首届羽毛球文化节、端午节重庆文化周、央视“民歌中国”展演等重大活动中，金桥吹打一次又一次地张扬着它独特的艺术魅力，吸引了无数的眼球。

文人雅舍的精神追求

李正权

古今中外，文人都是社会的精英阶层，他们的需要往往具有超前性，并且呈现出鲜明的个性色彩，因而往往成为人们追捧的对象。在住房方面，古代文人追求的雅舍，不仅充分反映了他们的精神追求，而且也反映了他们的生存状态。雅舍与他们的心理相结合，融为一体，成为建筑心理学研究的一个重要范本，可以为我们所借鉴。

一、山野居舍求自然

古今文人住宅，首推一个雅字。何为雅？雅就是不俗，也就是非一般人所能认识或所能拥有的。古代封建社会，一般人追求的是高楼深院、朱门官邸，此为俗。与此相对立，文人们则追求雅，选择山林乡野、茅屋草房。即使做了官，也时时念叨："归去来兮，田园将芜胡不归？"

雅舍的第一要义，是避开城市，避开闹区，返归自然。明代园林建筑家文震亨说："居山水间者为上，村居次之，郊居又次之。"也就是说，与自然山水的亲和关系，与市尘远离的程度，成为评判雅以及雅的程度的标准。离市尘越远，与自然山水越亲和，越雅。读古文古诗，看古人的画，你就能体会到这一点。陶渊明"开荒南野际，守拙归园田"，成为古代文人的偶像；杜甫的"草堂"，甚至成为古今文人的圣地。

这似乎与现代人厌恶污染，向往自然相类似。其实不然，二者有本质的区别。古代虽也有污染，但还不严重，还不至于要经常去"洗肺"。古人返归自然，纯粹是为了一种文化意味。"野外罕人事，穷巷寡轮鞅。""世上事如许，山中人不知。"山野能使人淡泊功名之心，能使人遗忘纷繁险恶的现实，恬然自乐，超然尘世，当然就雅了。但是，除陶渊明等极少数真正淡泊之人之外，不少文人追求雅，或者是做给世人，包括给皇帝看的；或者是不能成就功名，退而求之的无奈之举。此且不论。山野居舍，有山林溪谷可游，有明月清风可赏，有清泉鸟唱可闻，有松菊梅竹兰可友，有琴棋书画可玩，悠闲隐逸，不劳而"获"，当然雅，当然不同于"密匝匝蚁排兵，乱纷纷蜂酝蜜，急攘攘蝇争血"的城市生活了。

大约自魏晋以来，文人们就一直把山村乡野作为择居的首选之地。不仅落魄文人如此，连达官贵人，甚至皇帝也要附庸风雅。王维终身为官，却在终南别业建屋，后又在蓝田辋川长住。清朝皇帝修避暑山庄于承德，不讲富贵而求平民化，也是求这个雅字。不过，这些建筑的雅、平民化，与当时的民宅相比，又有天壤之别。从形式上看，似乎有些相似，那内容则完全不同。避暑山庄外表的简朴，并不能掩饰其富贵的内涵。就连陶渊明那"八九间"草房，也不是一般农民所能拥有的。杜甫草堂毕竟还有"三重茅"嘛。因此，要求得这个雅也并非那么容易。

显然，这种追求山野居舍的文化心理，可以追溯到"返归自然"的老庄哲学。虽然老庄哲学有消极的一面，但是从现代科学观点来看，山野居舍对人的身心健康却是极有好处的。随着经济的发展，城市的污染越来越严重,发达国家的有钱人早已把自己的住宅别墅往乡间转移。我们现在尚无此实力,但返归自然求山野迟早也会成为新的居住潮流。

二、茅屋草房求古朴

"方宅十余亩,草屋八九间。"陶渊明辞官隐居,构筑的就是草房。历史上有名的茅屋草房还有杜甫的成都草堂、裴度的绿野草堂等。元代杂剧家马致远的"绿树偏宜屋角遮,青山正补墙头缺。更那堪竹篱茅舍",将茅屋草房的意味表现得很是透彻。雅舍的第二要义就在这"草"字上,其本质是素朴。当然,素朴不一定就是茅屋草房,但绝非高楼深院、朱门画栋。试想,山林野外,一栋红墙绿瓦的建筑缀于其中,与恬淡、幽静的环境又怎能协调?身居山野却不忘荣华富贵,又怎能说得上雅?达官贵人的别墅,实际上破坏了风景的统一性。素朴雅舍,实际上是返归自然求山野的必然要求。

笔者当知青时住过草房。草房年年要翻盖,且有为"秋风所破"之虑,其成本并不一定就比瓦屋节省多少。除非一时拿不出那么多钱来买瓦外,农民尽量不盖草房。古代文人,哪怕是很落魄的,并不比农民穷,至少还有"方宅十余亩"可耕,盖草房并非仅仅是因为穷。裴度做过宰相,被封为晋国公,岂可言穷?大观园的奢靡,连皇帝娘娘都颇有微词,可其中还是弄了一处"稻香村",盖了几间茅屋。贾政初见,竟言:"未免勾引我归农之意。"那是附庸风雅,因而贾宝玉认为其"百般精巧,终不相宜"。由此可见,雅的含义中有反潮流的意思,有追求古、朴、穷的要求。即使不是茅屋草房,只要古朴,只要不显富冒贵,只要和自然协调融洽,也可称为雅。

茅屋草房为何显得古朴呢?我们知道,人类最早的居室就是草棚。在西安半坡,你就可以看见6000多年前的草棚(复制品)。据说,大约到了周朝才有了瓦房。既然尧舜禹都住茅屋草房,以古圣贤为楷模的文人,当然就要追求这种古朴了。

盖草房的草,不外乎麦草、稻草、茅草三类,前两种是农作物的副产品,后一种也只有山林野外才有。茅屋草房也就隐含"归农之意",与做官为宦相对。古代文人除极少数外,都想做官,可官并不好做,动辄惹祸烧身,因而是俗。相反,"归农"则为雅,茅屋草房即是象征。

草房屋顶沉重,只有土墙房才能盖草。土墙草房冬暖夏凉,自有其妙处。若能每年翻盖,其舒适度并不比瓦房差,这或许也是文人追求茅屋草房的原因之一吧。

山东省荣成是一个美丽的海滨城市。荣成海滨有一处别墅区,7栋草房按北斗七星的顺序和位置排列。还未建好时就有韩国商人来购买,一栋就出价5万美元。当地人惊呆了,将此消息告诉草房的设计者戴复东教授。戴教授说,不能卖,那太便宜了,一栋草房应当卖到50万美元。后来,还真有人出这个价钱来买下了这7栋别墅。

戴复东是我国著名建筑师、同济大学教授、中国工程院院士。他设计的这处别墅,7栋草房浑然一体,细看每一栋又各不相同,细部设计颇具匠心,充满了艺术韵味。盖房的材料是一种海草,铺在房顶上不仅防水性能好,还能防火,而且还花不了多少钱。7栋草房的通道,是用废了的小石磨铺成的。在石磨之间的缝隙以及石磨上的孔洞中种上草。石磨上的纹路不仅美观,而且踩上去不打滑。当初这些废石磨是从乡下农民那儿以每个10元人民币的价格收购来的。草房内,一色的传统红木或柚木家具,窗帘和坐垫一律选用蓝底白花的土布做成。窗扇的样式则是胶东民间风格。这样的草房,又建在海滨,岂能不雅,于是成为高品位的艺术品,当然也就可卖出惊人的高价了。

看来,古代文人的雅舍观在现代人心目中也有相当的影响,不仅影响着中国人,也影响了诸如韩国人、日本人等有东方文化传统的外国人。

三、花木鸟鱼求亲和

“榆柳荫后檐，桃李罗堂前。”读过陶渊明诗文的人，大约都能在大脑中构思这样一幅山乡住宅的图画：屋后有高大的榆树、柳树，屋前则是桃花、李花盛开，篱侧种有秋菊，篱外桑树一片，有鸡鸣狗吠，有鸟喧虫吟，抬头可望山鹰盘桓，俯首可望溪涧鱼游。何等优雅！与花木鸟鱼亲和，是文人雅舍的又一重要内容，再穷也要在宅旁种树栽花，否则就俗。

重视动物植物景观的设计，实际上是雅舍“返归自然”意蕴的继续和延伸。明代园林建筑家计成在《园冶》一书中一再强调花木与文人住宅的关系，认为花木是“护宅佳景”。按现代科学理解，植物景观具有调节空气湿度、消除噪声污染、遮阴降温等多方面的生态平衡功能。与西方古堡住宅相比，与花木鸟鱼亲和的中国文人住宅更利于人的生存。然而，并不是说文人们对所有的花木鸟鱼都亲和，选择何种花木，何种鸟鱼，正是雅与俗的分野。“竹皮屋子槿条篱，繁蕊浓花最不宜。”在茅屋草房前种上浓艳的牡丹之类，风格不协调，怎能称为雅？

“宁可食无肉，不可居无竹。”竹往往是雅舍美景不可或缺的因素。古人认为，竹有四美，青翠碧玉色泽美，挺拔婆娑姿态美，摇风曳雨声韵美，情影映窗意境美。再加上寄托在竹上的高尚品格与淡泊情操，文人对竹更是爱意浓酣、恋情难尽。大观园中的林妹妹，住潇湘馆，“有千百竿翠竹遮映”，正反映了她孤高傲世的雅。

其次是松柏。松柏落落出群，四季常青，历来是正直、崇高、不朽等正面形象的象征物。文人雅舍往往松竹互植，夜坐窗前，静听松竹交响的旋律，在“竹声风雨交，松声波涛翻”的意境中，感受摄人心魄的崇高美。“大雪压青松，青松挺且直。”文人所追求的雅，在相当大的程度上可以说正是追求这种“挺且直”。

柳树与松柏本非一类，也无崇高的意象，但自陶渊明作《五柳先生传》以后，柳成为安贫乐道、不慕荣利、胸怀旷远、淳朴率真的象征，于是也成为文人雅舍不可或缺之物。特别是傍水之屋，屋前必有垂柳，否则就不雅。

此外，梅、榆、槐、桃、李等，也是雅舍常选的树木。

仅有树木还不够，地面上还得种花草，才能形成立体的美景。雅舍种花草，也要选那些有道德象征并能给人以美感的植物，如菊、兰、莲之类。

菊花开于晚秋，迎寒霜冷风怒放，其品格高雅，卓尔不群，任何雅舍都不能没有。“采菊东篱下，悠然见南山。”陶渊明诗一出世，菊花又成为隐逸者的象征，更受到文人墨客的一致欢迎。“东篱把酒黄昏后，有暗香盈袖。”这是一种雅。“秋菊能傲霜，风霜重重恶，本性能耐寒，风霜其奈何？”这又是一种雅。“秋光独占人堪慕，岂与春桃一处开？”更是一种雅。

“幽兰在山谷，本自无人识。只为馨香重，求者遍山隅。”兰草有香气，古人很早就将其作为香料来源。兰甚至成为美好的象征，如兰章（美好的文辞）、兰梦（怀子之梦）、兰室（女子居住的香闺）等。兰是我国栽培历史较久的盆栽观赏植物之一，乃高雅之物，雅舍当然不能没有。

自宋周敦颐的《爱莲说》流传后，莲因其“出污泥而不染”，成为洁身自好的象征，也受到文人雅士的一致青睐。莲长于水中，按风水学说的要求，房前应有水塘之类。水塘里种莲，自然就能给雅舍增添美景，主人睹物自慰。

植物往往只能是静态景观，而禽鸟游鱼则可以构成雅舍的动态景观。鸟以鹤为首选，鱼以赤鲤等为必备。

《易·中孚》：“鸣鹤在阴，其子和之，我有好爵，吾与尔靡之。”后来，鹤鸣之士就专指未出仕而有名望的人。《后汉书·杨赐传》:“斥远佞巧之臣,速征鹤鸣之士。”雅舍主人往往都是这种鹤鸣之士,当然就会偏爱鹤了,以表明自己鹤立鸡群的志向。鹤脚长,行动优雅,又的确富有观赏性,非其他鸟类能比,首选也就成为必然。

古人养鱼不像现代人这样用鱼缸养金鱼,因房前有水塘,鱼也就养得很多。赤鲤等有鲜明的色彩,与水中的莲形成对比,既使人赏心悦目,又能表现主人的悠闲自得之闲。

总之,雅舍选植选养的花木鸟鱼都浸润着文人们的理念和性格特征。如果选用不当,就会破坏雅舍的整体风格。

四、城市山林求中隐

古代文人中像陶渊明那样真正的隐逸之士毕竟凤毛麟角,不少隐士往往用“隐”作手段,去求功名利禄,这被称为“终南捷径”。捷径者,近路也。“隐”竟成为出仕的近路,真是莫大的讽刺。

仕与隐一直是古代文人难以真正解决的矛盾,于是就有人在这夹缝中选择了一条中间出路。白居易提出的“中隐”理论,其核心内容就是:既不永绝宦情,又通过对文人生活情趣的发掘与加工,来强化自身存在的意义,在仕与隐、俗与雅中求得平衡。“中隐”理论一提出,就在文人士大夫中引起广泛共鸣。该理论反映到文人住宅建筑上,便出现了城市山林——文人园林住宅。

我国的园林建筑出现得很早,商周时代即已有规模较大的园林了。秦始皇的阿房宫更是规模宏大,无可比拟。但那都是皇家园林,不能称为雅。后来也有了私家园林,但往往是大官僚所建,主要是为了显富贵,也不雅。白居易提出“中隐”理论后,文人们才将园林与山林结合起来,在俗中求雅,推出了城市山林。所谓城市山林,即在喧闹的现实空间中缔造一个远俗离俗的、与山林同构的居住环境,把原来对立的闹市与幽山、城市与乡村统一起来。明清时代,江南园林蓬勃发展,出现了一批被誉为“城市山林”的优秀园林。上海豫园中有一个三穗室,如今都还悬挂着“城市山林”的匾额。

去过苏州的人无不为其园林叫绝。例如留园,本在大街上,入门以后,有浓荫蔽日,有风摇竹影,有繁花茂草,有山壑流水,有鸟鸣虫吟,真是“门庭雅洁,室庐清靓,亭台具旷士之怀,斋阁有幽人之致。”“令居之者忘老,寓之者忘归,游之者忘倦。”但一出大门,又是闹市。二者结合之巧妙,令人叫绝。此外,如拙政园、网师园、狮子林、浪沧亭等,都有类似之妙。明王献臣因受诬陷而降职,归隐苏州,建园并名之为拙政园,那种不能为仕不能为政,而只能借归隐等待时机的用意,是相当明显的。拙政二字既是自嘲,又是在向他人,包括皇帝暗示,其“中隐”意味很浓。

类似的私家园林,全国各地都有,重庆也不例外,例如鹅岭公园前身为礼园,系清末重庆商会首届会长富商李耀庭所建。不过重庆的园林建筑时间大多在21世纪,“隐”的意味已淡,显富的意味更浓。

明清园林致力于追求和再现自然风景,以突出返归自然的反俗归雅精神,甚至影响了皇家园林。乾隆皇帝建圆明园、避暑山庄,就大量吸收了江南园林的建筑意蕴,在显示富贵堂皇的同时,也追求雅,使雅也变了“色”。

有了城市山林,文人们就可以不到深山野地去建茅屋草房了。这样,他们既可享受城市的繁华和快捷的信息,又可以雅自居,两全其美。不过,与陶渊明比起来,那雅味也就差之远矣。因此,明清两代已经难以见到著名的隐逸者了,反映隐逸的诗文也极少(叫穷的却不少)。文人雅舍也变了味,一是造价高了,二是透出了富贵色彩,三是离自然远了。但是对建筑艺术来说,明清园林却有着极大的文化、借鉴、保护等方面的价值,成为我国古代建筑艺术中一颗璀璨的明珠。“上有天堂,下有苏杭。”苏杭的园林的确可以称为人类居住环境的典范。

到了现代，文人身居闹市，住高楼大院，门额题上“雅舍”什么的，更是滑稽。看来，雅是很难的，俗人就俗人，何必去标榜那个雅字呢？俗人偏偏要标榜雅，往往就滑稽了。

五、内部陈设求幽致

文人居舍之雅不仅表现在其所处的环境、其建筑风格和其门庭后院，也表现在其内部陈设上。“韵士所居，入门便有一种高雅绝俗之趣。”到明代，已有一批专著问世，专门阐述雅舍的室内装饰和陈设，如文震亨的《长物志》、李渔的《一家言》等。

首先是注重家具的品性。雅舍要求所有的家具陈设，既要有“坐卧依凭，无不便适”的实用性，又要有“古雅可爱”的艺术性。所谓古雅可爱，就是宁古无时（髦），宁朴无巧，宁俭无俗（奢）。例如几（矮桌）、榻（床），不可雕龙凤花草，漆者尤俗；椅宜矮不宜高，宜阔不宜狭；小橱以有座板者为雅，四足者差俗；等等。总之，家具要明快素净，反对烦琐雕镂。

其次要注重陈设。文人们强调室中清洁雅素，反对绚丽。绚丽色鲜，便如闺阁中人，与雅士极不相宜。梁实秋曾说：“雅舍之陈设，只当得简朴二字。”文震亨设计的小室、卧室陈设当是雅的典范。如小室（书房）“几榻俱不宜多置，但取古制狭边书几一，置于中，上设笔砚、香盒、熏炉之属，俱小而雅。”

再次要注重室内装潢。文人们反对室内过多绘饰，居室之墙（古时是木墙）不得雕刻花鸟仙兽，不得画壁画，以素墙为佳。壁上悬书画亦不可过多，置一轴即可。室内插花不宜繁杂，“过多便如酒肆”。书架竖橱所置图书亦不宜杂乱，杂乱便如书肆中。如果谁的书太多，则可另建书楼藏之。雅舍追求的是萧、疏、雅、洁。萧者，清静冷落也。雅舍虽然也要有“客厅”，但却是“门虽设而常关”，切忌门若朝市，客来客往。疏者，稀也。清龚自珍《病梅馆记》云：“以疏为美，密则无态。”当然，这要以住宅的面积为基础。房子过小，想“疏”也“疏”不起来。不过，古代文人毕竟还是不会太穷的，陶渊明都还有“方宅十余亩，草屋八九间”嘛。雅者，高尚、文雅也。雅舍是文人的住所，当然应当具有文化意味，尽可能摈弃或掩藏与世俗享受有关的陈设。洁者，清洁也，高尚也。对相当多的文人雅舍来说，没有仆人是不可能的。让文人自己去打扫清洁，难以想象。文人对世俗的污秽之物也要摈弃，不能供什么财神之类。要供也只供孔夫子。真正的雅士，连孔夫子也不会供的。

现代文人不可能在山林间造房建屋（可以买别墅，但那绝不是雅舍），也难以在屋前屋后种树栽花，唯一可追求的是内部陈设之雅。本来如今住宅就已拥挤，家具又多，各种家电又必不可少，萧、疏、雅、洁四字就难以达到。唯一能显其雅的，便是在室内挂几幅名人字画，往往挂得厅满室满，不仅不雅，反而有炫耀之嫌。还有就是种点花，养几只鸟、几条鱼，以标榜其雅。但又一天穷于事务，种花养鸟等杂事全交给保姆什么的，又何能雅起来？与其“采菊东篱下，悠然见‘高楼’”，不如求个俗字，只要居舍干净、整洁、舒适、实用即可。

对于开发商和设计者来说，文人雅舍所追求的返归自然、注重生态环境、讲究简洁素朴、看重文化品位等等，都有可借鉴之处。如果把贪大求洋、过分富贵堂皇当作俗的话，当今的住房建设真还应当雅一点才好呢。

忧伤的电影

魏桂英

我的侄子简子期开着一家规模很大的电影公司，还卖着很多现代化器械，现在已经是个成功的企业家了，虽然他只有三十多岁。

看着侄子眉宇间透露的精明，我还是会想起三十多年前的岁月。三十多年前，也就是20世纪80年代初期，那时候我们村相对于邻村来说算是副业和生产搞得好的，我的父亲是村支书，能力很强，也很严厉。他早早在村里实行了包产到户，家家户户日子都过得去，因此乡里特派了一个电影放映员给我们村，这样，我们村的人都觉得高人一等起来，村里的光棍汉也明显减少。

邻村的人每天都来我们村里看电影，起先我们村的几个坏小子偷偷收电影票，所谓的电影票就是几个坏小子自己用白纸写上一个一个的阿拉伯数字，卖给邻村来看电影的人。这件事情很快被我那个秉公执法的父亲知道了，他狠狠地批评了那几个坏小子，还惩罚他们无偿给村里喂猪。几个坏小子很是沮丧，喂着嗷嗷叫的老母猪，一肚子的怨气。

每天不到天黑，我们村就成了欢乐的海洋，村里的男女老少，从四面八方汇聚到我们村支部门前的场地上。幕布早早地挂起来了，扯在两棵高高的杨树中间，其中一棵树上挂着喇叭。等到天完全黑透了，我父亲才陪着放映员进场。放映员看上去20多岁，戴着一副眼镜，脸上没有一点瑕疵，是个白净的年轻小伙子。父亲和放映员还有乡里来的几个人刚在我家吃了饭，吃的是炖狗肉，我父亲特别会做饭，母亲什么饭也不会做，不过父亲说母亲有吃的命。年轻的放映员嘴上还油乎乎的，父亲肯定又喝了酒，走路都有点摇摇晃晃的。父亲一边走一边说："都让开、都让开，放映员不进去你们能看得了电影吗?"那个白白净净的放映员走到场中间，小心地将机器调好。一般放两个片，前面再放个夹片，夹片类似于现在的广告片，就是说说哪种农药好啦，哪种麦种产量高啦，等等，五花八门。在开始放之前，我那个爱讲话的父亲总要先来一通演讲，从国家政策讲到现在的时代，结尾照例是，党的政策好呀，以后天天可以看电影了，要感谢党感谢国家。父亲讲到这里，全场一片欢腾，掌声雷动。

那天晚上演的第一部片子是《心灵深处》，刘晓庆演的，刘晓庆就如同不老的神话，现在还是那个演小花的女神，另一部是《五女拜寿》。记得到了第二天，父亲还说，最后盼来的老闺女也不知指望得上指望不上。我说，就凭你这么爱吃狗肉，我也不孝顺你。父亲乐呵呵地说，不指望你个白眼狼，有你大嫂就行了。

我有两个哥哥，大哥在县里工作，娶了大嫂，大嫂在家里照顾老人孩子，她不仅长得漂亮，还很贤惠，自从她来到我们简家，母亲就再也没有做过鞋和棉衣服，难怪父亲说母亲有玩的命，母亲除了看孩子(那时候我的侄女刚出生两周了)，就是串门子。二哥在上学，但他上学不好好学习，最令人生气的是，他懒惰到每天连自己的脸都不洗。我的奶奶还在世，我还有一个和大哥相仿年纪的姑姑没有出门子。父亲是三代单传，所以没有分家。

每次都还没有看尽兴，电影就放完了，我和姑姑真希望再放一部片子，可是，那个白白净净的放映员已经在收拾东西了，我们也就只好站起来。人们磨磨蹭蹭地走出场子，我和姑姑来到放映员身边，放映员是在我家里住的。后来我才知道放映员的名字叫张会来，姑姑说张会来上面五个姐姐，难怪叫会来呢。张会来在我家吃饭那是上面安排的，每次都会给我们家里饭钱。多年后，回想起那个多情的春天和绚烂的夏天，聪明一世的父亲还是犯下了不可逆转的错误。

所以说，聪明反被聪明误。真的有道理。

仔细想，放映员张会来和我们的生活有着太多的关系，真的，为什么奶奶和父亲就没有想到没有出嫁的姑姑呢？我们谁也没有料想到，放映员会介入我们的生活里，还掀起了惊涛骇浪。

而当时，父亲只是按照上级的指示，让放映员在家里住。很平常的一件事。

清明前后，正是种春庄稼和种菜的时节，放映员张会来可是帮了大忙了，大哥在外工作，二哥和我上学，父亲忙于村里的事，母亲只顾抱着侄女串门子，姑姑和大嫂还有放映员张会来在地里劳动，大嫂还要回家做饭，因为晚上不能耽误了看电影呀。

放了学，远远的我就闻到了香香的味道，那是大嫂在熬八宝粥。那时候不叫这么洋气的名字，就叫米粥。我每次吃的时候喜欢在里面放上白糖，又香又甜。大嫂在灶前烧火，母亲和侄女在炕上玩着。灶眼里火苗哗啦哗啦地笑着，欢快地跳着舞蹈，好像火苗也闻到了香味。

父亲还没有回家，姑姑和放映员张会来也没有回家。奶奶最喜欢的就是骂街，母亲一进门就挨奶奶的骂，母亲说生二哥的时候是6月24日，天毒辣辣的，奶奶整整骂了一下午，气得母亲没有了奶水，二哥是喂面糊糊长大的。母亲说以为生我的时候也没有奶呢，没有想到，奶水还很充足，我吃得白白胖胖的。奶奶开始先骂丢下她的爷爷，说爷爷是个穷命鬼，没有等到父亲把日子过红火就走了；接着骂母亲是个爱串门子的邋遢婆娘；骂姑姑干活慢，慢得就像蜗牛走路，难怪没有嫁出去；骂那头母猪不下仔，白白养了一年；骂这个春天风太大，出去就迷眼……直到她的宝贝儿子，我的父亲回来她才会住口。

有吃的，晚上还能看电影，尤其演什么电影我还是头一个知道，村里的小伙伴都听我的话，当大王的滋味我是尝了个够，难怪父亲那么爱当官呢。一想到这一切，我就兴奋得直跳，满院子跑。满院子飘荡着八宝粥的香气，我真恨不得马上吃饭，肚子早就饿得咕咕叫了。奶奶骂我："简爱，你个小馋鬼，快来给奶奶挠挠痒。"我说："你用痒痒挠还不行吗?"奶奶生气地说："就知道你是个白眼狼。"我才不管奶奶说什么呢，反正我只和嫂子说话。嫂子说："你去看看姑姑和张会来怎么还没有回来。"这个我愿意。

我忙跑出去，直跑到村边才远远地看见张会来肩膀上扛着锄头，姑姑在他旁边，朝我走来 。两个人说说笑笑的，姑姑的笑声听起来就像风铃一样悦耳，我从来没有听见姑姑这么笑过。等到了家，天已经完全黑下来了。

急急忙忙吃过饭，小伙伴已经来喊我了，我们一窝蜂似的出去了。好不容易才等到张会来来放电影，这天父亲破天荒地没有讲话，最令人高兴的是没放夹片。姑姑在我的耳边说："今天要放三部片子。"那天放了三部什么片子，我真的忘记了，其实我的记忆力超好，就是那天的忘记了。只记得半夜回来，张会来就发起了高烧。只见他的脸通红通红的，一直红到脖子根，眼里仿佛在冒火。他的手不断地舞着，奶奶用手一个劲地打他，他嘴里叨咕着什么。姑姑去厨房里舀来一盆水，用湿毛巾给他物理降温，张会来慢慢恢复了平静。姑姑换了好几盆水，盆里的水都变成了灰色，姑姑给他擦脸擦脖子，还解开扣子擦了身上。嫂子带着孩子没有来这屋。忙碌到大半夜，母亲也不管我，她早就睡觉了，她也怕被奶奶骂。直到半夜，打牌回来的父亲才喊我回屋睡觉。看看张会来睡了，奶奶说："你们都去睡吧，我照顾他就行。"

奶奶一晚上也没有怎么睡，毛巾换了一块又一块，盆子里的水都变成了黑色。

不知为什么，我们都睡得不踏实，后半夜的时候，天上下起了雨，雨不紧不慢地下着，是那种绵绵的春雨。让人的心思发困。雨酥酥地下着，姑姑一会儿翻一下身，问是否听见奶奶在喊人。我说："没有，那是下雨的声音。"

姑姑小声说："我怎么老觉得你奶奶在喊我呢?"

我没有说话，眼睛早闭上了，瞌睡虫已经来了。

到了早上，张会来的烧总算是退了。奶奶摸摸张会来的脸，说："看来烧是退了。"张会来睡得很香甜，似乎嗓子眼里有痰，随着呼吸一个劲地呼噜。让人听了很不舒服。尤其是我，还很用力地拍了拍张会来的身子。奶奶瞪我一眼说："看你爹回来我不让他教训你。"我吐吐舌头，一溜烟就出去了。

进屋后的姑姑看看张会来，再看看我的奶奶，轻轻吁了口气。

奶奶看着姑姑说："现在时代多好，每天都能看电影，我们小时候那会……"

奶奶还没有说完，姑姑就打断她的话："少说点你们那个时候的事儿，我的耳朵都起茧子了。"

奶奶有点不高兴地说："姑娘家就应该高兴，我年轻的时候可爱笑了，一个村上都爱听我唱歌。"

姑姑说："娘，你能不能不提你年轻的时候，我高兴还不行吗？我唱歌还不行吗?"

奶奶看着笑起来的姑姑说："这就对了。"

窗外的太阳升起来了，有很舒服的那种暖和。

父亲也过来看看张会来。张会来说："简书记，给你家添麻烦了。"

父亲说："这几天先别放电影了，歇歇吧。"

张会来瞧着红红的日头，点点头。

奶奶说，昨晚这雨下得真是太好了，赶紧种上豆角什么的。父亲喊二哥，二哥说肚子疼。二哥念书不认字，干活没有劲，就长了耍奸溜滑的本事。不过二哥长相倒是不错。用姑姑的话说，女人找男人，不能只看外表，要看实质，尤其不能找像你二哥这样的男人。

我也不知道姑姑到底要找个什么样的男人给我当姑父。

嫂子拿来种子，姑姑开始翻土，我们正忙着干活，忙得一头一脸的土和汗。谁也没有注意张会来是什么时候过来帮忙的。只见张会来拿来一个铁锨，就翻起土来，比起姑姑麻利得多。

我高兴地跑到张会来身边："叔叔，还是你厉害。"

张会来笑笑，苍白的脸变得红起来。不好意思了。

奶奶踮着小脚出来："哎，你这个孩子病刚好，别干活了。"

嫂子也说，我们一会儿就种上了。张会来说，这点活不算活，这是大男人干的活，哪能让女人干。他不让姑姑翻土，只说你们只管往土里撒种子就行。

姑姑站住不干活了，只看着张会来干。

张会来弯着腰，拿着铁锨一下一下地翻，见我们都看着他，他抬起头笑笑，接着干活。日光映照着他的脸，他的脸白白净净的，很好看。

父亲走的时候说，小张干活不错。

张会来说，我是当兵出身。

听到张会来说自己是当兵出身，姑姑噗嗤一下笑了，说，怪不得干活这样麻利，原来是训练过的。

我和嫂子也都笑起来，院子里充满了欢快的气氛。

我很快发现，气氛一直很好，最主要的是姑姑快乐了，她忽然就变得快乐了。仿佛一瞬间的事。

张会来出汗了，姑姑忙跑进屋里，拿来自己粉红色的毛巾递给张会来，张会来看着一尘不染的毛巾，犹豫着接不接。

姑姑说："快擦擦汗吧，刚感冒好了。"

张会来这才不好意思地接过来擦干净汗。我们配合着干起活来，一时间满院子都是欢快的笑声。

干完活，姑姑刚想出去挑水，张会来说："你一个女孩子怎么能干这样的粗活呢，我去挑。"

姑姑说："不行，你刚好了。"

张会来说："感冒还是病呀?"他拍拍自己的胳膊："看看这肌肉，就是感冒了，出一身汗就好了。"说完，拿起水桶就晃悠着出去了。看着两只水桶跳舞一般，我们在张会来身后哈哈大笑，尤其是姑姑，简直笑弯了腰。

奶奶说："你看一个姑娘家有这样笑得没样子的吗?"

姑姑白了一眼奶奶说："不笑你也说，笑了又说，到底怎么做才符合你的标准?"

奶奶说："让你高兴是因为你是姑娘，不能不高兴，不喜庆。让你笑得要有姑娘的样子，是姑娘大了，要坐有坐相站有站相。"

姑姑没有听奶奶说完，就跑了。

不一会儿，张会来已经把缸里的水挑满了。

嫂子做晚饭了，是擀面条。嫂子做的擀面条最好吃，筋道又滑溜，我是最爱吃的。

我和姑姑烧火，因为下雨，柴火有点湿，突突地冒白烟，呛得姑姑禁不住咳嗽起来。这时候，人影一闪，张会来进来了，他进来就蹲下烧火，火苗很快旺了，红红的火苗映着姑姑绯红的脸。

没有柴了，我慌忙出去抱柴火。当我把柴火抱回来的时候，张会来已经坐在小板凳上，一口一口地吹火，吹着吹着，忽然火苗子就窜出来了，烧了姑姑的头发，姑姑一下站起来，躲出很远，大叫，烧到我的头发了。

张会来赶紧站起来，紧张地问："你没事吧?"

姑姑涨红着脸说："没事。"

嫂子已经把面擀好了，看着翻腾的水说："这火真是不听话，还有点欺负生人呢。"听了嫂子的话，我们都笑起来。嫂子把面丢进锅里，然后倒了酱油和香油，又放了香菜，香味立刻弥漫在整个空间。我的哈喇子都流出来了。

姑姑看着我的哈喇子说："你看你个馋相，找不到婆家的。"

我说："你都多大了，还嫁不出去，还说别人。"

姑姑真的生气了，打了我一下。

嫂子说："姑姑哪里是找不到，是眼高。"

姑姑着急地说："你们再说看我不打你们。"嫂子看着姑姑着急的样子，笑了。

张会来只是低着头，专心地烧火。

面熟了，嫂子盛好面，张会来忙着端到饭桌上，在木桌上摆好，奶奶的，父亲的，母亲的，大哥也回来了，大哥的，二哥的，还有我的。二哥还在拿着本小人书看。父亲说："学习不行就会玩。快吃。"二哥答应一声闷头吃面。父亲看着勤快的张会来说："老二，你要学习张会来叔叔，你看人家多勤快。你是又懒又爱吃，没有一件是好的习惯。"

二哥慢腾腾地说："知道了。"

几天后，张会来恢复了每天放映电影，还是老规矩，放一部夹片，两部正片。张会来每天上午去乡里换片，中午回来，下午就帮着姑姑干活。很多时候，我看到的场景就是姑姑和张会来一个点种一个翻土。而且有说有笑，我发现姑姑从来没有这样高兴过。

最近，我发现每天放完电影，姑姑都是和张会来一块收拾完东西一起回来。有一天晚上，姑姑在收拾箱子的时候被钉子弄破了手，张会来一着急，双手一下抓住了姑姑的手，竟然用嘴含了姑姑的手。

我有点发呆地看着，他们转身看见了我。姑姑快速地把手抽回来。张会来轻声说："你没事吧?"

姑姑没有说话，摇摇头。

日子一天一天向前移动，姑姑越来越心事重重。嫂子有的时候打趣："姑姑，你看上谁家的小伙子了，说给我，我托媒人去。"

姑姑不好意思地说："你……"然后就跑了。看着姑姑的背影，嫂子预感到将要发生什么事情。

很快夏天来到了，几场大雨过后，庄稼如同水绿的姑娘，壮实硕大。姑姑和张会来似乎就是那熟透的果子。

那个夏天真是太热了，张着血盆大口，我心里隐隐约约觉得有一种不祥。可是，我又说不出来。

那天，没有下雨，只是很闷热。张会来照样放映电影，那天不知为什么姑姑和张会来发生了不愉快。姑姑赌气没有跟着去挂银幕。我照样像跟屁虫一样跟在张会来的屁股后面。那天张会来的心情好像也不太好。我就没有帮他的忙。平时帮忙是因为姑姑对他好。

我和小伙伴们在一起追跑打闹。不知谁喊了一声，有人触电啦！有人触电啦！

我们停下来，很快就发现放映机那里堆满了人，我们跑过去才知道，触电的人不是别人，正是放电影的张会来，至于他是怎么触电的，我至今也没有弄清楚。

张会来，那个年轻的放映员，那个白白净净，整日帮着我们家干活的张会来死了。

他真的死了。

姑姑听到这个消息的时候，竟然昏死过去。

张会来是因工去世的，公社给予了他很高的评价，还给他开了追悼会。这些都是父亲说的，父亲说的时候一脸的悲戚。奶奶一有空就提起张会来。

刚开始那一阵儿我觉得有点不适应，怎么说呢，就是特别特别想念这个人。这个人给我们村带来欢乐，给我们家带来快乐。我发现我们一家其实早就把他当成自己家的人了。吃饭有他的碗，睡觉有他的枕头，干活有他的身影。现在这个人忽然死了，忽然从我们的生活里消失了，好像把我们生活中的欢乐和精神一起带走了。

最严重的是我的姑姑，她不吃不喝，竟然还呕吐。自从张会来去世后，我姑姑就成天懒洋洋的，饭吃得很少，也不干活，连笑竟然都不会了，整天耷拉着脑袋不说一句话。我觉得姑姑的精神应该出了毛病。

我怎么逗姑姑，姑姑都不高兴，还很心烦地赶我走。嫂子开导姑姑，姑姑也不怎么领情。这样过了三个月，嫂子发现了姑姑的不对劲，姑姑的肚子大了。一个姑娘怎么会肚子大了呢？嫂子想起死去的张会来，她越想越害怕。

一个夜晚，嫂子把我支到奶奶的炕上，嫂子和姑姑说了什么，我不得而知。

嫂子结婚五年了，只生了一个女儿，就再也没有怀上孩子。姑姑不知怎么突然就消失了。嫂子的肚子忽然就一天天地大起来。

奶奶有的时候会自言自语说："要是张会来活着多好呀！"

说完叹口气。

冬天来了，大片大片的雪花飘着，嫂子躺在炕上，怀里抱着我的侄子。

30多年过去了，我的奶奶已经90多岁，她的眼睛不花，耳朵不聋，头发不白。嫂子就只生有两个孩子，一个是我侄女，一个是我的侄子简子期。我的侄子有一张白白净净的脸，他勇敢，有责任心，对我的奶奶和嫂子很孝顺。奶奶最疼的就是他。

我的姑姑一直在外打工，没有结婚。只有过春节的时候，简子期会开着车把姑姑接回来一起过年。

我觉得简子期眉宇间更像姑姑。可是这个话我始终不敢说。不知为什么，我想起那童年的电影，心里竟然充满着淡淡的忧伤。

地址：重庆市渝中区枇杷山正街93号

邮编：400013

编辑部电话：(023)63880156　63880157

电子邮箱：cqwhysyj@126.com

微信公众号：cqwhysyjy

网站：www.cqwhysyj.cn

重庆文化艺术研究QQ群号：294222082